本书系国家社会科学基金"十三五"规划
2019 年度教育学一般课题
"产教融合组织形态及其治理结构优化研究"
(课题批准号:BJA190098)的成果

产教融合组织形态及其治理结构研究

Research on the Organizational Form and Governance Structure of Industry-Education Integration

尹绪忠 ◎著

图书在版编目(CIP)数据

产教融合组织形态及其治理结构研究 / 尹绪忠著. ——北京 : 北京大学出版社, 2025.6. -- ISBN 978-7-301-36421-5

Ⅰ.G718.5

中国国家版本馆 CIP 数据核字第 2025NH4106 号

书　　　名	产教融合组织形态及其治理结构研究 CHAN-JIAO RONGHE ZUZHI XINGTAI JIQI ZHILI JIEGOU YANJIU
著作责任者	尹绪忠　著
策 划 编 辑	王显超
责 任 编 辑	耿　哲
标 准 书 号	ISBN 978-7-301-36421-5
出 版 发 行	北京大学出版社
地　　　址	北京市海淀区成府路 205 号　100871
网　　　址	http://www.pup.cn　新浪微博：@北京大学出版社
电 子 邮 箱	编辑部 pup6@pup.cn　总编室 zpup@pup.cn
电　　　话	邮购部 010-62752015　发行部 010-62750672　编辑部 010-62750667
印 刷 者	北京虎彩文化传播有限公司
经 销 者	新华书店
	730 毫米×1020 毫米　16 开本　15.25 印张　240 千字 2025 年 6 月第 1 版　2025 年 6 月第 1 次印刷
定　　　价	98.00 元

未经许可，不得以任何方式复制或抄袭本书之部分或全部内容。
版权所有，侵权必究
举报电话：010-62752024　电子邮箱：fd@pup.cn
图书如有印装质量问题，请与出版部联系，电话 010-62756370

前言

本书系国家社会科学基金"十三五"规划2019年度教育学一般课题"产教融合组织形态及其治理结构优化研究"（课题批准号：BJA190098）的最终成果之一。

产教融合是产业和教育两个系统及其相关环节、界面，乃至整体的交融与合一。这种交融会演变成具有一定组织特征的结构体，即本书所称的产教融合组织形态。由于产教融合相关主体、交融方式和程度等不同，因此产教融合组织形态各异。并且，每种产教融合组织形态都会形成一定的治理结构，既可能是单一治理结构，也可能是由某一治理结构主导的多种治理结构并存，还可能是多种治理结构交织、杂合的状态。但有一点是肯定的，那就是各种产教融合组织形态及其治理结构都是基于人们对产教融合的认知，在产教融合实践过程中动态形成的。作为一个政策概念，产教融合自1991年以来经历了产教结合、产学合作（产学结合、校企合作、产教深度合作）、产教融合等发展阶段。2013年，"产教融合"这一概念首次在国家文件中正式提出，自此，以往政策文件中的产教结合、教产联合、产学结合，以及各种具体组织机制或模式（如产学研合作、产学研联盟、校企合作、工学结合、半工半读、企业办学、校企联合办学、校办企业等）均被纳入产教融合的范畴，且被赋予新的内涵和时代意义，尽管此后的政策文件仍会提及其他名称。作为一个学术概念，截至目前，产教融合的内涵有三点：一是产业系统与教育系统相互融合而形成的统一整体；二是职业教育与产业的深度合作；三是一种不同于单纯的教育或产业的组织形式。

产教融合组织形态是指产业和教育彼此交融所形成的组织体的形式及状态。从19世纪末正式发端，到21世纪的日益丰富，中国产教融合组织形态及其治理结构在一百多年时间里发生了重大变迁，同时因人们对产教融合的认知逐渐深化、研究逐步积累，以及相应政策导向不断校正，呈现出向科学化、合理化、多样化逐步演进的趋势，并且还将随着智慧社会及人工智能等技术的发展而进一步演变。然而，尽管国家层面出台了一系列促进产教融合的政策文件，但由于产教融合政策实施过程中存在选择式执行、观望式执行、替代式执行、附加式执行、敷衍式执行等梗阻现象，同时受职业教育理论研究、产教融合认知水平及认同度提升缓慢等多种因素的制约，中国产教融合组织形态及其治理结构仍未完全适应经济社会、产业和教育高质量发展的要求，亟待在构建产教融合新发展格局的过程中予以优化。

本书旨在通过产教融合组织形态的演变及分类与比较、不同产教融合组织形态治理结构的差异探讨、产教融合目标达成度调查、产教融合组织形态及其治理结构优化策略的探讨等，厘清各种产教融合组织形态及其治理结构的现状与问题，鉴别不同类型产教融合组织形态及其治理结构的适应性与科学性，构建产教融合组织形态及其治理结构优化模型及政策框架，探索综合性产教融合组织机构的职能重构和治理转型，为推进中国产教融合提供理论支撑和实证支持。

按照研究的原初设计，经最终调整，本书分七章呈现。

第一章为绪论。该章在简要介绍问题缘起与研究背景的基础上，重点界定研究相关的核心概念；确定研究目标、对象、总体框架、研究视角和方法，其中着重对产教融合组织形态、治理与治理结构优化、政策工具进行了界定；较为详细地介绍了6种具体的研究方法（或方法类型）。

第二章为理论基础与政策研究。该章试图通过梳理国内外相关研究，阐释研究的理论借鉴，分析产教融合相关政策，以实现研究的整体性、系统性和有序性。该章主要从产教融合及其组织机构、职业教育治理两大方面的文献入手，对国内外已有研究及学术史进行梳理；以目标理论、组织理论、治理理论、协同理论、优化理论作为研究的基础理论参照，梳理了中国改革开放以来的产教融合政策，并运用政策工具理论分析了产教融合政策工具选择的逻辑。

第三章为产教融合组织形态的历史演进及当前状况。该章对人类社会特别是近现代社会中的产教融合组织形态及其产生发展，进行了系统梳理。该章主要阐述了国内外早期产教融合组织形态的发轫情况，从产教融合政策制度的时代演进、新型产教融合组织形态的产生、现行产教融合组织形态及其治理结构状况三个视角，分析了中国产教融合组织形态的演变过程，并提出产教融合组织形态将呈现集成化发展趋势。

第四章为产教融合组织形态的治理结构及其变迁。该章重点研究了不同时期产教融合组织形态的主流治理结构、产教融合组织形态的治理结构类型及其差异,并探讨了产教融合组织形态治理结构变迁的一般规律。该章最后提出,未来产教融合组织形态及其治理结构,应是中国式现代化进程中的高质量产业系统和高质量教育系统相互交融的智慧化多元协同结构,这种结构可以吸引多种社会力量参与办学,逐步形成跨界融合治理格局。

第五章为产教融合目标达成度的测量评价。该章在阐述产教融合目标达成度测评取向与思路的基础上,聚焦产教融合的本质,立足中观和微观层面,构建产教融合目标达成度测评指标体系,并进行实证调查分析。该章重点探讨了产教融合目标达成度测评指标体系构建的价值取向,详细阐述了产教融合目标达成度测评指标体系构建的基本思路和方法等。

第六章为产教融合组织形态及其治理结构比较和案例分析。该章在对国内产教融合组织形态及其治理结构进行系统比较,以及对国外产教融合组织形态及其治理结构进行比较和启示分析的基础上,重点剖析产业学院治理结构案例。相较第三章和第四章而言,该章具有综合性、详尽性的特点,运用了比较研究和案例分析的研究范式,形成了一些具有前沿性的研究成果。

第七章为产教融合组织形态及其治理结构的优化策略。该章主要运用合作治理理论、利益共享理论、共同体理论,分别从产教融合组织形态及其治理结构优化的目标愿景、产教融合组织形态及其治理结构的优化方案、产教融合组织形态及其治理结构优化的政策建议等方面逐一展开论述。该章重点探讨了产教融合组织形态治理结构的优化路径,系统给出了产业学院、职教集团、产教融合联盟、产教融合型企业四类产教融合组织形态的治理结构优化方案。该章最后指出,政府部门应从组织、制度、监督管理和经费保障等角度出发,制定实施相应的支持政策。

本书的研究和撰写工作始于课题研究中期,成型于课题研究结束之前,因而既有分章节的独立推进,又有成体系的系统综合。初稿形成后,特别安排了专家进行指导修改,由课题主要设计人员最终统稿。应该说,本书较好地兼顾了系统性、逻辑性、学术性和实践性。

在本书撰写及整个课题研究过程中,天津大学教育学院潘海生教授及其研究团队,以及中山职业技术学院职教研究所研究员聂劲松、学生工作部教师仇怀凯、教育科学学院副教授沈绮云、科学技术部副教授付林、创新创业学院副教授周琳等，参与组织或承担了本书相关章节的研究与撰稿工作，中山职业技术学院职教研究所副研究员万伟平承担了本书相关内容的修改工作、总课题秘书工作和实证调查的组织实施。同时，本书的修改还得到了华南师范大学颜泽贤教授、中国职业技术教育学会李曜升编审、国家教育行政学院邢晖研究员、吉林省职业教育研究中心于志晶研究员、广东省教育研究院李海东教授、湖南省教育科学研究院欧阳河研究员、中山火炬职业技术学院王春旭教授，以及江西省教育评估监测研究院肖第郁编审、中国高等教育学会王小梅编审、惠州学院教育科学学院陈伟教授等专家学者的高水平指导，在此一并表示诚挚感谢。

  当然，正如本书所指出的，产教融合组织形态及其治理结构优化是一项牵涉教育界、产业界、政府、其他社会力量等多方主体的系统工程，而且在中国式高等教育现代化或高等职业教育现代化进程中，以及教育、科技、人才三位一体部署下，产教融合将发挥更为复杂、更加综合性的作用，由此形成的新型产教融合组织形态及其治理结构也将不断演进，或者一直处于不断优化和创新的进程中，这就决定了本书的成果仍然只是未来产教融合系列研究中的一个阶段性成果。本书在撰写中可能存在一些不足与问题，敬请读者批评指正。

课题主持人：尹绪忠
2023 年 5 月于中山职业技术学院

目　录

| 第一章 | 绪论 | 1 |

第一节　问题缘起与研究背景 1
第二节　核心概念界定 4
　　一、产教融合 5
　　二、产教融合组织形态 7
　　三、治理与治理结构优化 10
　　四、政策工具 15
第三节　研究目标、对象及总体框架 17
　　一、研究目标及对象 17
　　二、研究总体框架 18
第四节　研究视角和方法 19
　　一、研究视角 19
　　二、研究方法 19

第二章　理论基础与政策研究 22

第一节　文献综述及学术史分析 22
　　一、产教融合文献综述 22
　　二、产教融合组织（机构）文献综述 37
　　三、职业教育治理文献综述 39
　　四、研究述评 47
第二节　理论基础 49
　　一、目标理论 49
　　二、组织理论 51
　　三、治理理论 52
　　四、协同理论 53
　　五、优化理论 54

第三节　政策逻辑及其演进研究 …………………………………… 54
　　一、国外的产教融合政策变迁 ………………………………… 55
　　二、国内产教融合政策及变迁 ………………………………… 62

第三章　产教融合组织形态的历史演进及当前状况 …………………… 70

第一节　国内外早期产教融合组织形态的发轫 …………………… 70
　　一、国外早期产教融合的组织机制及相应形态 ……………… 71
　　二、中国早期的产教融合实践及其组织机制及形态 ………… 74

第二节　中国产教融合组织机制及形态的实践演变 ……………… 79
　　一、产教融合政策制度的时代演进 …………………………… 79
　　二、新型产教融合组织形态的产生 …………………………… 85
　　三、现行产教融合组织形态及其治理结构状况 ……………… 93

第三节　产教融合组织形态的发展趋势 …………………………… 97
　　一、产教融合组织形态的集成化现象及实践样本 …………… 98
　　二、产教融合组织形态的集成化演进趋向 …………………… 99

第四章　产教融合组织形态的治理结构及其变迁 ……………………… 102

第一节　不同时期产教融合组织形态的主流治理结构 …………… 102
　　一、计划经济时期政府主导的治理结构 ……………………… 102
　　二、市场经济确立时期校企联合的治理结构 ………………… 105
　　三、21世纪初期的多元协同治理结构 ………………………… 108

第二节　产教融合组织形态的治理结构类型及其差异 …………… 112
　　一、产教融合组织形态的治理结构的类型 …………………… 112
　　二、不同类型产教融合组织形态的治理结构的差异 ………… 120

第三节　产教融合组织形态治理结构变迁的一般规律 …………… 125
　　一、伴随社会经济变动而变迁 ………………………………… 125
　　二、遵循政策与法律指引而变迁 ……………………………… 126
　　三、从一元管理到多元治理的变迁 …………………………… 128
　　四、企业始终占据治理的重要地位 …………………………… 129

第五章　产教融合目标达成度的测量评价 ……………………………… 131

第一节　产教融合目标达成度测评取向与思路 …………………… 131
　　一、产教融合 …………………………………………………… 131

二、产教融合目标达成度 ……………………………………… 134
　　三、测评指标体系构建的价值取向和研究思路 ……………… 137
第二节　产教融合目标达成度测评指标体系的编制 ……………… 139
　　一、产教融合目标达成度测评指标体系构建的依据 ………… 139
　　二、产教融合目标达成度测评指标体系的构建方法 ………… 141
　　三、产教融合目标达成度测评指标的编制 …………………… 145
第三节　产教融合目标达成度现状调查及反思 …………………… 150
　　一、研究方法 …………………………………………………… 150
　　二、调查结果 …………………………………………………… 153
　　三、调查反思 …………………………………………………… 163

第六章　产教融合组织形态及其治理结构比较和案例分析 …… 167

第一节　国内产教融合组织形态及其治理结构的系统比较 ……… 168
　　一、产教融合型企业及其治理结构 …………………………… 168
　　二、产教融合型行业及其治理结构 …………………………… 169
　　三、产业学院及其治理结构 …………………………………… 171
　　四、职教集团及其治理结构 …………………………………… 173
第二节　国外产教融合组织形态及其治理结构的比较和启示 …… 176
　　一、国外典型的产教融合组织形态及其治理结构 …………… 176
　　二、国外产教融合组织形态治理的综合评价与主要启示 …… 181
第三节　产业学院治理结构探索与案例分析 ……………………… 184
　　一、产业学院治理结构的探索 ………………………………… 184
　　二、产业学院治理结构的案例分析 …………………………… 186

第七章　产教融合组织形态及其治理结构的优化策略 ………… 189

第一节　产教融合组织形态及其治理结构优化的目标愿景 ……… 189
　　一、多中心供给的主体角色 …………………………………… 190
　　二、"命运共同体"的治理理念 ……………………………… 191
　　三、多元协同的治理逻辑 ……………………………………… 192
　　四、多方协同下供需有效对接的治理机制 …………………… 192
第二节　产教融合组织形态及其治理结构的优化方案 …………… 193
　　一、产教融合组织形态治理结构的优化路径 ………………… 194

二、以产业学院为代表的产教融合组织形态治理结构优化方案 …… 198
  三、以职教集团为代表的产教融合组织形态治理结构优化方案 …… 201
  四、以产教融合联盟为代表的产教融合组织形态治理结构优化方案 …… 204
  五、以产教融合型企业为代表的产教融合组织形态治理结构优化方案 …… 207
 第三节 产教融合组织形态及其治理结构优化的政策建议 …… 209
  一、优化产教融合政策执行环境 …… 209
  二、完善产教融合组织机制 …… 211
  三、细化和落实产教融合支持政策 …… 214
  四、细化和落实产教融合监督管理政策 …… 217
  五、畅通并拓宽产教融合融资渠道 …… 218

参考文献 …… 221

第一章 绪　　论

产教融合即产业和教育的交融、合一，它是现代职业教育和高等教育运行的基本模式及组织机制。由于产业和教育分属两个不同的系统或领域，产教融合需要基于特定的、合适的平台与载体，发挥组织机制的作用，使两个系统或领域实现整体的或不同层面的融合。当这些平台与载体具有一定的组织特征时，就可将其称为产教融合组织形态。随着经济从外延式发展向内涵式发展转变，特别是"中国制造2025""大国工匠"和"工业4.0"等一系列新概念、新理念的提出，当今的职业教育和高等教育正被赋予更多的社会功能，尤其职业教育更是逐渐从教育学科的"边缘位置"走向"中心位置"，担负起越来越多的社会改革的时代重任。同时，产教融合组织形态的适应性创新、开创性探索，以及各类产教融合组织形态的治理结构优化等问题也就自然而然地显现出来。本章在简要介绍问题缘起与研究背景的基础上，重点界定与研究相关的核心概念，确定研究目标、对象、总体框架及研究视角与方法。

第一节　问题缘起与研究背景

产教融合作为应用型和创新型人才培养的核心议题，以及职业教育发展的重要指导理念和实施方式，对于提升职业教育人才培养质量具有至关重要的作用。世界各国都在积极推动产教融合，以适应社会经济发展对人才需求的变化。各国政府纷纷出台了一系列政策，旨在促进产教融合的发展，并且提出了各具特色的产教融合模式。在我国，产教融合已经成为新时期职业教育发展的重要方向，更是教育链、产业链与人才链、创新链有机衔接的关键机制。随着我国经济社会发展的转型，尤其是在当今加速推进中国式现代化进程中，不断优化产教融合政策制度，深入探索产教融合的组织形态变革及不同组织形态的治理结构优化，对于深化职业教育供给侧结构性改革、优化职业教育资源配置、加速职业教育治理现代化，进而有效提高技能型、应用型、创新型人才培养质量，推进中国式现代化在职业教育及高等教育领域的目标达成，加快建设教育强国，为中国特色社会主义现代化强国建设提供高素质多样化人才支撑，具有重大而深远的意义。

2010年，我国正式发布了《国家中长期教育改革和发展规划纲要（2010—2020年）》，其中明确提出了关于职业教育的一系列重要指导原则。该纲要强调要"鼓励行业组织、企业举办职业学校，鼓励委托职业学校进行职工培训"，这既体现了我国职业教育多元化发展的战略方向，也反映了社会经济发展对技能型人才的迫切需求。同时，为了激发企业参与职业教育的积极性，该纲要还提出"制定优惠政策，鼓励企业接收学生实习实训和教师实践，鼓励企业加大对职业教育的投入"。2014年，习近平总书记在全国职业教育工作会议上发表重要讲话，进一步强调了职业教育在人才培养、服务发展、促进就业等方面的重要作用。他明确指出，要"着力提高人才培养质量，弘扬劳动光荣、技能宝贵、创造伟大的时代风尚"，同时，他还强调了职业教育的办学方向，要求"深化体制机制改革，创新各层次各类型职业教育模式，坚持产教融合、校企合作，坚持工学结合、知行合一"。为了推动职业教育的发展，《国务院关于加快发展现代职业教育的决定》特别提到，"研究制定促进校企合作办学有关法规和激励政策，深化产教融合，鼓励行业和企业举办或参与举办职业教育，发挥企业重要办学主体作用"。这一决定的出台，既为校企合作提供了有力的政策保障，也为职业教育的快速发展奠定了坚实的基础。此外，《现代职业教育体系建设规划（2014—2020年）》还对企业在职业教育中的投入和支出进行了明确规定，要求"企业因接受实习生所发生的与取得收入有关的合理的支出，按照税收法律法规的规定在计算应纳税所得额时扣除"。这一规定的实施，不仅减轻了企业的经济负担，还进一步促进了企业与职业学校之间的合作与交流。

2015年，《教育部关于深化职业教育教学改革 全面提高人才培养质量的若干意见》明确指出，要坚持产教融合、校企合作的基本原则，鼓励行业企业参与人才培养全过程，实现校企协同育人。这一政策的出台，标志着职业教育开始更加注重行业企业的实际需求，旨在培养具备实践能力和创新精神的高素质人才。在随后的几年里，国家层面继续加强对产教融合、校企合作的政策支持。2016年，中共中央印发的《关于深化人才发展体制机制改革的意见》提出，要建立产教融合、校企合作的技术技能人才培养模式，并不断提高技术技能型人才的经济待遇和社会地位。这一举措进一步提升了职业教育在社会中的地位，激发了行业企业参与人才培养的积极性。然而，尽管政策层面给予了高度重视，但在实际操作中，人才培养和产业需求之间仍存在不匹配现象。针对这一问题，2017年发布的《国务院办公厅关于深化产教融合的若干意见》提出了深化产教融合、促进教育链和产业链"双链衔接"的重要战略。该意见指出，受体制机制等因素的影响，我国人才培养和产业需求在结构、质量、水平上并不完全适应，因此需要通过深化产教融合来提高人才培养质量。为了进一步推动校企合作，2018年，《职业学校校企合作促进办法》提出了一系列具体措施。该办法要求职业学校应和企业建立校企合作的过程管理和绩效评价制度，共同解决校企合作中遇到的问题，提高合作水平，拓宽合作领域。2019年，《国家职业教育改革实施方案》进一步明确了职业教育类型的教育属性，并强调了职业教育与普通教育的同等不同类地位。该方案提出，要促进产教融合校企"双元"育人，推动校企全面加强深度合作。这一改革方案为职业教育的未来发展指明了方向，也为产教融合、校企合作提供了更加广阔的空间。随着职业教育改革的深入推进，产教融合办学体制不断完善。2021年，《关于推动现代职业教育高质量发展的意见》提出，要完善产教融合办学体制，包括优化职业教育供给结构、健全多元办学格局、协同推进产教深度融合等。这些举措旨在构建更加符合经济社会发展需求的职业教育体系，为培养更多高素质技术技能型人才提供有力保障。

虽然国家层面出台了促进产教融合的一系列政策文件，但我国产教融合实施过程仍存在一些梗阻现象，迄今尚未完全适应经济社会发展和人民群众对优质教育的需求。根据表现形式，可将产教融合政策实施过程中的梗阻现象分为以下几种类型。其一，选择式执行。相关政策执行主体在政策执行过程中根据自身对产教融合政策的理解以及出于对自身利益的考量，将政策目标区分为软性目标和硬性目标，然后有选择地执行，使政策的整体功能不能有效发挥，影响政策执行效果。其二，观望式执行。在拥有集权惯性的政治体制中，中央政府拥有绝对权威，地方政府只拥有中央政府的授权性权威。因此，地方政府在产教融合政策执行过程中遇到具体问题时，往往等待中央政府的解决方案而不愿或不敢主动作为。同时，也有一些政策执行主体从个人利益或组织利益出发，不愿意付出政策执行的成本，更不愿意承担政策执行的风险，对中央政府的产教融合政策持等待观望态度。其三，替代式执行。在产教融合政策文件中，有些原则性规定在产教融合政策执行过程中缺乏明确的对应关系，其精细化有赖于政策执行主体在具体执行过程中的阐释。政策执行主体利用自身的自由裁量权，可能会做出不同于中央政府产教融合政策精神的解释，甚至以"部门政策"或"地方政策"替代"中央政策"。其四，附加式执行。地方政府在产教融合政策执行过程中，根据自身对政策目标的理解和需要，附加上一些政策目标中原本没有的内容，使得产教融合政策的适用对象、范围、力度等超过了政策本身的限度。其五，敷衍式执行。一些地方政府在产教融合政策执行过程中只做表面功夫，不具体落实政策，使政策执行流于形式，在实践过程中没有针对职业教育规律制定相应的措施，没有根据政策要求保证相应的资源到位，导致政策目标在执行过程中被悬置。总体而言，就是地方政府、学校和企业等相关政策执行主体对产教融合政策的贯彻落实力度不够，缺乏积极性和创造性。

为了深入探讨产教融合组织形态及其治理结构，本书采用了实证研究、分类与比较、调查分析等方法，旨在厘清各种产教融合组织形态及其治理结构的现状与问题，鉴别不同类型产教融合组织形态及其治理结构的适应性与科学性，构建产教融合组织形态及其治理结构优化模型及政策框架，探索综合性产教融合组织机构的职能重构和治理转型，为推进我国产教融合提供理论支撑和实证支持。

第二节 核心概念界定

一个教育科研课题或一项教育科学研究，本身会有自己的概念系统。特别是其中的核心概念，除具有已有的、公认的、普遍的内涵、外延及意义场域之外，还有其特定的界定。这些核心概念，是基于研究主题、研究主线、研究视野、研究方式方法等形成的。本研究是关于产教融合组织形态及其治理结构的研究，相关概念将超越单篇论文的关键词范畴，且核心概念贯穿于系列成果之中。为此，本研究将在简要介绍产教融合概念的基础上，重点对产教融合组织形态、治理与治理结构优化、政策工具进行界定。

一、产教融合

目前，国内对于产教融合并没有一个公认的定义。有人认为，职业教育与产业深度结合这一模式旨在提升职业学校人才培养的质量（陈年友、周常青、吴祝平，2014）。有人认为产教融合是教育界与产业界为了推动技能养成与发展而进行的资源优势互补的合作活动或形成的合作关系，是教育与社会生产实践及社会服务紧密合作的过程，是教育与生产劳动相结合的教育思想在职业教育实践中的运用（邢晖、李玉珠，2015）。有人认为产教融合是为了满足一定时期内国家经济转型的需要，通过学校与行业、企业的深度合作，培养高质量发展所需的高素质、高技能人才的一种人才培养模式（张禹，2018）。有人认为产教融合不仅是教育部门与产业部门之间的一种合作模式，还是双方共同追求社会进步、创新发展的重要途径。产教融合的核心在于通过双方资源的优化配置和深度融合，实现人才培养与产业需求的精准对接，从而推动经济社会的持续健康发展（杨善江，2014）。

近些年，有人将学术界的产教融合研究归类为三个视角（郝天聪、石伟平，2019）。一是宏观视角，将产教融合看作产业与教育的融合，认为产教融合是产业系统与教育系统相互融合而形成的有机整体。二是中观视角，将产教融合视为实现产业、学术、科研"三位一体"的融合模式。这种模式突破了传统的教育与企业之间的界限，构建了一个既具备教育功能，又具备企业功能的新型社会组织形式。它以培养适应市场需求的高素质人才为核心，具有较强的应变能力，能够紧跟产业结构的变化，积极参与市场竞争（罗汝珍，2014）。三是微观视角，将产教融合看作生产与教学的融合，关注的核心是将生产与教学紧密结合起来，以提升学生的质量意识、产品意识、时间观念和动手能力。在这个过程中，学校和企业是产教融合的核心要素，他们需要共同努力，相互支持，实现教学与生产的有机结合。

校企合作作为产教融合过程中的一个重要环节，其成效是产教融合不断发展完善的重要体现。校企合作建设发展的职业教育，具有教育性、职业性、互利性、创新性、多样性、文化性等特征（傅伟，2010），同时其内涵也在职业教育发展过程中不断得以丰富和完善。有学者指出，校企合作是以市场和社会需求为目标导向，充分发挥学校、行业、企业等优势，合作开展人才培养、技术开发等活动的方式（邹珺，2014）。其基本内涵是通过更新办学理念，实现校企合作创新；通过组织结构设计，实现校企互利；通过共享校企资源，实现校企共惠；通过技术服务项目，实现校企共赢（范灵，2016）。校企合作是学校和企业的合作活动，是产教融合的重要载体（聂劲松等，2018）。长期以来，职业教育中的校企合作不断发展完善，但也存在一些需要解决的问题。我们通常将职业教育校企合作的症结归结为企业参与职业教育人才培养的积极性不够，却很少有人深究企业为何缺少积极性。实际上，职业教育校企合作不但是一个教育问题，而且是一个经济问题（石伟平、郝天聪，2019）。企业参与职业教育无疑受到多方面因素的影响，一方面，外部环境如企业参与职业教育时自身利益的受关注度（潘海生、王世斌、龙德毅，2013），税收优惠、财政补贴、专项资金等经济激励制度（张俊珍、田东平、崔瑞锋，2008），以及组织体系的完善程度等，都会对企业参与职业教育的行为产生重要影响；另一方面，企业规模、技术水平、责任意识等属性则决定了企业参与职业教育的个性特征，使不同企业在参与职业教育的动机、意愿和模式上存在差异。

校企合作作为一种传统的人才培养模式，其核心思维在于考察人才工作模式与人才培养模式的匹配程度。其思维主线可以概括为"人才工作模式—校企合作—人才培养模式"。在校企合作模式下，职业教育主动对接企业需求，为企业输送具备实际应用能力和创新精神的人才。然而，随着我国经济社会的快速发展，校企合作模式逐渐暴露出一些短板，如人才培养时效性、针对性不足等问题。为解决这些问题，我国职业教育开始探索产教融合的新模式。产教融合的核心思维在于考察经济模式与办学模式的匹配程度，其思维主线为"经济模式—产教融合—办学模式"。在产教融合模式下，职业学校不仅与企业建立紧密的合作关系，还将产业发展需求融入教育教学过程中，使人才培养更加贴近实际。无论是校企合作还是产教融合，都在职业教育中扮演着至关重要的角色。二者均旨在推动职业教育与经济社会发展的紧密结合，为我国职业教育的发展注入新的活力。在新时代背景下，我国职业教育需要不断创新和调整，以适应经济社会发展的需要。校企合作和产教融合的深入实施，将推动我国职业教育迈向更高水平，为我国经济社会的持续繁荣做出更大贡献。

在国际范围内，人才培养模式的创新与改革一直是教育领域关注的焦点。其中，产教融合作为一种将教育活动与社会生产活动紧密联系的培养模式，引起了社会的广泛关注。Klingström（1987）将其定义为一种具有工学结合、双向参与和服务社会特点的人才培养模式。Whittle 和 Hutchinson（2012）认为，教育发展与社会发展之间存在三个层面的关系：教育与整个社会发展趋势相结合，职业学校与产业部门相依存，职业学校依赖于其自身发展。因此，产教融合的内涵应从教育与社会经济发展的协调性（宏观）、职业学校的办学体制（中观）和职业学校的教学模式（微观）三个层次上进行把握。D'Este 和 Patel（2007）将产教融合模式归纳为共同研究、专利许可、咨询与合同研究、培训合作及衍生企业等形式。这些模式不仅丰富了职业教育的内容，也为社会经济发展提供了有力的人才支持。

结合上述分析，本研究中的产教融合主要涵盖三个层次：产业与教育的交融，产业链与教育链的融合，以及工厂生产与学校教学的融合。这三个层次分别体现了产教融合在不同层面的协调发展。首先，产业与教育的交融是指在宏观层面上，产业与教育要有机结合。这一层面的产教融合关注产业与职业教育的协调发展，旨在实现产业发展与人才培养之间的平衡。其次，产业链与教育链的融合是中观层面的产教融合，主要表现为行业、企业与职业学校的紧密合作。这种融合方式有利于促进教育资源优化配置，提高职业教育质量。行业、企业与职业学校进行合作办学，可以实现校企间的优势互补，为学生提供更丰富的实践教学机会，提高毕业生就业竞争力。最后，在微观层面上，工厂生产与学校教学的融合是产教融合的核心环节。这一层面的融合是通过工厂、车间和职业学校专业（群）之间的实践教学联合，实现人才协同培养。这种培养模式有助于学生将理论知识与实际操作相结合，从而提高人才培养的针对性和应用性。本研究认为产教融合在具体实践中应包括以下四个方面：专业和产业的融合、学校与企业的融合、课程内容与职业标准的融合，以及教学过程与生产过程的融合（陈年友、周常青、吴祝平，2014）。这四个方面相互关联，共同推动产教融合的深入发展。

二、产教融合组织形态

组织形态是指具有一定组织特征的某一事物的形式、形状、样态。所谓一定的组织特征，则是指这一事物的内在逻辑及内部运行机制符合通常所称的组织的概念，包括具有形成这一组织的某种伦理或内在逻辑、组织目标（或职能）、组织框架结构、组织制度、组织运行机制等。比如，大学作为我国高等教育的重要载体，其发展逻辑的变迁不仅影响大学内部的治理结构，还关系到国家教育体系的健康运行。在此过程中，大学治理结构的调整和治理能力的提升成为不可避免的趋势（李立国，2017）。本研究中的产教融合组织形态，是指具有一定组织特征的产教融合平台或载体，或直接的产教融合组织体（聂劲松、胡筠、万伟平，2021）。自20世纪中叶以来，在不同的思想基础和目标导向下，我国各地产教融合实践逐渐形成了多元化的组织机构。这些组织机构，既可以看作平台型，也可以看作载体型，它们在发展演变过程中，展现出各自独特的背景和建设目标。这些组织机构在不同的历史背景下，以不同的目标为导向，为我国教育与产业的融合发展做出了积极贡献。

校中厂、厂中校及其他早期企业学院的出现，源于企业组织和教育组织（学校）在建设发展过程中所秉持的"大而全"及"自给自足"的理念。这在很大程度上反映了我国企业和教育领域在一定历史时期内的思维模式和探索路径。20世纪90年代最早组建的职业教育集团，通常是多所职业学校的联合。例如，1992年10月成立的北京市西城区旅游职业教育集团，就是由8所职业学校共同组成的。随着实践的发展，企业在职业教育集团中的地位逐渐凸显，其与学校、研究机构等实体共同构成了职业教育集团的基本主体。职业教育集团化办学模式，起源于20世纪40年代末国外职业教育集团的诞生，并于20世纪90年代在我国得到广泛推广。这一模式充分体现了教育与产业、学校与企业之间的紧密联系，为培养适应社会需要的高素质技能型人才提供了有力保障。同时，职业教育集团化办学模式也顺应了我国经济社会发展和教育事业改革的需求，为产教融合、校企合作搭建了有效平台（聂劲松，2008）。

大学科技园也常被认为是产教融合的重要平台。以美国为例，1951年建立的斯坦福大学科技园，从诞生之初就被视为一种与高技术及其产业发展共生的经济社会现象。斯坦福大学科技园的成立，不仅为高新技术企业的孵化和成长提供了沃土，还为学术界与产业界的深度融合搭建了桥梁。众多科技初创企业在这里得到了资金、技术和人才的支持，从而迅速崛起，成为行业的佼佼者。与此同时，俄罗斯和独联体国家在20世纪90年代也积极建立了大学科技园。这些大学科技园的主要功能是为入园的众多小企业解决发展中遇到的问题，发挥"孵化器"的作用。它们通过提供技术转移、商业咨询、融资支持等服务，帮助小企业突破发展瓶颈，实现快速成长。这些大学科技园的成功运营，不仅促进了区域经济的繁荣，还促进了俄罗斯和独联体国家科技创新能力的提升。在我国，20世纪90年代中期建立的清华大学科技园也发挥了类似的作用。起初，它主要是为吸引校内系所等科研单位、校办科技企业以及国外企业和财团进入而设立的。通过搭建产学研一体化平台，清华大学科技园促进了学术界与产业界的紧密合作，推动了科技创新成果的转化和应用。这不仅提升了我国科技产业的竞争力，还为我国经济社会的可持续发展注入了新的动力（唐先明、杨学民，1996）。从大学职能的角度来看，大学科技园（或科技工业园）的诞生，实际上是基于大学的科学研究和社会服务的使命。在实践中，科学研究往往与新技术研发密切相关，社会服务则天然地包含了为产业、企业提供服务。这使得大学科技园在很大程度上成为产学研相结合的载体。

进入21世纪，我国产教融合组织形态日益丰富。一是大师工作室及现今的工作室制度。这是指在专业领域，由高水平专家（如大师、工程师等）与项目组成员以课题、项目为核心任务，形成的研究型、研发型师徒式工作团队。2002年，苏州在全国范围内率先建立了技能大师（名师）工作室，以激励技能大师带徒传艺。此后，全国各地纷纷效仿，多个省份开展了省级技能大师评选活动。2010年年初，人社部发布的《2010年职业能力建设工作要点》要求在科技和技能含量较高的产业及大型骨干企业中，建立一批"技能大师工作室"，并启动实施国家级技能大师工作室建设项目。显然，大师工作室的设立，旨在充分利用产业、企业的优质资源，将其投入高技能人才培养中，为产教融合提供有效的机制保障。

二是现代学徒制。现代学徒制也是产教融合的重要组成部分。现代学徒制是对传统学徒制的改进，甚至是根本性变革。它强调在真实的工作场景中支持学生在某一领域内的学习，同时强调专家的实际工作场所在学习过程中的重要性。现代学徒制将产业需求与教育资源紧密结合，为学生提供了更为务实的学习环境，使他们能够在实际工作场景中掌握专业技能，从而为企业提供有力的人才支撑（朱敏成，2001）。自2014年起，教育部积极响应社会发展和产业变革的需求，启动实施了现代学徒制试点。这标志着我国职业教育体系在产教融合、校企合作方面迈出了坚实的一步。经过多年的实践，现代学徒制在推动教育制度与劳动用工制度相结合方面的显著优势已经得到初步验证，尤其是在解决企业用人、育人、留人难题上发挥了不可替代的作用，因此成为产教融合的重要组织机制。

三是校企协同创新中心。校企协同创新中心作为一种新兴的组织形式，日益受到关注。校企协同创新中心这一概念最早起源于 20 世纪 70 年代，美国、意大利等国学者对其进行了深入研究。校企协同创新中心旨在促进学校和企业紧密合作，共同实现知识价值创造与创新（欧阳波仪、易启明，2014）。在我国，推进产教融合的发展一直是教育改革和产业发展的重要方向。为了更好地实现这一目标，我国基于"高等学校创新能力提升计划"，于 2012 年启动了国家级协同创新中心的建设。这一举措旨在推动校企之间的深度合作，以实现产业与教育的有机融合。

四是政产学研用产业创新战略联盟。政产学研用产业创新战略联盟是一种创新型组织，它以企业为主体，以市场为导向，围绕产业技术和组织创新展开活动。这种组织模式充分体现了政产学研用各方的优势，通过各方的深度合作，实现产业链上下游的协同创新。

五是产教融合型企业。产教融合型企业是我国在深化产教融合，更好发挥企业主体作用方面的一种重要探索。这种模式旨在构建一个产教融合的平台或机制，甚至是全新的组织形态，目前正处于试点阶段。

总之，产教融合组织形态既是推动我国教育改革和产业发展的重要手段，也是实现人才培养与产业需求紧密对接的有效途径。在新的历史条件下，我们要充分认识产教融合组织形态的重要性，深入探索其发展规律，为推动我国教育与产业的协同发展贡献力量。同时，我们还要关注产教融合组织形态在实践过程中可能面临的问题和挑战，不断完善相关政策和措施，确保产教融合组织形态的健康发展。

三、治理与治理结构优化

近年来，随着治理话题热度不断攀升，治理已成为我国职业教育研究领域的一大热点。20 世纪 80 年代，市场经济体制改革刚刚起步，"市场"一度被视为神话，各类组织纷纷追求市场化，并将其视为组织发展的最佳路径。时光荏苒，曾经的"市场神话"如今已不再独领风骚，取而代之的是"治理"这一新兴概念。治理结构与治理能力的现代化已逐渐成为各类社会组织的共同诉求，治理正成为新时代的社会发展关键词。

当初无论是组织还是个人，无论遇到了什么棘手的问题，都可以求助于"市场"，而今天则希望通过"治理"来解决面临的所有难题。在这一背景下，职业教育研究也逐渐将目光投向治理，试图探寻治理在职业教育领域的应用与价值。治理作为一种管理模式，既强调权力下放、分权制衡，也注重目标导向、协同治理。在职业教育领域，治理理念的引入有助于推动职业教育管理体制的创新，提升职业教育质量，促进职业教育公平，使其更好地服务于国家和社会的发展需要。

在我国古代文化中，"治理"一词并非陌生词语。早在《荀子·君道》中，就有关于"治理"的阐述："明分职，序事业，材技官能，莫不治理，则公道达而私门塞矣，公义明而私事息矣。"这里的"治理"指的是管理国家、整顿政治，使国家繁荣昌盛。此外，《汉书·赵尹韩张两王传》中也提到"一切治理，威名流闻"。这些文献都反映了古代汉语中"治理"的含义。然而，随着时代的发展，尤其是近代以来西方思想的大量传入，我国的学术研究领域发生了很大的变化。如今，当提及"治理"这个概念时，更多的是在讨论源自西方的"governance"。也就是说，作为一个学术概念，"治理"主要是"governance"的对应词，而非沿袭古代汉语中"治理"一词固有的含义。西方文献中的"治理"（governance）一词，既古老又年轻。说其古老，是因为这个词可以根据词源学家的研究，追溯至古希腊语中的"掌舵"（kubernan），意为引导、舵手。而说其年轻，是因为这个词的现代含义主要来自20世纪90年代以来在英语中出现的新用法。在这个时期，治理逐渐从传统的国家统治和管理拓展为一种更为广泛、涵盖多个领域的概念，涉及政治、经济、社会、环境等方面。

"治理"（governance）一词于20世纪90年代首次在北欧地区崭露头角，随后逐渐发展成当今世界的一个热门词汇。而在此之前的大部分历史时期，"统治"（governance）这一概念相对而言更为常见。因此，我们可以说，"治理"并非一个全新词汇，而是因为被赋予了新的含义而焕发了生机。1992年，世界银行发布了一份具有深远影响力的研究报告《治理和发展》。这份报告对"治理"理念的构建具有里程碑意义。马克·普莱特纳曾指出，一个术语一旦成为流行词，给它精确下定义就变得异常困难。这正是"治理"一词的现状。世界银行、经济合作与发展组织（OECD）、联合国开发计划署（UNDP）、联合国教科文组织（UNESCO），以及全球治理委员会（Commission on Global Governance）等重要的国际组织，纷纷将"治理"这一概念运用到对某些复杂的全球事务的考察中，并将其视为解决问题的有效手段，给予高度重视。随着"治理"一词的流行，经济学、公共管理学、社会学及政治学等多个领域的学者纷纷对"什么是治理"这一问题进行了深入探讨，试图为"治理"给出一个确切的定义。然而，治理这一概念所具有的丰富性和多样性，使得给它下定义成为一项艰巨的任务。尽管如此，这并不妨碍我们对治理进行深入的理解和研究，以期在实践中找到更好的解决问题的方法。

  治理，一个看似简单却又极具深意的词汇，至今仍在学术界和实践领域引发广泛的讨论。尽管关于治理的确切含义，学术界尚未达成一致意见，未来也可能存在不同的解读，但人们对治理的不断探索和多元理解，无疑为社会的进步和发展提供了重要的理论支撑。格里·斯托克对治理概念的总结，为我们深入理解治理提供了有益的参考，他将治理的含义归纳为以下几个方面。第一，治理意味着一系列来自政府但又不限于政府的社会公共机构和行为者的行为。这一观点强调治理主体的多元性，即治理主体不仅包括政府，还包括其他公共机构和民间组织。这意味着治理不再是政府的独家之事，而是全社会共同参与的过程。在这个过程中，各治理主体之间需要相互协作，形成合力，以实现公共目标。第二，治理意味着在寻找社会和经济问题解决方案的过程中，存在界限和责任方面的模糊性。这一观点揭示了治理的现实困境，即在面临复杂问题时，各治理主体之间的权责关系往往并不清晰。这种情况下，各治理主体需要在实践中不断摸索，寻求合适的解决方案，并在试错中逐步明确各自的职责。第三，治理意味着参与者最终会形成一个自主网络。这一观点强调了治理过程中的自主性和互动性。在治理过程中，各治理主体之间通过协商、合作等方式建立联系，形成一个相互依赖、共同发展的网络。这个网络中的参与者具有较高的自主性，能够在治理过程中发挥积极作用，推动问题的解决。第四，治理意味着把事情办好的能力既不限于政府的权力，也不限于政府的发号施令或权威运用。这一观点拓宽了我们对治理能力的认知，表明治理成效的关键不在于政府权力大小，而在于各治理主体的协同作用。在这个过程中，政府的作用虽然重要，但并非唯一的决定因素。其他公共机构和民间组织同样可以发挥重要作用，共同推动社会治理的优化。

  福柯认为，"统治是统治权的统治，而治理是生命权力的治理"——

统治的权力自上而下单向度运行，而治理的权力则自上而下和自下而上双向度运行。

让-皮埃尔·戈丹也表达了类似的观点。他认为，人们对治理的解说摇摆不定，表明治理理论的目标尚未明确，所以，这个概念剩下的核心内涵是公共行动——它已经变成多极的，其运作存在多种相关系数，参与它的所有行为者必须以协调效率为目标。实践中，为明晰治理概念，通常会将"管理""统治""行政"与"治理"进行比较。在经济领域，公司治理侧重于决策和控制，关注投资者关系；管理侧重于运营执行，关注客户关系。换言之，管理是人们在特定的环境下对可调动的组织资源，通过计划、组织、指挥、协调和控制等行为活动进行优化配置，以有效实现组织目标的活动。治理则是制定组织目标、协商目标实现方法的过程。治理先于管理，是管理的前提和基础；管理是治理走向现实的路径，是治理的实施形式。治理和管理是驱动组织健康发展的"双轮"，二者相互协调。

俞可平（2010）认为，治理作为一种社会管理方式，其核心理念是在一定的范围内运用权威，维持社会秩序，并满足公众的各种需求。在这个定义中，权威不仅体现在权力的运用上，更体现在对公众需求的敏感把握和有效满足上。治理并非简单的权力行使，而是在多种制度关系中灵活运用权力，引导、控制和规范公民的各种活动。可见，在治理中，权威的主体是多元的，运行的过程是协商的而非强制的，规则包括正式制度和非正式制度，治理涉及所有公共领域，而非局限于政府的权力边界。自党的十八届三中全会明确提出"完善和发展中国特色社会主义制度，推进国家治理体系和治理能力现代化"作为全面深化改革的总目标以来，教育治理领域的研究日益增多，尤其是针对"职业教育治理"的探讨备受关注。这一领域的深入研究不仅有助于完善中国特色社会主义制度，还对提升职业教育的质量和效益具有重要意义。

孙翠香（2017）认为，职业教育治理的内涵涉及了多个方面。治理主体不仅包括政府，还涉及社会组织、职业教育机构、行业等多个利益相关者。这些治理主体在职业教育治理中扮演着不同的角色，共同推动治理目标的实现。

肖凤翔、贾旻（2016a）认为，明确职业教育治理的主要特点、实践经验及研究重点，有助于明确职业教育治理研究应关注的重要问题。现代职业教育治理体系作为一种复杂而精细的利益平衡系统，涉及诸多利益相关者，这些利益相关者通过制定正式制度或非正式规约，共同致力于技能型人才的培养。在这一过程中，他们不仅要在职业教育资源的分配过程中展现协商与合作精神，还要妥善应对可能出现的制约与冲突。职业教育治理体系的协商治理特点要求明确教育行政部门、教师等职业学校内部治理系统的利益相关者的角色与职责。教育行政部门在职业教育治理体系中发挥着至关重要的引领作用，负责制定相关政策，监督执行效果，以及协调各方利益。而教师作为职业教育治理体系中的核心力量，其专业素养和教育教学方法直接影响着人才培养的质量。因此，需要建立健全的教师培训机制，提高教师的教育教学能力，同时鼓励教师积极参与职业教育治理，发挥其专业优势。在职业教育外部，政府、行业、企业等利益相关者共同参与到职业教育发展的政策法规制定过程中。政府通过出台相关政策，为职业教育提供资金支持和政策保障；行业通过提供市场需求信息和行业发展趋势，为职业教育专业设置和人才培养方向提供指导；企业通过校企合作、产教融合等方式，为职业教育提供实践平台和就业渠道。这些外部相关者的参与，有助于形成政府主导、行业指导、企业参与的职业教育办学格局。在职业教育内部治理方面，应按照《现代职业教育体系建设规划（2014—2020年）》的要求，建立理（董）事会、党委常委会、学术委员会等机构，履行决策、监督和管理等职责。同时，应邀请行业专家就专业、课程建设开展研讨，为校企合作提供平台，推动职业教育与产业发展的深度融合。值得注意的是，职业教育治理过程需要公共力量的理性参与和协商。这意味着在治理过程中，各利益相关者应秉持开放、包容、合作的态度，共同制定规则、限制权力，实现多元共治。此外，还需要将治理过程规则化、制度化，以确保治理的公平性和有效性。

李政、徐国庆（2020）认为，职业教育治理结构可视为政府、行业、企业、学校等主体围绕职业教育办学所形成的一种决策权结构。这一观点揭示了职业教育治理体系的多主体性和复杂性。在实际运作中，各主体之间需要建立有效的沟通机制和协调机制，确保决策的科学性和民主性。庄西真（2016）认为，职业教育治理本质上就是不同治理主体之间通过协商、博弈，共同推动职业教育事业不断向前发展的过程。

职业教育治理体系是一个整体系统架构，它由一系列政策法规、制度条例及组织机制构成。这个体系在我国教育发展中扮演着至关重要的角色,直接影响着我国职业教育的质量和水平。为了实现职业教育治理体系的现代化,我们需以公共价值观为基础,以提高体系运行效果为目标,不断提升体系制度创新能力,加强体系各方主体的协同合作,明晰多元主体的权责,完善体系机制建设。最终目标是通过这些措施,实现多元善治,让职业教育治理体系更好地服务于我国职业教育的发展。孙长远、庞学光(2017)认为,职业教育治理现代化的实现,需要遵循政府主导的职业教育治理逻辑。这种逻辑强调实施政府主导的"协商治理"模式,通过政府与各方主体的协商,共同推进职业教育治理体系和治理能力的现代化。政府在这个过程中需要发挥引导和协调的作用,确保各方主体在职业教育治理中的积极参与和有效合作。李进(2014)指出,现代职业教育治理体系的运行,离不开职业教育治理现代化的保驾护航。这意味着,我们在治理过程中,需要从职业教育的实际困境出发,制定出符合现代职业教育发展的相关制度与标准,同时,要最大限度地平衡多元主体的利益,实现真正的多元治理,直至达到职业教育善治的目标。

基于上述研究,本研究中的"治理"指的是不同产教融合组织形态的内外部治理,既包含现行研究中的多元主体的参与、多种权力运行,也涉及治理空间和治理边界等;"治理结构优化"则是指向产教融合治理中各种主体、各种权力、各项目标等要素关系的完善和提升。此外,本研究还认为这种治理结构优化与职业教育治理存在内在关联,二者均体现为政府、市场、社会等主体通过博弈、协商、妥协,建立共同规则,以解决职业教育发展问题或实现某种职业教育理想的过程。

四、政策工具

由于本研究广泛地涉及中宏观层面的政策制度,因此深入探究政策工具的核心概念变得尤为关键。政策工具,亦称治理工具,在公共管理与政策研究领域扮演着举足轻重的角色。尽管政策工具的概念看似简单,然而,对其进行精确且全面的描述却是一项极具挑战性的任务。国内外学者从不同的视角出发,给出了各具特色的定义,使得这一领域的研究呈现出多元化的态势。有些学者将政策工具视为政府推行政策的具体方法和手段(豪利特、拉米什,2006)。他们强调政策工具是政府在实现政策目标过程中所采用的具体操作方式,包括法律法规、财政补贴、税收优惠、宣传教育等多种形式。有些学者则倾向于将政策工具视为政府的行为方式，以及通过某种途径调节政府行为的机制（休斯，2023）。他们认为，政策工具不仅体现在具体的政策执行手段上，还在于政府如何通过这些工具来影响和调节社会各个领域的运行。这种理解方式强调了政策工具的动态性和灵活性，使其适应不同情境下的政策需求。有些学者将政策工具视为政府将其实质目标转化为具体行动的路径和机制（张成福、党秀云，2001）。他们认为，政策工具是连接政策目标与政策执行的桥梁，通过选择合适的工具，政府能够更有效地将政策目标转化为具体的行动计划和实施方案。这种理解方式突出了政策工具在政策制定与实施过程中的关键作用。此外，也有学者从更广泛的角度看待政策工具，认为它是人们为解决某一社会问题或达成一定的政策目标而采用的具体手段和方式。

  胡德认为，政府主要通过四种基本资源——节点、权威、财政和组织来处理公共事务。根据这四种资源以及政府的目标，胡德将政策工具分为建议、法律、补助和贷款、提供服务、调查、等级、咨询、统计八种类型（曲洁，2015）。豪利特和拉米什认为，政府提供物品和服务的水平是划分政策工具的重要依据。他们将政策工具分为自愿性工具、混合型工具及强制性工具三大类，并进一步细化为十种具体类型。这种分类方法强调了政府与市场、社会之间的合作关系，为政府选择合适的政策工具提供了参考。还有一种分类方法是根据政府意欲通过政策工具达到的政策目标来进行划分。麦克唐纳尔和埃尔莫尔将政策工具分为命令、激励、能力建设、系统变革四种类型。这种分类方法关注政策工具的实际效果，有助于政府根据实际情况选择有效的政策工具。英格拉姆和施耐德将政策工具分为权威、激励、能力建设、符号和劝诫、学习五种类型（陈学飞，2011）。陈振明（2004）从企业管理的角度出发，将政策工具分为市场化工具、工商管理技术、社会化手段三种类型。张成福、党秀云（2001）根据政府的介入程度，将政策工具分为政府部门直接提供财货与服务、政府部门委托其他部门提供、签约外包、补助或补贴、抵用券、经营特许权、政府贩售特定服务、自我协助、志愿服务和市场运作等类型。

  综合以上政策工具的定义、分类及对政策工具的理解，本研究所探讨的政策工具可以理解为：政策利益相关者在特定社会背景下，为实现特定的政策目标、解决具体的政策问题、达到理想的政策效果而采取的一系列方式和手段。这些工具可能包括财政支持、法规制定、行政指导、宣传教育等多种形式。在实际应用中，政策工具的选择和使用需要结合政策问题的性质、社会环境的特点及利益相关者的需求来综合考虑。

第三节 研究目标、对象及总体框架

研究目标是一项研究将要达到的目的，可能包括理论上的目标和实践或实际应用上的目标。尽管这一目标当时还比较模糊，甚至只是一时兴起的想法，但研究必然存在目标。而且，在资源并不宽裕的情况下，权威专家们往往会以此考察研究者（团队）是否具备担当此项研究的能力和资格。至于研究对象，指的是课题研究具体针对什么内容或围绕什么展开。总体框架则是研究思路、程序等的综合体现。

一、研究目标及对象

（一）主要研究目标

1. 厘清各种产教融合组织形态及其治理结构的现状与问题

从建设主体、组织架构、职能配置、治理结构、实际贡献、运行困境等方面，对国内现行产教融合组织形态及其内外部治理状况进行调查和分析。

2. 鉴别不同类型产教融合组织形态及其治理结构的适应性与科学性

将产教融合目标进行分解，构建产教融合目标达成度测评指标体系，进行抽样测评并识别具体的产教融合组织形态，判断这一组织形态的内外部治理结构的适应性与科学性。

3. 构建产教融合组织形态及其治理结构优化模型和政策框架

将产教融合组织形态优化定位于学校组织形态创新、企业组织形态变革的有机统一，并从国家和区域产教融合组织形态建构与创新入手，提出产教融合组织形态及其治理结构优化模型和政策框架。

4. 探索综合性产教融合组织机构的职能重构和治理转型

产教融合组织机构是为集成学校、企业、行业、政府和社会等各方面主体的力量，协同推进技术技能型人才培养、科技成果转化、科技攻关和产业振兴而形成的关系体。然而，不同区域、不同主体的情况存在差异，一些组织机构目前面临着职能调整与重构、治理创新等问题。本研究试图对此加以探索，以期形成有价值的研究结论与建议。

（二）主要研究对象

本研究主要以高等职业院校的过往、现行及未来的产教融合组织形态及其治理结构为研究对象，具体包括各种产教融合组织的基本架构、治理结构及运行机制、目标达成度、优化组合、形态创新与治理变革等。

二、研究总体框架

研究总体框架如图1-1所示。

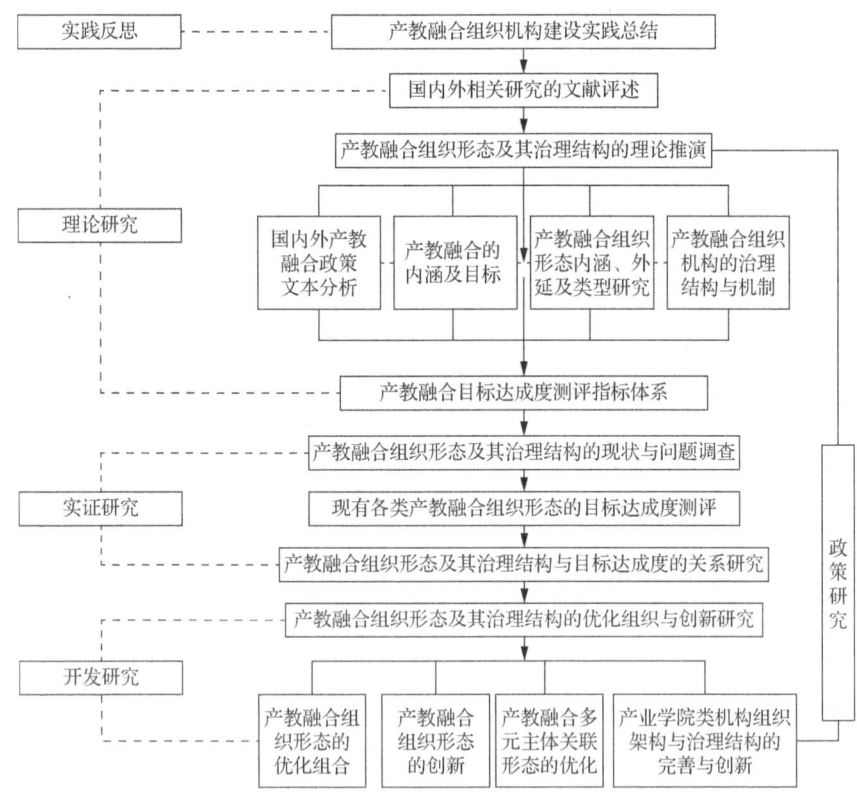

图1-1 研究总体框架

第四节 研究视角和方法

研究视角属于科学研究或工作研究的方法论范畴,即运用某一或某些学科、学派的理论体系和思维方式去考察、分析具体的研究对象,或者凭借特定理由、从特定角度看待某一研究对象,明确考察研究对象的什么层面。这就涉及所谓的理论视角、实践视角,甚至思维视角。研究方法是一个众所周知的概念,只是随着现代信息技术的高速发展,特别是人类智慧思维的变化,研究方法愈加丰富且复杂。

一、研究视角

本研究从组织学视角出发,分析不同的产教融合组织形态,以及各种组织形态的内外部治理结构及其优化问题。当前我国各地的产教融合实践已经形成多元化组织形态。这些组织形态的服务面向多元,以中小微企业为主,也涉及大型企业,组织架构和形态特征既有共同倾向,也存在较多差异。因此,本研究重点从组织学视角出发,分析不同产教融合组织形态及其治理结构产生的制度层面的深层原因。这也是由产教融合本身是一种制度安排决定的。

二、研究方法

本研究将交叉使用或综合运用以下六种具体的研究方法(或者方法类型)。

一是文献研究法。通过期刊网、图书馆及相关学校和企业档案等渠道,广泛收集文献资料,采用教育学、管理学、经济学等学科的研究范式,归纳分析相关信息。具体内容包括:国内外现有的各种产教融合组织形态及其治理结构文献;国内已有产教融合组织形态的学校及企业情况;国内外产教融合政策制度及其内涵界定、关键措施;国内外关于产教融合的理论研究。

二是调查研究法(含测量评价法、比较分析法)。采用调查问卷、德尔菲法等,对国内产教融合组织机构进行调查,比较分析不同的组织形态及其治理结构的现实状况及发展环境,提出产教融合组织形态和治理结构的主要类型及基本特征。具体操作为：以文献法为基础，构建产教融合目标达成度测评指标体系，确定具体的评价方法；根据测量评价和政策绩效考评的需要，研制现状与问题调查问卷及表格、专家访谈提纲；从问卷发放对象中选择部分对象进行现场调查和访谈，初步确定广东、福建、浙江、湖南、云南、辽宁、陕西七省作为调查省份；进行问卷回收的有效性分析、产教融合组织形态的归类（含特征、治理结构）及各组织形态的测量评价；与国外相似的组织形态及其治理结构进行比较，分析国内现有的各种产教融合组织形态及其治理结构的科学性和合理性。

三是行动研究法与描述性研究法。将研究工作与主持单位学校及参与学校的改革实践探索有机结合，在产业学院、现代学徒制、工作室制、"1+X"证书制度落实，以及推进产教融合型城市、行业、企业建设等实际工作过程中进行研究，制定并实施若干改革试点方案，与实际工作者共同探索。同时，在案例研究中通过自己的理解和验证，对既有的现象、规律和理论进行叙述并解释。

四是归纳与演绎法（或规范研究法）。以相关理论为基础，系统分析产业学院类组织机构与学校及其部门、政府、产业园区、企业、行业等主体的属性、权益或核心利益诉求，梳理产业学院的所有制性质、运行绩效和支持政策，以及产业学院各关联主体以资本、技术、管理等要素依法参与办学并享有的相应权利。在对调查统计数据进行量化分析的基础上，运用相关理论进行质性分析，推导演绎产教融合组织形态及其治理结构的优化机理并制定相应的政策制度。以调查结果为依据，分析产教融合各主体，即学校、企业、行业、政府、中介组织等主体间的权利关系和运行机制，探究不同类型产教融合组织形态对学校、企业、政府及其他社会领域的实质性影响；探讨如何借助一个或几个平台型或载体型组织机构，实现产业与教育两个系统的整体贯通交融，如何从单点链接、多点链接过渡到整体对接。从不同层面提出产教融合不同类型组织形态的体制机制、治理结构及其运行的优化方案，以及不同经济社会环境下学校产教融合组织形态的优化策略。

五是制度分析法。制度分析法在产教融合治理研究中具有重要意义。制度作为一种规则体系，既包括正式制度，也包括非正式制度。在产教融合治理中，存在诸多因素制约其发展，而制度无疑是关键因素之一。它对产教融合政策执行效果具有直接影响，同时也改变了政策工具选择的路径。首先,制度在很大程度上决定了产教融合政策执行的成败。一套健全的制度可以为产教融合提供有力的保障,使政策能够顺利实施,达到预期效果。其次,制度对政策工具的选择具有导向作用。在不同的制度环境下,政策工具的选择与应用会有所不同。合理的制度安排有助于引导政策工具朝着更有利于产教融合的方向发展。最后,制度还影响着产教融合治理的内外部环境。从内部环境来看,制度规定了各方的权责,明确了各参与主体的地位和角色。这有助于降低协调成本,提高产教融合治理的效率。从外部环境来看,制度为产教融合提供了政策保障和社会支持。良好的制度环境有助于吸引更多资源投入,促进产教融合的深入发展。

六是系统分析法。系统分析法是一种将需要研究的问题视为一个整体系统的研究方法,它通过对系统内部各个要素进行深入剖析,提出有针对性的解决方案和实施策略。将这一方法应用于产教融合治理研究,有助于我们全面把握问题,找到治理工具选择的优化路径。

第二章 理论基础与政策研究

本研究旨在通过产教融合组织形态及其治理结构的实证研究、产教融合组织形态及其治理结构的分类与比较、产教融合组织形态及其治理结构优化方案设计、产教融合多元主体关联形态优化和制度伦理分析等，厘清各种产教融合组织形态及其治理结构的现状与问题，鉴别不同类型产教融合组织形态及其治理结构的适应性与科学性，构建产教融合组织形态及其治理结构优化模型及政策框架，探索综合性产教融合组织机构的职能重构和治理转型，为推进我国产教融合提供理论支撑和实证支持。在此，不仅需要选取一定的理论视角，还应该借助已有的理论基础，包括借鉴已有研究成果及相关政策分析。为此，本章试图通过梳理国内相关研究，阐释本研究的理论借鉴，分析产教融合相关政策，以实现本研究的整体性、系统性和有序性。

第一节 文献综述及学术史分析

从国内外已有研究文献中梳理出与研究相关的核心概念或几个主要概念的学术史，通常是课题研究的重要环节。这一方面源于人类大多数的研究均站在前人研究的基础之上，借助既有研究成果，构建新的研究视野、路径、框架，可以避免低水平重复研究；另一方面，旨在通过系统了解前人研究的现状、困惑、不足，明晰课题的研究空间，以避免重蹈覆辙，突破研究困境。为了探讨本研究的基础理论问题，本节主要从产教融合及其组织机构、职业教育治理两大方面，对国内外已有研究及学术史进行梳理。

一、产教融合文献综述

产教融合是职业教育运行的主线，对于现代职业教育体系的建立、职业教育改革和创新发展等起着至关重要的作用，已经成为国家教育改革和人才资源开发的基本制度安排（马树超、郭文富，2018）。产教融合是职业教育的基本办学模式，是办好职业教育的关键所在（石伟平、王启龙，2018）。而校企合作作为产教融合的重要表现形式与载体，是产教融合的核心。因而，在梳理产教融合文献时，自然会将校企合作研究包含其中。

（一）国内产教融合文献综述

为了更加全面地把握国内关于产教融合的研究动态，这里以中国知网（CNKI）为数据来源，将筛选条件设定为：主题=产教融合。截至2020年3月，共检索到相关研究文献8261篇，文献的部分年度（1995—2019年）分布情况如图2-1所示。结果显示，2013年以前产教融合文献较少，2014年之后此类文献数量开始快速增长，尤其是在2017年12月《国务院办公厅关于深化产教融合的若干意见》发布后，相关研究获得了快速发展，文献数量呈现出非常快的增长趋势。从产教融合研究的发文单位来看，既有江苏农牧科技职业学院、江苏联合职业技术学院、常州纺织服装职业技术学院等高职院校，也有天津大学、华东师范大学等研究型大学，还有教育部职业教育与成人教育司等政府机构，显现出多元状态（表2-1）。从产教融合研究的高频作者来看，既有周建松、张健等高职院校的主要管理者和实践者，也有刘晓、潘海生、石伟平等从事职业教育研究的学者和专家（表2-2）。从产教融合研究的项目基金来源来看，现有研究的项目基金主要来自省部级项目，如江苏省教育厅人文社会科学研究基金、江苏省教育厅高等学校哲学社会科学基金、广西高等学校教学质量与教学改革基金等（表2-3）。此外，国家级课题以全国教育科学规划课题等为主。从产教融合研究成果的主要载体类型来看，大体有期刊、报纸、学位论文、国内会议、国际会议、学术辑刊等类型（图2-2）。

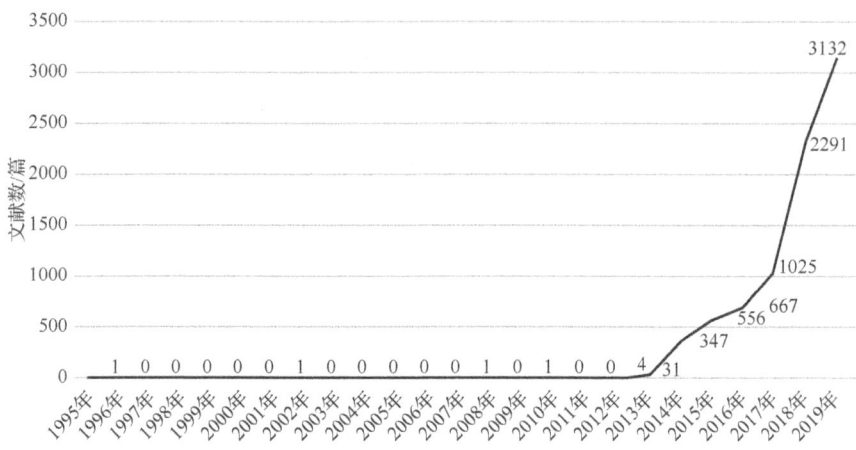

图 2-1　产教融合文献的年度（1995—2019 年）分布情况

表 2-1　产教融合研究的部分发文单位情况

发文单位	发文量/篇	发文单位	发文量/篇
江苏农牧科技职业学院	45	宁波职业技术学院	23
江苏联合职业技术学院	33	教育部职业教育发展中心	22
常州纺织服装职业技术学院	30	苏州工业职业技术学院	22
教育部职业教育与成人教育司	28	浙江金融职业学院	22
天津职业技术师范大学	28	浙江工业大学	22
吉林工程技术师范学院	28	黄淮学院	21
常州信息职业技术学院	24	金华职业技术大学	21
南京工业职业技术学院	24	长春工程学院	21
常熟理工学院	23	天津大学	21
苏州健雄职业技术学院	23	华东师范大学	21

表 2-2　产教融合研究的高频作者情况

作者	发文量/篇	作者	发文量/篇	作者	发文量/篇
张健	13	陈锋	7	潘海生	6
刘晓	11	黄陈	7	康玉忠	6
周建松	11	孟凡华	7	石伟平	6
杨海峰	10	顾永安	6	余爱民	6
陈昌平	8	南旭光	6	刘其晴	5

表 2-3　产教融合研究的项目基金来源情况

类　　型	发文量/篇	类　　型	发文量/篇
江苏省教育厅人文社会科学研究基金	97	重庆市高等教育教学改革研究项目	27
全国教育科学规划课题	93	黑龙江省教育科学规划课题	26
江苏省教育厅高等学校哲学社会科学基金	73	湖南省哲学社会科学基金	23
广西高等学校教学质量与教学改革基金	62	湖南省教育科学规划课题	23
江苏省青蓝工程	49	安徽高等学校省级教学质量与教学课题	22
国家社会科学基金	40	湖南省普通高等学校教学改革研究课题	21
江苏省高等教育教学改革研究课题	38	山东省高等学校教学改革研究项目	17
江苏省教育科学规划课题	36	辽宁省教育科学规划课题	16
教育部人文社会科学研究项目	29	浙江省教育厅科研计划	15
湖南省教委科研基金	28	重庆市教育科学规划课题	15

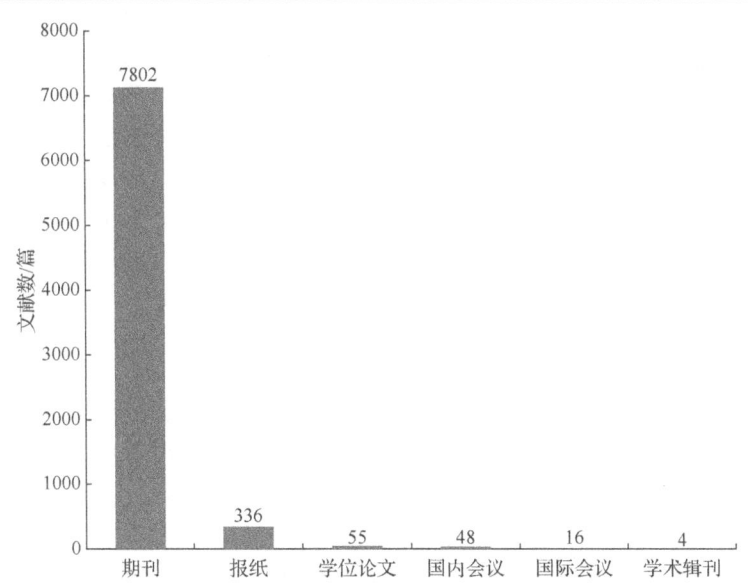

图 2-2　产教融合研究成果的主要载体类型

通过对相关文献的统计可以得出，我国产教融合相关研究的高频关键词有产教融合（4557）、校企合作（1156）、职业教育（663）、高职院校（618）、人才培养（508）、高职教育（295）、人才培养模式（292）、现代学徒制（248）、协同育人（164）、高职（154）、教学改革（138）、实践教学（122）、创新创业（115）、培养模式（98）等（图 2-3）。我国产教融合研究的主要内容可以归纳为产教融合对于职业教育发展的意义、产教融合的发生途径两大方面。

1. 产教融合对于职业教育发展的意义

国内学者在研究产教融合、校企合作对于职业教育发展的意义时，主要是从两个方面来分析。一方面，就职业教育及职业院校而言，其关注点是培养的学生能否顺利就业，能否顺利融入社会，因而认为产教融合是衡量职业教育人才培养质量的重要指标，也是衡量人民群众对职业教育是否满意的标准（张玲、彭振宇，2014），其有利于职业院校动态设置和调整专业，增强专业的社会适应性，使培养的人才更符合行业、企业的需求（王丹中、赵佩华，2014）。比如，产教融合对于提升人才培养质量具有重要意义（马树超，2017），可以促使职业院校更好服务区域经济发展、加强与社会及经济的相互交流，促进以知识传授为主的教育环境与以技能训练为主的生产环境相结合，使得职业院校的教学过程更加科学化、合理化（王玲玲，2015）。另一方面，就学生和教师两类主体而言，产教融合、校企合作是提升职业院校内涵建设的必然选择，对学生的职业胜任力（刘春玲、杨鹏，2014）和创造力培养，以及教师科研能力的提升等都有重要的意义（苏东海、杨彦如，2014）；职业院校与企业合作，深化产教融合，可以促进"双师型"教师的培养，有效解决教师专业发展形式单一、实践经验缺乏等问题（潘玲珍，2015）。

2. 产教融合的发生途径

产教融合对于职业教育发展意义重大，如何从理论、政策等层面出发，将之落实到实践中，推动职业教育与区域产业同向发展，无疑是关键的一环。通过文献阅读与分析，我们可以将产教融合的发生途径分为两个层面：一是宏观层面，主要通过职业教育集团（以下简称职教集团）、产业学院和产教融合型企业等组织机构来进行；二是微观层面，主要是指在产教融合实施过程中，应该着重在实训基地、课程教学等环节上进行建设。

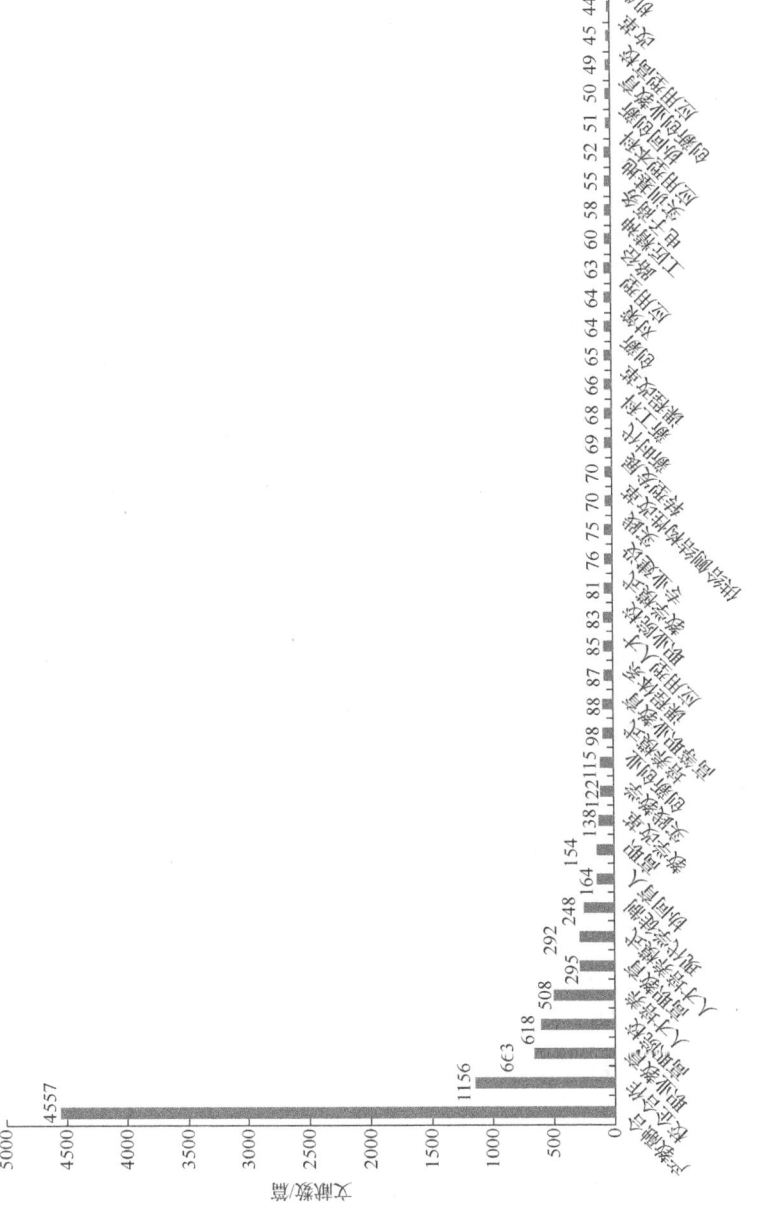

图 2-3 产教融合研究的关键词分布情况

（1）产教融合的宏观途径。有学者将产教融合发生的宏观途径分为两种（陈年友、周常青、吴祝平，2014）。一种是要素整合，包括：企业对职业教育进行投资，形成校企合作办学模式；学校为企业提供土地、劳动力，形成校中厂模式；学校为企业提供劳动力、技术，形成厂中校模式。另一种是契约合作，即校企之间通过合同协议的方式，建立战略合作关系，形成战略联盟，如职教集团、校企合作理事会等。其中的关键是学校与企业在业务领域所具备的能力，也就是不同产教融合组织形态发挥特定作用的能力。

其一，关于职教集团搭建校企合作桥梁。研究显示，职教集团是20世纪90年代以后职业教育发展的一种新形式（谢露静，2012），是产教融合、校企合作发展的重要机构，能够将行业、企业和学校紧密地联系在一起，形成良好的职业教育氛围（卢兵、王晓东、李彩虹，2011）。据统计，改革开放40多年来，我国共组建职教集团1400余个，覆盖90%以上的高职院校，近3万家企业参与共建生产性实训基地1900余个，职教集团办学整体水平不断提升，产教融合持续深化发展（杜玉帆、刘志文，2019）。所以，职教集团的良好、有序、创新发展对于职业教育产教融合深入发展具有重要意义。相关研究主要集中在职教集团背景下校企合作存在的问题及破解方法等方面。比如，职教集团的运作模式有中高职纵向衔接、专业领域横向联合等（首珩，2012），其在运作中存在诸多问题：一是职教集团如何系统对接产业链进行顶层设计，将校企合作的支点构建到企业生产一线，在更高层次上实现校企共赢；二是职教集团如何有效整合职业教育资源，实现校企资源共享和优化配置；三是职教集团如何保障产教融合、校企合作长效运行，此部分存在的主要问题是组织结构松散化（李兆敏、李朝伟，2018），合作过程中出现严重的本位主义，难以形成强大的聚合力，导致运行效率低下。除此之外，随着时代发展、产业升级、动能转换、技术革新，集团化办学主体诉求的异质性愈加明显，既存在价值上的冲突，也存在利益上的博弈，各主体如何协调发展也是亟待解决的问题（刘晓宁，2019）。集团化办学政策紧紧围绕职业教育产教融合、校企合作、工学结合的主线，推动了职业教育体制改革，但忽视了法律法规的完善（周英文、徐国庆，2017）。这样一来，如何解决运行机制不健全、资源共享不充分和利益共享不均衡等问题，也就成为关键（王贵红、张健，2019）。

同时，对于职教集团如何有效、长效运行，学者们进行了诸多研究。例如，为了提升教育链与产业链的有机融合，张立华、井大军（2015）提出职教集团应该秉持产教合作治理机制等八项原则，从内外两个方面有效保障职教集团促进产教融合、校企合作。此外，职教集团内部治理结构优化也是一个重要方面，政府推动职教集团行使行业教学指导委员会职能、利用市场机制组建法人化产教融合组织、完善集团章程实现集团依法科学治理等举措是实现职教集团内部治理结构优化的重要途径（崔发周，2018）。对于院校主导型的职教集团，牵头院校应加强自身服务能力的建设，提升协调与组织能力，同时应集中优化职教资源产权配置，提高集团运作的灵活性与实效性，真正实现共建共享共赢（朱有明，2015）；应利用职教集团平台优势，以技能大赛为载体，通过项目引领的方式实现学生成才、教师成长的队伍体系建设（蒋庆斌、许文稼、陈小艳，2019）。对于企业主导型的职教集团，政府需要不断优化相关政策、加强制度建设，为产教深度融合提供更好的条件和环境，比如推进政府购买职业教育人才培养服务政策的深化，推进产业、教育数据的收集、处理及其在人才培养中的应用等（陈志杰，2018）。

其二，关于创办产业学院。研究表明，深化产教融合、加快校企合作是推动高职院校发展与变革的必经之路，同时也是高职院校在发展过程中面临的一大挑战。为了更好地解决这一难题，产业学院的发展模式应运而生，它为产教融合的顺利实施提供了有力保障（杨应慧、杨怡涵，2018）。产业学院是一种深层次、立体化、全方位的校企合作办学模式（李宝银、陈荔、陈美荣，2017），旨在实现产业与教育的紧密结合，为学生提供更具实践性和针对性的教育资源。

"产业学院"这一概念，可以追溯至英国的"产业大学"。这是一个由公共部门和私人部门共同参与创建的教育机构，它通过现代化的网络和通信技术，为社会提供高质量的学习产品和服务。它作为一个开放式的远程学习组织，起到了学习者和学习产品之间的桥梁和纽带作用（洪明，2001）。与一般的校企合作育人项目相比，产业学院在办学过程中与相关产业的龙头企业建立了全方位、多层次、多功能的产学深度合作关系（邵庆祥，2009）。这种合作关系既不同于高职院校下属的二级学院，也不同于短期的项目式、订单式培养。产业学院是一个具有健全保障、完整资质和独立招生能力的实体化办学机构（黄文伟、郭建英、王博，

2019）。高职产业学院在办学过程中，一方面将企业的产业资源、政策资质、行业经验、实习岗位、生产工艺、经营管理等要素融入高职院校，并依托高职院校的人才优势、科研优势和社会资源，推动企业的升级发展；另一方面，负责维护教学秩序，培养专业人才，进行区域产业信息交流，以及开展专项科研攻关等工作。产业学院通过利用企业所拥有的行业资源，提高人才培养的规格和质量（吴显嵘，2018）。总的来说，产业学院作为一种教育模式，其核心在于紧密结合产业发展需求，深化产学研合作，以提高人才培养的质量。这不仅有助于推动高职院校的教育改革，也有利于提升我国产业人才的培养水平，为实现产业升级和发展提供有力的人才支持。可见，产业学院对于进一步将职业教育产教融合、校企合作落到实处，提高人才培养质量，引领产业转型升级具有重要意义。但与此同时，产业学院在建设实践中也存在诸多问题：一是国家层面的宏观政策较多，但是对于学校、企业等主体的激励措施偏少；二是行业协会的牵头、桥梁作用不明显；三是企业的合作意愿不强，对产业学院运行成本缺乏分担机制；四是学校层面的现代化治理体系尚未建立，在新型合作机制的管理和运行上不畅通（吴金铃，2019）。

值得注意的是我国对混合所有制产业学院建设进行的探索。2014年，《国务院关于加快发展现代职业教育的决定》（国发〔2014〕19号）就明确提出了探索发展股份制、混合所有制职业院校的指导思想。这旨在打破传统教育体制的束缚，引入更多的市场机制和社会力量，推动职业教育的多元化发展。文件中明确指出，允许以资本、知识、技术、管理等要素参与办学并享有相应权利，这为混合所有制产业学院的建设提供了有力的政策支持。2017 年，《国务院办公厅关于深化产教融合的若干意见》（国办发〔2017〕95 号）进一步强调了混合所有制产业学院建设的重要性。文件指出，要鼓励企业以独资、合资、合作等方式依法参与举办职业教育、高等教育，为产业学院的建设提供了更为广阔的空间。同时，文件还鼓励有条件的地区探索推进职业学校股份制、混合所有制改革，以进一步激发职业教育的活力和创新力。有研究认为，混合所有制是"国有资本、集体资本、非公有资本等交叉持股、相互融合"的经济形式，允许更多国有经济和其他所有制经济合作成为混合所有制经济，产业学院并非单纯的"校企合作"办学模式，更是具有"混合特征"的办学组织形式，产业学院以"资本"混合的方式为促进产教融合深度发展提供了新思路,也成为高职产业学院混合所有制改革的重点领域(张艳芳,2019),在此过程中,对人才培养共同体的探索也更加深入(郭雪松、李胜祺,2020)。但是,当前混合所有制产业学院尚存在法律地位不明、政策保障得不到落实(赵东明、赵景晖,2019)、产权界定困难、现代治理结构缺位等突出问题(张艳芳、雷世平,2018),如何办好混合所有制产业学院仍有很大困难和挑战。

其三,关于推动产教融合型企业发展。在深入探索职业教育发展与改革的新路径时,我们不难发现,赋予有资格的企业以教育机构的地位,将行业、企业举办的职业教育纳入国民教育体系,对于开拓职业教育发展与改革跨界的新视野具有至关重要的意义。这一创新性的举措,不仅有助于打破传统教育模式的束缚,还能推动职业教育体制机制改革的深化,为经济社会发展培养更多高素质的技术技能人才。在政策层面,《国家职业教育改革实施方案》明确提出要"培育数以万计的产教融合型企业"。这一政策的出台,为深化产教融合、推进企业优化转型提供了重要契机。产教融合型企业作为连接教育与产业的重要桥梁,能够充分发挥行业、企业的资源优势,为职业教育提供更加贴近实际需求的教学内容和实训平台,从而推动职业教育的创新发展。为了进一步规范和推动产教融合型企业的建设,2019年4月,国家发展改革委、教育部联合印发了《建设产教融合型企业实施办法(试行)》。该办法明确了产教融合型企业的建设原则、建设实施程序和支持管理措施等内容,为企业的申报、认定和管理工作提供了明确的指导。根据《建设产教融合型企业实施办法(试行)》的规定,产教融合型企业是指深度参与产教融合、校企合作,在职业院校、高等学校办学和深化改革中发挥重要主体作用的企业。这些企业行为规范、成效显著,创造较大社会价值,在提升技术技能人才培养质量、增强吸引力和竞争力方面,具有较强带动引领示范效应。这一政策性定义,既体现了产教融合型企业的基本特征,也明确了其应发挥的积极作用。在学术层面,不同的学者根据各自的研究视角和分析方法,对产教融合型企业也有不同的见解。有的学者认为,职业教育产教融合型企业是指能够与职业院校共同或单独完成技术技能人才的培养,深度参与产教融合、校企合作,通过评审建设并经政府授权的企业(周凤华,2019)。这些企业具有一定的代表性、较大的影响力和强烈的社会责任感,是推动职业教育发展的重要力量(潘建华,2019)。此外,还有学者借助属概念和种概念的方法，提出产教融合型企业是"将商品生产经营服务与相关联的人才培养培训功能融为一体的企业"。这一定义更加深入地揭示了产教融合型企业的本质特征，即产教融合型企业将生产经营活动与人才培养培训紧密结合，实现资源共享、优势互补，推动产业与教育的深度融合。为了更全面地了解产教融合型企业的内涵和外延，还有学者从多个维度对其进行了分析。他们认为，产教融合型企业应具备良好的资质基础，能够独立参与或举办职业教育；产教融合型企业应积极履行社会责任，为经济社会发展做出贡献；产教融合型企业还应具有一定的推广性和示范性，能够发挥积极作用并经过政府和权威机构的认定（刘晓、段伟长，2019）。

关于建立产教融合型企业的意义和价值，概括起来主要有五点。一是通过政府的更多优惠政策、更大支持力度来激发企业参与职业教育办学的内生动力，深化产教融合、校企合作，充分发挥企业的育人主体作用（滕颖、王利华，2020）。二是推动职业教育产教融合育人模式真正确立，从本质上说是要催生出新的"产教融合体"，这种融合体兼具了"产业"和"教育"的共同要素，实现从内容到形式的真正融合。三是推动职业教育人才培养定位更加精准，因为企业是经济发展最敏感的神经元，可以在供给和需求之间构筑紧密的纽带和稳固的桥梁，从而引导职业院校人才培养更加贴近产业、贴近企业、贴近市场（顾志祥、姜乐军，2020）。四是推动职业教育人才培养质量的全面提高。产教融合型企业能够为学生提供实习和实践机会，实现生产与教学相结合、相贯通，培养学生的专业实践能力（周凤华，2019）。五是促使国家系列政策文件中的纲领性要求得以落实。

关于我国产教融合型企业的培育路径，也有五个要点。一是做好遴选工作，对接行业、企业需求，细化遴选标准（刘晓、段伟长，2019）。这是产教融合型企业长效发展的基础保障。二是促进社会各界协同参与。在企业的引领作用逐渐发挥的过程中，政校企行多元参与是促进相关企业有效发展的保障，尤其是要有效发挥政府的主导作用（张会丽，2019），通过健全产教融合型企业制度，带动更多企业参与产教融合改革。三是构建多种融合办学模式。多种融合办学模式并举可以有效加大企业的投资力度、扩大校企融合范围，实现全方位合作。例如，可以推广"订单式"培养模式，企业与学校签订人才培养协议，为企业量身定制所需人才。四是企业合理投资。企业应加大对职业教育的投资力度，改善实训条件，提升职业教育质量。企业投资是企业兴办职业教育的主要表现形式之一，增加投资额直接影响产教融合规模和融合深度。五是校企协同创新教学产品。产教融合型企业要发挥融合的促进作用，提供信息化、智能化的科学技术和与时俱进的生产信息，使之与"教"中的各要素相互碰撞，进而与学校共同开发、创新出服务职业教育的相关教学产品（董树功、艾頔，2020）。

（2）产教融合的微观途径。不论是产教融合层面，还是校企合作层面，最终都要落实到具体的实践操作环节，这涉及课程设置、实训基地建设等一系列复杂的事项，是一个庞大而系统的工程，需要通过一系列微观途径来实现。

研究显示，职业教育发展中的"五个对接"是实现产教融合、校企合作的关键途径。而产教融合则具体涉及专业与产业对接、课程内容与职业标准对接、教学过程与生产过程对接、学历证书与职业资格证书对接（陈年友、周常青、吴祝平，2014）。这一理念旨在推动教育与产业的紧密融合，提高教育的实用性和针对性，培养适应社会发展和产业需求的高素质人才。首先，专业与产业对接。这是一项至关重要的任务。教育部门需要根据区域产业发展状况和趋势，合理确定学校的专业范围和服务行业，此外，还要从市场的多元需求出发，找到学校的发展定位和生存空间，避免与区域内其他学校重合，避免专业错位发展。这样不仅可以满足产业对各类人才的需求，还能为学生提供更多的发展机会。其次，课程内容与职业标准对接。这是保证教育质量的关键。在制定课程内容时，教育部门应分析学生未来完成工作任务时所需具备的职业标准和素质，有目的地选择课程内容，使课程内容具有针对性和实用性，通过这种方式，为学生的职业发展奠定坚实的基础，提高他们的职业素养和就业竞争力。再次，教学过程与生产过程对接。这是提高学生实践能力的重要途径。职业院校应与企业共同开发模块化课程体系，实施以"行动导向"为教学方法的"项目化"教学，让学生在企业实践情境中开展学习，学做合一，让学生在典型产品的完成过程中学习相关理论知识，建立起工作任务与知识、技能、态度的联系。这样既能增强学生的直观感觉，激发他们的学习兴趣，也能使他们具备从事生产和适应社会发展的能力。最后，学历证书与职业资格证书对接。这是评价学生职业能力的重要手段。教育部门应与产业部门密切合作，建立完善的人才培养评价体系，将学历证书与职业资格证书相结合。这样既能反映学生的学术成绩，也能体现他们的职业能力，有利于学生的就业及其职业发展（王丹中、赵佩华，2014）。

除此之外，现有研究还涉及产教融合人才培养模式、实训基地建设、课程建设等。有研究认为，现行产教融合人才培养模式是对国外教育经验的借鉴，如杜威的"从做中学"和德国"双元制"教育模式（黄倩，2017）。在传统的校企合作中，企业在职业教育人才培养中发挥的作用并不明显。有调查研究表明，校企合作主要依靠职业院校的主动联系，实习实训是当前校企合作的主要形式。在这一过程中企业更多地将学生作为生产岗位的员工使用，主要根据单位自身的生产需要来安排学生实习，较少考虑技能人才培养的客观规律（潘海生、王世斌、龙德毅，2013），所以，产教融合或者校企合作中的人才培养模式创新，也是职业教育产教融合实现的重要途径。有研究提出，高水平专业化产教融合实训基地将集企业真实生产和社会技术服务、社会培训、实践教学于一体，其主要功能是服务于学校教学与企业生产，培养技术技能人才（张会丽，2019）。同时，这种实训基地的社会性、实践性及与产业的对接性，使其覆盖了专业规划、课程标准、职业标准、岗位任务、生产运营等全过程（黄德桥、杜文静，2019），因而是促进产教融合良好发展的重要途径。还有研究认为，校企共建课程应作为关注的重点，校企合作开发课程是高职教育教学改革的必然选择，但存在着政策上缺乏支持、个体上缺乏主动意识、质量上难以达到预期目标等问题（段小莉，2014）。随着产教融合的不断深入，教育和产业紧密对接，学校和企业成为教育共同体，企业在课程内容、模式、目标、评价上的发言权日渐增强（王保林，2019）。

（二）国外产教融合文献综述

国外关于产教融合的研究主要集中于产教融合影响因素、存在问题、对策建议和职业能力标准等方面。

1. 关于产教融合影响因素的研究

国外此类研究差异性较大，概括起来，产教融合的影响因素主要有市场、政府、企业、学校及它们的合力作用等。Bruegge（2005）指出，产教融合受市场经济影响，其主体呈现多元化的特征。学校自身的条件是影响产教融合的主要因素，Santoro 和 Chakrabarti（2002）的研究发现，学校的专业设置、师资水平及学校的资质等因素，都会影响学校对产教融合信息的把握和理解。这意味着，学校需要不断改善自身条件，以促进产教融合的实施效果。企业的目标也是影响产教融合的关键因素。Brodkey（2005）指出，企业的目标会影响其与学校合作的意愿和积极性。以短期盈利为目标的企业往往合作意愿较低，若学校与这类企业展开合作，可能对学生发展产生不利影响。企业自身的条件也是影响产教融合政策执行的重要因素。Muscio、Quaglione 和 Scarpinato（2012）的研究表明，企业所处的地理位置对达成产教合作协议具有正向作用。这意味着，优化企业外部环境，特别是地理位置，有助于推动产教融合的实施。Knudsen（2015）认为，产教融合的实施受到学校、企业和政府三方面因素的共同影响。这意味着，产教融合的推进需要各方共同努力，形成合力。Lindelöf 和 Löfsten（2004）指出，尽管产教融合建立在职业学校与企业发展的需求之上，但仍然需要国家层面的干预，以确保产教融合模式的有效运行。这表明，政府在推动产教融合过程中发挥着不可或缺的作用。Seppo、Rõigas 和 Varblane（2014）比较了 23 个欧洲国家政策支持的模式和动态，分析结果显示政府的支持措施种类越多，其体系越平衡，融合程度越高。贝斯格通过考察德国学徒制，发现完善的政策是德国职业教育和技术培训顺利进行的有力保证，也是其产教融合顺利实施的有力保证。Gray 和 Broquard（2000）以得克萨斯州和英格兰高校产教融合为例，发现技能发展、教育结构、市场条件都与学校和产业间的产教融合关系有关联。Thune（2011）研究发现，在产教融合的背景下，学校与企业的经验反馈是学校与企业能否持续合作的关键因素。

2. 关于产教融合存在问题的研究

Şendoğdu 和 Diken（2013）从企业和学校两个角度对产教融合存在的问题进行了深入分析。他们发现，这两者对于产教融合的长远意义缺乏足够的认识，这是导致政策执行过程中出现困难的一个重要原因。企业与学校在合作中，往往因各自利益无法满足而无法达成一致。这种情况不仅降低了产教融合政策的执行效率，还使得政策的效果大打折扣。如果没有双方的共同理解和积极参与，产教融合政策的推进将会受到严重影响（Şendoğdu and Diken，2013）。此外，Teller 和 Validova（2015）的研究成果也为我们敲响了警钟。他们指出，除了执行人员技能或能力不高这一问题，产教融合制度本身欠缺创新也是一大难题。在现有的体系下，教育与产业之间的衔接存在诸多不畅，这不仅限制了人才培养的广度和深度，还影响了产业的发展步伐。

3. 关于产教融合对策建议的研究

Tsukamoto（2009）等学者的研究成果揭示了企业在参与产教融合过程中所面临的积极性问题。他们发现，部分企业对于学生专业水平能否满足企业需求存在疑虑，这降低了它们参与产教融合的积极性。为了解决这一问题，有必要采取措施激发企业、行业参与学校培养应用型人才的积极性，并建立各行业的专门指导委员会，对社会岗位进行预测，参与学校的专业设置与教学模式等重大问题的决策。Iskander（2007）研究发现，职业院校所开设的课程与企业要求不相符，导致学生毕业后需要花大量时间与任职企业进行磨合，因而职业院校与企业联合办学，有利于学校获取企业支持，根据企业要求调整专业设置和教学模式，提高人才培养质量。Tseng、Huang 和 Chen（2020）认为，产教融合的实施离不开政府的干预和支持。他们的观点是，尽管产教融合是基于职业院校和企业的发展需求而建立的，但政府的财政支持是推动学校与企业合作，实现资源优化配置的必要条件。政府在产教融合中承担的工作不仅是财政支持，还包括管理机制的建立、创新氛围的培育及奖励制度的设立。这些都是推动产教融合政策有效执行的关键因素。管理机制能够确保政策顺利实施，创新氛围能够激发学校和企业的创新意识，奖励制度则能够进一步激励参与者积极参与产教融合项目。还有学者认为，教师是产教融合政策执行的重要主体，为了提高学校与企业之间的协作能力和政策执行力，应当聘请具有不同专业背景、不同国籍且具备丰富专业知识的教学团队。

4. 关于产教融合职业能力标准的研究

Mulder、Messmann 和 König（2015）认为决定职业教育与培训质量的一个关键要素是学校与工作之间的关系。Lester 和 Religa（2017）从对六个欧洲国家的职业能力标准的研究中得出，应像德国或爱尔兰那样，将职业需求嵌入更广泛的计划或资格标准中，为学生做好职业准备，而不是仅针对某一特定工作。

二、产教融合组织（机构）文献综述

在产教融合文献的基础上，为进一步深入分析产教融合组织的相关文献，本研究特将其作为单独的一部分来分析，结果发现产教融合组织（机构）的相关研究主要集中于行业协会等第三方组织。实际上，行业协会是同行业、同领域的组织机构（如企业等）在自愿基础上，为增进共同的利益，实现共同的愿景，维护各成员的合法权益，依法组织成立的自律性、民间性、中介性的社会团体。在经济活动中，同产业事项具有相近特性。一个产业可由一个或多个从事同类经济活动的企业构成；一个企业通常并非局限于某一单一经济活动，而是可能涉及多产业（跨领域）运营，但不论何种情况，行业协会主要关注的都是经济活动。按照不同的分类标准可以将行业协会划分为不同的类型，其中《国民经济行业分类》是行业协会按产业进行分类的主要依据；按照行业协会活动范围，可将其划分为全国性、区域性和地方性的行业协会；按照行业协会与政府的关系，可将其划分为官办性、半官方性和民办性的行业协会等。行业协会主要有以下职能：行业自律、权益维护、公共服务、政策建议等。行业协会参与职业教育治理的研究成果不甚丰富，通常散见于相关文献之中，内容主要集中在行业协会在职业教育中所扮演的角色、作用、职能及参与职业教育的方式等方面（肖凤翔、贾旻，2016b）。

（一）行业协会参与职业教育的国内实践样态研究

有研究认为，行业协会是连接政府、企业及职业院校的纽带与桥梁，是政府与学校之间的一种中介组织，它可以提供劳动力市场的供求信息与特定岗位需求信息。在中国经济转型时期，诸多学者对行业协会、商会等经济类社会组织发展较好的地区的代表性行业协会参与职业教育的典型案例进行分析，指出 21 世纪初至 2012 年中国行业协会参与职业教育的方式主要有三种：①行业协会与企业、职业院校建立战略联盟，成为职业教育集团成员，实现资源共享；②职业院校可加入行业协会组织，成为其法人单位（即行业协会秘书处所在地）、常务理事或会员单位；③行业协会可以举办职业教育培训机构。行业协会在参与职业教育的管理与决策、参与或组织职业教育及职业教育质量控制与评价、促进职业继续教育制度建设，以及职业知识与技术转移方面发挥着重要职能。在现代职业教育体系中，行业协会扮演政府助手、公仆、专家、合作伙伴及监督者等多重角色，承担部分政府职业教育管理职责，提供信息咨询、人才培育、市场拓展、专业引导等服务，或与企业、职业学校共同创办学校。总体来说，进入"十三五"时期，中国基本形成了行业协会参与职业教育的运行机制，只是这一机制还处于初步阶段，尚需更多理论探讨与实践尝试（贾旻，2016）。

（二）行业协会参与职业教育的国际实践样态研究

西方行业协会的发展比较成熟，较早参与职业教育并形成了相应模式，具有一定的借鉴意义。例如，澳大利亚的行业技能委员会（原名国家行业培训咨询机构），在澳大利亚的职业教育与培训体系中占据着举足轻重的地位。自2012年起，这一机构便肩负起一系列关键职责，为澳大利亚的劳动力发展、技术进步及行业繁荣提供了有力的支撑。作为连接政府、企业和技能署的桥梁，行业技能委员会的首要职责是收集、整理并发布关于劳动力发展和技术需求的行业信息。通过深入分析行业趋势、技术变革及劳动力市场的供需状况，该委员会为政府决策提供了宝贵的参考依据，同时也为企业提供了有针对性的技能发展建议。在培训领域，行业技能委员会致力于推动高质量培训产品与服务的建立、实施及持续改革。通过与企业紧密合作，该委员会深入了解企业的实际需求，根据培训需求制定合适的培训方案。此外，它还积极推广先进的培训理念和教学方法，提升培训效果，为培养高素质的技能人才奠定了坚实基础。除了直接的培训支持，行业技能委员会还发挥着协调与促进的作用。它积极促进服务提供者与政府之间的合作，为培训提供合适的培训场所和资源。同时，它还妥善协调国家及各州政府、国家及各州行业咨询机构和主要代表性行业、企业之间的关系，确保各方在职业教育与培训领域的合作顺利进行。此外，澳大利亚的职业教育体系还注重发挥地方政府和行业咨询组织的作用。各州政府及职业院校均成立了各自的行业咨询组织，这些组织承担着一定的行业管理、信息提供、技术支持、绩效监管等职责。它们与行业技能委员会共同构成了一个完整的职业教育与培训体系，为澳大利亚的经济社会发展提供了有力的人才保障。值得一提的是，澳大利亚的行业技能委员会在推动职业教育与培训改革方面发挥了重要作用。面对不断变化的行业需求和技能挑战，该委员会积极引领改革潮流，推动职业教育与培训体系不断创新和完善。通过引入新的教学方法、技术手段和评估机制，该委员会为培养适应未来需求的技能人才提供了有力支持。在以德国为代表的"莱茵"模式国家中，行业协会是职业教育三级管理机构中的第三级，其在政府授权下对职业教育实施全程监督，通过参与职业教育的管理与决策、教育与培训机构的资格认证，以及参与培训过程的管理与实施、教师管理等途径参与职业教育。德国行业协会是管理与监督职业教育的主体，是"双元制"职业教育运作机制的关键环节，其能成功参与职业教育，主要源于职业教育领域遵循的行动准则——辅助原则，该原则是指国家权力对职业教育中的企业培训保持克制态度，行业协会由此担负起企业内培训的重任，并享有自我管理权。这类行业协会承担着组建职教机构、制定规章制度、认定培训资格、审查培训合同、确定培训时间、组织技能考试、仲裁"双元制"职教培训签约双方的纠纷及监督、咨询等具体职责。瑞士具有高度发达的职业教育体系，瑞士联邦政府、州政府及行业组织紧密合作、统一决策、分层实施，为青年人提供多样化选择和灵活的学习路径，实现产教协调发展，其行业组织负责确定中等职业教育的内容并进行中、高等职业教育资格认证（贾旻，2016）。

三、职业教育治理文献综述

关于治理，尽管其现在仍是一个相对模糊和复杂的概念，但已经基本达成一致的认识是：有着多元主体、采用共同参与方式、遵循主体间权力相互依赖性和互动原则、呈现扁平型网络状权力结构的高级管理形态。其中，多中心治理是治理概念的核心，其实质在于强调在社会公共事务的管理过程中，政府并非唯一主体，而是众多决策中心或主体性权力行使中心共同参与。这一理念体现了民主、参与和合作的精神，强调了公民及各种组织在公共事务治理中的积极作用。多中心治理理念的核心在于合作、协商和伙伴关系的形成。它强调不同主体之间应该平等交流、共享信息和资源，共同承担责任和义务。通过这种方式，不同主体之间能够建立起有效的沟通和合作机制，实现多维度、全方位的管理。当前，中国正处于推进国家治理体系和治理能力现代化的进程中。在这个过程中，多中心治理理念发挥着重要的作用。2013年，《中共中央关于全面深化改革若干重大问题的决定》将推进国家治理体系和治理能力现代化作为深化各领域改革的总目标。这一决定的出台，标志着中国开始全面深化改革，推动国家治理体系和治理能力向现代化方向迈进。2019年，中共十九届四中全会明确指出，必须在推进国家治理体系和治理能力现代化上下更大功夫。这次会议强调了治理体系和治理能力现代化的重要性和紧迫性，提出了一系列具体的改革措施和目标，为推进多中心治理提供了有力的政策支持和保障。在教育领域，中共中央、国务院发布的《中国教育现代化2035》将推进教育治理体系和治理能力现代化作为面向教育现代化的十大战略任务之一。这一任务的提出，表明了中国在教育领域推动治理现代化的决心和行动。

为更加全面地把握国内职业教育治理的研究动态，本研究以中国知网（CNKI）为数据来源，将筛选条件设定为：主题=职业教育治理。截至2020年3月，共检索到相关研究文献542篇，这些文献的部分年度分布情况如图2-4所示，具体表现为2013年以前数量较少，2013年之后呈现出较快的增长趋势。从发文单位来看，职业教育治理研究的发文单位既有天津大学、西南大学、华东师范大学、北京师范大学等研究型大学，也有重庆工商职业学院、南京科技职业学院等高职院校，还有教育部职业教育发展中心等机构，总体来看比较多元（表2-4）。从职业教育治理研究的高频作者来看，主要有肖凤翔、朱德全、南旭光、孙翠香、石伟平等从事职业教育研究的学者和专家（表2-5）。从职业教育治理研究的项目基金来源来看，现有研究的项目基金主要来自全国教育科学规划课题、国家社会科学基金等国家级课题，也有一些省部级项目，如浙江省哲学社会科学规划课题、重庆市教育委员会科学研究项目、浙江省教育厅科研计划等（表2-6）。从职业教育治理研究成果的主要载体类型来看，有期刊、学位论文、报纸、国内会议等类型（图2-5）。

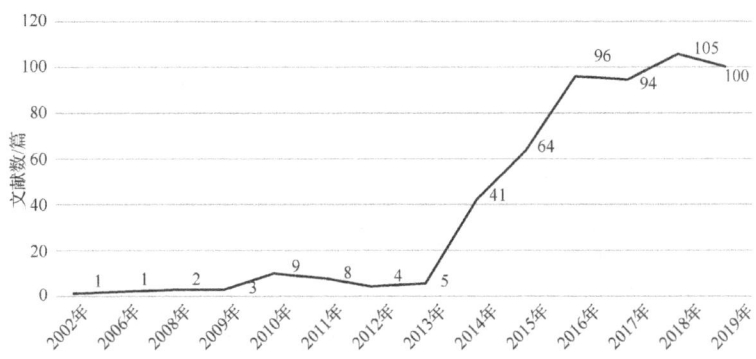

图 2-4　职业教育治理相关研究文献的部分年度分布情况

表 2-4　职业教育治理研究的部分发文单位情况

发文单位	发文量/篇	发文单位	发文量/篇
天津大学	57	北京师范大学	9
西南大学	21	浙江工业大学	9
重庆工商职业学院	17	吉林工程技术师范学院	8
华东师范大学	16	上海师范大学	7
天津职业技术师范大学	15	江苏省职业技术教育科学研究中心	6
东北师范大学	13	重庆开放大学	6
教育部职业教育发展中心	12	南京科技职业学院	6
江苏理工学院	11		

表 2-5　职业教育治理研究的高频作者情况

作者	发文量/篇	作者	发文量/篇	作者	发文量/篇
肖凤翔	20	张培	6	曾东升	4
朱德全	11	肖艳婷	6	李亚昕	4
南旭光	9	李玉静	5	庞学光	4
孙翠香	8	贾旻	5	徐小容	4
石伟平	6	谷峪	5	陈潇	4

表 2-6　职业教育治理研究的项目基金来源情况

类型	发文量/篇	类型	发文量/篇
全国教育科学规划课题	39	江苏省教育厅人文社会科学研究基金	7
国家社会科学基金	15	教育部人文社会科学研究项目	7

续表

类　　型	发文量/篇	类　　型	发文量/篇
重庆市哲学社会科学规划项目	3	浙江省教育厅科研计划	2
中国博士后科学基金	3	重庆市教育委员会人文社会科学基金	2
湖南省教育科学规划课题	3	江苏省社会发展科技计划	2
河北省教育科学规划课题	2	重庆市高等教育教学改革研究项目	1
浙江省哲学社会科学规划课题	2	广西教育科学规划课题	1
重庆市教育委员会科学研究项目	2		

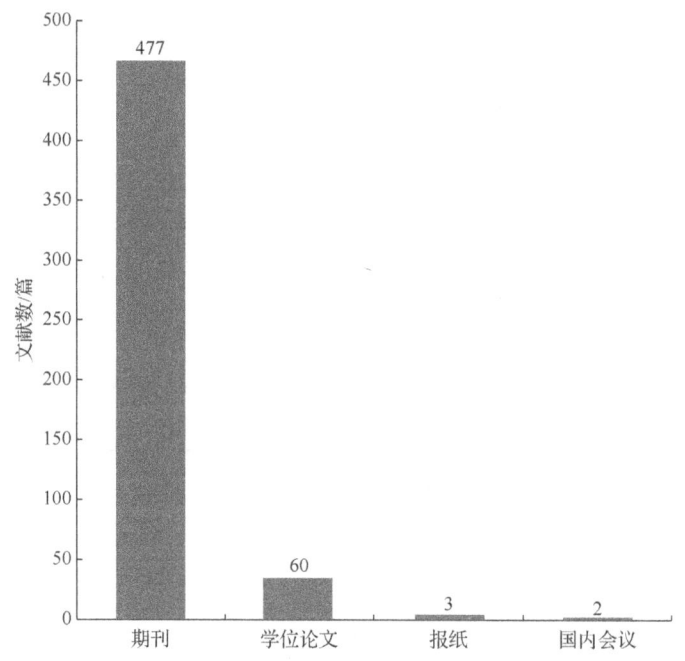

图 2-5　职业教育治理研究成果的主要载体类型

通过统计分析可以得出，我国职业教育治理研究的高频关键词有职业教育、治理、职业教育治理、治理结构、校企合作、治理体系、高职院校、现代职业教育、教育治理、现代化、治理能力、职业教育集团、利益相关者、高等职业教育、路径等（图 2-6）。

第二章 理论基础与政策研究 | 43

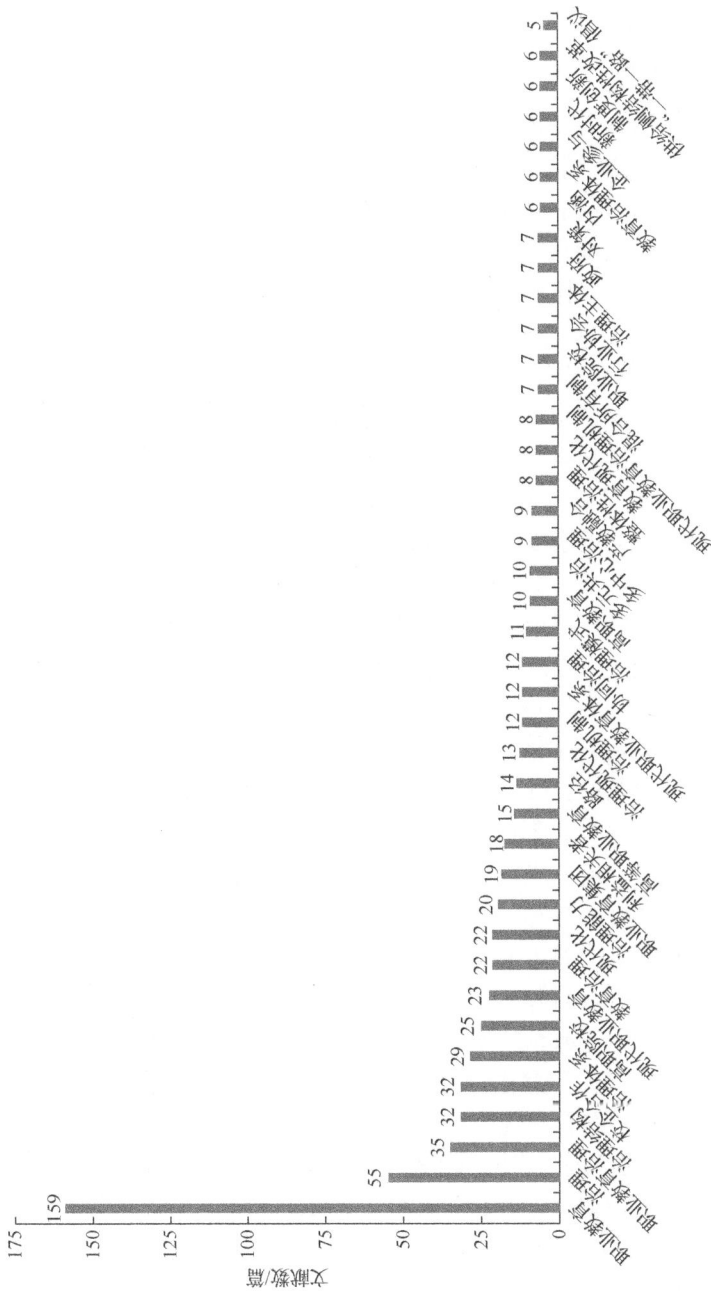

图 2-6 职业教育治理研究的关键词分布情况

（一）涉及职业教育发展与质量管理的治理研究

1. 职业教育发展问题研究

研究指出，现阶段推进职业教育高质量发展过程中存在的宏观问题在于职业教育供给侧结构性矛盾、职业教育治理体系不完善等；中观问题在于职业教育吸引力不强，特色不突出，区域协同发展不充分；微观问题在于技术技能人才培养制度和标准体系不够健全，职业教育资源配置不合理，校企合作的瓶颈问题尚未得到有效突破等。

2. 职业教育质量管理研究

近年来，我国政府高度重视职业教育质量管理，并出台了一系列政策文件，旨在提升职业教育质量，推动教育事业的持续发展。《教育部关于深入推进教育管办评分离 促进政府职能转变的若干意见》（教政法〔2015〕5号）明确指出："必须深入推进管办评分离，厘清政府、学校、社会之间的权责关系。"这一政策的出台，为职业教育质量管理提供了明确的指导方向。在健全决策机制方面，该文件强调要"健全依法、科学、民主决策机制"。这意味着在职业教育质量管理的决策过程中，需要充分引入公众参与、专家论证、风险评估、合法性审查及集体讨论决定等环节，确保决策的科学性、民主性和合法性。例如，在职业教育课程设置和教学方法改革中，可以邀请行业专家、企业代表及一线教师共同参与，充分听取各方意见，形成符合实际要求的教学方案。在建设现代学校制度方面，该文件进一步提出"推进政校分开，建设依法办学、自主管理、民主监督、社会参与的现代学校制度"。这意味着学校应拥有更多的自主权，能够根据自身特点和需求进行灵活管理。同时，学校还需要加强与社会各界的联系与合作，吸引更多的社会资源和力量参与到职业教育中来，共同推动职业教育的发展。此外，2017年中共中央办公厅、国务院办公厅印发的《关于深化教育体制机制改革的意见》也明确提出"深化简政放权、放管结合、优化服务改革""构建政府、学校、社会之间的新型关系"。该文件进一步强调了政府在职业教育质量管理中的角色定位，即政府应更多地发挥宏观调控和监管作用，而学校和社会则应发挥更加积极的作用，共同推动职业教育质量的提升。总体而言，我国职业教育质量管理体系尚不完善，相关法律法规也有缺失，需要进一步深化研究。

3. 多元主体角色定位研究

治理理论是关于政府、市场、社会、其他组织机构，以及组织内部多元主体参与协调管理的理论。研究发现，20世纪90年代之后，在社会公共生活领域，社区组织、慈善组织、志愿团体、民间互助组织等社会自治组织的影响日益扩大，治理理论得以兴起。在新的治理格局中，政府应做到"有效"，从完全主导到有限主导；学校应做到"有为"，从依附政府到自主办学；行业、企业应做到"有责"，从被动参与到主动担责。具体而言，政府应该继续发挥在职业教育治理中的主导作用，但政府不再是职业教育治理体系的唯一中心，这就要求政府做到进一步简政放权。就职业院校而言，加强职业院校内部治理是职业教育多元共治的重要基础。职业院校享有过程质量治理的主体权力，同时也要承担主要责任。因此，政府在推进管理改革的过程中，应督促基层和学校把权接住、管好，确保放而不乱。行业协会等社会组织在职业教育治理中的作用也受到学者们重视，其定位主要是中介者、监管者和协调者。

（二）涉及职业教育治理体系及其构建的研究

1. 职业教育治理体系的应然研究

在政策导向和现实需求的推动下，"治理"一词已成为学术界研究的焦点。从多个视角出发，治理的内涵呈现出丰富多样的特点。从交易成本经济学的视角出发，治理是一种评估组织备择模式效率的实践。其核心目标是通过建立健全的治理机制，实现组织内部的有序运作。在这个过程中，治理关注如何降低交易成本，提高组织效率，进而实现组织目标。从政治经济学的视角出发，治理是一种通过制度化和程序化方式来规范和平衡治理主体之间利益诉求的手段。在这个过程中，治理旨在构建公平、公正、透明的制度环境，以确保各治理主体在互动过程中能够充分发挥作用。从教育的视角出发，学者对教育治理的基本内涵进行了深入探讨。他们认为，教育治理是教育领域中不同治理主体依据国家法律，运用国家制度管理教育各方面事务的过程。在这个过程中，各治理主体需要协同合作，共同推进教育改革与发展。职业教育治理是政府、学校、企业、社会组织和公众等主体围绕职业教育供给进行的资源配置、权力分配和利益协调。职业教育治理的核心目标是实现政府、学校、企业和社会组织等治理主体之间的利益诉求平衡。

俞可平（2010）在国家治理体系的构成要素方面提出了独到的见解。他认为，一个完整的国家治理体系应包括治理主体、治理机制和治理效果三个核心要素。治理主体是指在国家治理过程中承担责任、发挥作用的各类主体，包括政府、企业、社会组织和公众等。他们共同参与国家治理，形成多元化的治理格局。治理机制是国家治理中各种政策、法规、制度和规范的总和，它们为国家治理提供制度保障，确保国家治理的有效性和合规性。治理效果评价的是国家治理的实际成果，包括政治、经济、社会、文化等多个方面，可以用于评估国家治理的绩效和满意度。李震和傅慧芳（2020）针对国家治理体系的构成要素提出了不同的看法，他们认为国家治理体系应包括治理理念、治理制度、治理结构和治理机制四大要素。治理理念是指导国家治理的价值观和理念，包括民主、法治、公平、正义等核心价值。治理制度是国家治理的规则和制度安排，包括宪法、法律、政策等。治理结构是指国家治理的层级、职能划分和协调机制。治理机制则是指在国家治理中实现政策制定、执行、监督和反馈的一系列机制。在教育领域，刘冬冬和张新平（2017）指出，教育治理体系主要由治理主体、治理客体、治理过程、治理方式及治理制度五个要素构成。治理主体包括政府、学校、家长、学生等，各方共同参与教育治理。治理客体是指教育领域中需要治理的对象，如教育资源、教育质量、教育公平等。治理过程涵盖教育政策制定、实施、评估和反馈等环节。治理方式是指教育治理中所采用的各种方法和手段，涵盖法律、经济、行政等方面。治理制度则是教育治理的规则和制度安排，包括教育法律法规、政策文件等。姜大源（2018）提出，职业教育跨越企业和学校、工作和学习界域的属性，决定了职业教育治理体系的现代化必须体现出职业教育的本质特征。

关于国家治理能力，李轲提出了一种划分方式，即将国家治理能力分为三个层次：主导地位的政府治理能力、协同地位的社会组织能力及参与地位的个体自治能力。这种划分强调了政府在治理过程中的主导作用，同时也看到了社会组织和个体自治的重要性。杨光斌（2017）则从上层、中层和下层三个层面来阐述国家治理能力。他认为，国家治理能力体现为上层的国家与社会之间的体制吸纳力、中层的制度整合力,以及下层的政策执行力。这一观点强调了国家治理能力的全面性,涵盖了从高层领导到基层执行的全过程。

2. 职业教育治理体系构建研究

"十三五"时期,陶军明、庞学光提出,传统的单维管理模式存在职业教育参与主体话语权缺失、权责失衡及资源整合低效等问题,新时代背景下职业教育治理要从单维管理过渡到多元共治;孙云志强调,真正激发各方主体的积极性,离不开完善的外部制度保障。这要求我们将各个参与主体打造成一个协同行动的整体,使其共同推动职业教育治理的深入发展。吴虑和朱德全对此也持相同观点,他们认为加强顶层设计是提升职业教育治理效能的关键。具体而言,我们可以运用法治思维,建立高职院校治理权责清单制度。这一制度能够明确高职院校在治理过程中的权责关系,为各方主体提供明确的行动指南。这包括但不限于政府、企业、行业组织、学生及家长等主体。通过明确各方的权力和责任,我们可以确保各方主体在职业教育治理中发挥积极作用,形成合力。此外,我们还需要打通高职院校治理权责清单制度的通道。这意味着我们要建立有效的沟通机制,确保各方主体在治理过程中能够顺畅地交流和协作。同时,我们还需要搭建好高职院校治理权责清单制度的平台,为各方主体提供一个共同参与的治理空间。除了加强顶层设计,庄西真还提出,我们需要加强对治理过程的监控与评估。通过建立健全的监控评估机制,我们可以及时发现问题和不足,并采取有效措施加以改进。这有助于构建职业教育治理体系的长效机制,确保治理工作的持续性和稳定性。陈衍则从创新章程制度的角度提出了建议。他认为,完善章程研制工作对于发挥章程在职业教育治理体系建设中的基础作用至关重要。通过创新章程制度,我们可以为职业教育治理提供更为明确和有效的法律依据,推动治理工作的规范化和法制化。

四、研究述评

随着产教融合的不断推进,产教融合的相关问题得到了学术界的更多关注,但总体来看,现有研究还存在以下不足:一是研究内容缺乏系统性,问题域较为分散、零碎、不均衡,比如产教融合的意义研究多,产教融合的系统性研究少；二是政策解读多，现状与经验介绍多，反思性研究少，这使得产教融合研究缺乏必要的深度；三是方法较为单一，思辨性研究多，实证性研究少，单一学科研究多，跨学科研究少；四是宏观问题研究多，微观问题研究少。

通过梳理近年来关于职业教育治理体系的相关研究，可以发现现有研究主要围绕职业教育治理的内涵、价值意蕴和实施路径展开。这些研究成果对于研究职业教育治理体系具有一定的借鉴意义，但也存在进一步探讨的空间。就研究内容而言，现有研究对现阶段推进职业教育高质量发展中存在的职业教育治理体系的不足分析较少，对发达国家职业教育治理体系的理论和实践进行国际比较的分析也较少。就研究视角而言，现有研究较少基于博弈理论的视角探寻学校、政府、市场（社会）等多元主体的角色定位。就研究范畴而言，现阶段职业教育高质量发展问题更关注微观层面，较少从政策指导的层面探讨推进职业教育治理体系现代化建设的具体策略，以及建立学校自治、行业自律、政府监管、社会监督的共治体系的政策建议和实施路径。

为了进一步推动职业教育产教融合研究的深入，我们应在今后的研究中对以下几个方面加以关注和尝试。第一，在研究内容上实现更加系统和广泛的覆盖。针对目前研究中的薄弱环节，如产教融合的实施效果、政策法规等，我们应该加大研究力度，以期为政策制定者和实践者提供更有针对性的参考。同时，我们要关注职业教育产教融合在不同地区、不同行业的发展状况，分析其差异性和特点，为各地和各行业提供定制化的产教融合解决方案。第二，研究方法的创新运用至关重要。职业教育产教融合研究涉及多学科和跨学科的知识体系，因此，我们需要从多学科和跨学科的视角加深对产教融合的理解，综合运用多种研究方法，如实证研究、案例分析、理论建模等，深入探讨产教融合的组织形态及其治理问题，从而提升研究的科学性和实用性。第三，提高职业教育产教融合研究的理论深度。我们应该更多地进行本质性和揭示规律性的探讨，减少过于注重经验性的介绍。例如，可以通过深入研究产教融合的内在逻辑和外在因素，构建具有中国特色的职业教育产教融合研究的话语体系，为我国职业教育的发展提供有力的理论支撑。第四，关注微观问题和实际问题。例如，深入研究校企长期深度合作、专业动态调整与预测等方面的问题，为职业教育产教融合的实践提供更具针对性的指导。

同时，我们要关注职业教育产教融合政策实施过程中的难点和痛点，为政策完善和实施提供有力支持。

具体来说，在《国务院办公厅关于深化产教融合的若干意见》发布以后，各地都出台了相应的深化产教融合的办法，经过一段时间的先试先行，现在我们应进一步找出不同地区的典型案例，以分析在深化产教融合过程中的痛点和难点，总结提炼不同地区产教融合的典型经验，将其上升为进一步深化产教融合的政策举措，从而更有效地在全国范围内推行。2021年，国家发展改革委和教育部公布了首批产教融合试点城市和产教融合型企业的名单，对于这些试点城市和企业的运行、管理、评价等都需要进一步总结提炼相关的经验，以便出台科学合理的引导政策与评价办法。这也是本研究将通过产教融合组织形态及其治理结构的实证研究、产教融合组织形态及其治理结构的分类与比较、产教融合组织形态及其治理结构优化方案设计、产教融合多元主体关联形态优化和制度伦理分析等，厘清各种产教融合组织形态及其治理结构的现状与问题，鉴别不同类型产教融合组织形态及其治理结构的适应性与科学性，构建产教融合组织形态及其治理结构优化模型及政策框架，探索综合性产教融合组织机构的职能重构和治理转型，以期为推进中国产教融合组织形态及其治理优化提供理论支撑和实证支持的缘由。

第二节　理　论　基　础

在系统梳理国内外已有研究文献及学术史的基础上，本研究进一步明确了研究的理论基础，旨在准确把握研究的理论视角及思维方法，相对规范研究的分析尺度，大体统一整个研究的话语系统。从选题及研究目标、内容来看，指导本研究的基础性理论，除国内外已有研究文献外，主要有目标理论、组织理论、治理理论、协同理论和优化理论，尽管这些理论的运用频度可能不一样。

一、目标理论

目标理论是一个较为宽泛的体系，包括目标导向理论（Goal-Orientation Theory）、目标设置理论或目标设定理论（Goal Setting Theory）、成就目标理论、路径-目标理论等,其中有的理论又是其他理论体系中的一个部分。由豪斯提出的目标导向理论被视为一种极具影响力的激励方法。该理论关注的是人们在追求目标的过程中所展现出的行为,旨在揭示如何通过有效的管理手段激发个体潜能,实现组织目标。目标导向理论的核心观点在于,个体在追求目标时,会经历一个从目标导向行为到目标行为,再到目标达成的循环过程。管理者需要交替运用目标导向行为和目标行为,以引导和推动员工不断前进。我们首先要理解目标导向行为和目标行为的区别。行为学家将达到目标、满足需要的行为定义为目标行为,它是实现目标的基础。而目标导向行为则是为了完成某个目标而做出的行为,它是进入目标行为的前提。在目标导向理论中,个体动机被视为推动力。当员工拥有强烈的动机时,他们会积极寻找并努力实现自己的目标。在这个过程中,目标导向行为便应运而生。目标导向行为可以帮助员工在面临困难时,保持积极进取的态度,勇往直前。然而,员工在追求目标的过程中,往往会遇到各种阻碍。这时,管理者就需要发挥作用,引导员工克服这些阻碍,如为员工提供丰富多样的发展机会,帮助他们顺利达成目标。这将在本研究有关产教融合组织形态的形成、变迁过程,以及相应的治理结构设计及运行的主体行为分析中有所涉及。

目标设置理论(或目标设定理论)是1967年由美国马里兰大学管理学兼心理学教授洛克提出的。其核心观点是,目标能引导活动指向与目标有关的行为,涉及目标难易度、目标清晰度、主体自我效能、目标调节变量等,使需要转化为动机,再由动机支配行动以达成目标的过程就是目标激励。不过,洛克教授的目标设置理论最初是在工业管理领域内提出的。此后,目标设置理论沿着两个方向进行了发展:一是对"目标"的自身特征(包括目标的明确度、难易程度及个人对目标的接受程度等)的研究;二是莱瑟姆、尼科尔斯等以社会认知理论模式为基础的成就目标定向研究,即成就目标理论。其中,莱瑟姆认为目标是一种激励因素,他构建了目标设置综合模型。成就目标理论认为工作人员有两种目标定向,即掌握目标定向和绩效目标定向,它们的动机模式不同,但两者之间存在一些调节因素。本研究专门进行了产教融合目标达成度的测量与评价研究,其中的分析将会涉及该理论的一些观点,如目标明确度、个体或组织机构对相应目标的接受程度等。

路径-目标理论是领导权变理论的一种,来源于激励理论中的期待学说，由多伦多大学的组织行为学教授豪斯最先提出。其核心观点是，个人的态度取决于目标效价及期望概率。路径-目标理论与其他管理理论的最大区别在于，它的核心理念是将重心放在下属身上。该理论强调人性，认为人类天生具有自我发展的潜能和动力。在这个理论中，领导者的主要任务是最大限度地发挥他们的引导职能，激发下属的潜能，从而使他们的能力得到最大限度发挥。这也是本研究在对具体的职业院校及行业、企业的分析中，将会参考的理论依据。

二、组织理论

组织理论，即人类在社会组织活动中按一定形式安排事务的理论，具体来说，就是关于人类社会的组织及其活动规律的系统的或成体系的假设、推论、观点和结论。20世纪初至今，组织理论的发展大致经历了三个阶段：传统组织理论、行为科学组织理论和系统管理理论。这三个阶段各有侧重，相互影响，共同推动了组织理论的完善和发展。首先，传统组织理论在20世纪30年代以前盛行，其主要关注组织的结构和组织管理的一般原则。该理论认为，组织目标是组织运作的核心，分工是提高工作效率的关键，协调和权力关系是保障组织稳定运行的基础，而责任和管理效率则是衡量管理水平的重要标准。在这一阶段，众多学者对组织理论进行了深入研究，其中最具代表性的人物包括德国社会学家韦伯、法国管理学家法约尔和美国管理学家泰勒。其次，行为科学组织理论在20世纪40年代逐渐崛起，该理论将研究重点转向了人和组织活动过程。行为科学组织理论的研究成果丰富多样，涵盖了群体和个体行为、人与组织的关系、组织沟通、员工参与、激励机制及领导艺术等方面。行为科学组织理论的代表人物包括美国心理学家麦格雷戈、社会学家阿吉里斯、管理学家罗宾斯等。行为科学组织理论的提出，使人们意识到组织管理不仅是结构和流程的优化，还有关注人的需求、激发人的潜能、促进组织和谐发展的重要任务。最后，系统管理理论诞生于20世纪70年代。该理论将组织视为一个复杂的系统，强调组织内部各个要素之间的相互关联和影响。系统管理理论主张从整体角度审视组织管理问题，以求达到组织内部各个子系统之间的协同效应。系统管理理论的代表人物有美国管理学家巴纳德、德国管理学家威克等。系统管理理论为组织管理提供了新的研究方法和思路，有助于组织更好地应对外部环境的变化和内部矛盾。

实际上,在组织研究领域,许多探讨都是从韦伯的组织理论出发的。德国社会学家韦伯提出了"理想类型"这一概念,这个概念的核心观点是,我们可以从众多相似的现象或事物中提炼出共性,构建出一个理想的模型,以便于我们更深入地分析和讨论。在组织形态多样的现实世界中,我们可以将其抽象为一种基本特征,进而提出一个理想的组织类型。韦伯的理想类型就是科层制组织,这种组织具有以下显著特征。首先,科层制组织具有严格的规章制度和等级制度。在这种组织中,权力与职位紧密相连,且这种权力是非人格化的,即不依赖于个人,而是通过规章制度来运作。这使得科层制组织成为一种理性组织,能够通过规章制度提高工作效率。其次,科层制组织中的官员都接受了专业的培训,并在组织中拥有自己的职业生涯。他们成为专业人士,将终身致力于在组织制度中不断晋升。这种职业追求使得科层制组织的官员具有高度的专业性和进取心。最后,科层制组织一定是建立在理性——法理权威的基础之上的。这就是我们通常所说的正式的、理性的组织。在这种组织中,权力与权威相互依托,确保了组织的稳定和高效运作。后来,人们把韦伯描述的这种组织称为"韦伯式的理性组织"。韦伯是归纳出"科层制组织"这个理想类型的第一人,因而被称为组织社会学的鼻祖。

三、治理理论

治理理论,即关于政府、市场、社会、其他组织机构,以及组织内部多元参与协调管理的理论。20世纪90年代之后,在社会公共生活领域,社区组织、慈善组织、志愿团体、民间互助组织等社会自治组织的影响日益扩大,治理理论得以兴起。所谓治理,尽管现在仍是一个相对模糊和复杂的概念,但已经基本达成一致的认识是,它是有着多元化主体、采用共同参与方式、遵循主体间权力互相依赖性和互动原则、呈现扁平型网络状权力结构的高级管理形态。多中心是治理概念的核心,意指在社会公共事务的管理过程中,政府并非唯一主体,而是存在着许多决策中心或主体性权力行使中心,特别是公民及各种组织积极参与,各中心通过形成合作、协商和伙伴关系,实现多维度的管理。

此外,作为现代经济学重要发展成果之一的社会选择理论,主要分析个人偏好和集体选择之间的关系,提出了理性假设等论点。社会学习理论认为，人的行为特别是人的复杂行为，主要是后天习得的，生理因素的影响和后天经验的影响在决定行为时微妙地交织在一起。社会化理论认为个体与社会是统一的，教育的社会功能远比教育提高认知技能对经济的影响重要。社会排斥理论强调个体与社会整体之间的断裂，提出社会排斥是指个人与整个社会之间诸纽带的削弱与断裂过程，社会排斥是由社会结构的不平等造成的，往往存在于不同的社会政策层面。本研究的内容还涉及有关责任、文化、从众等方面，因而也把社会责任理论、社会文化理论、社会影响理论和资源理论等作为研究起始或推进的依据。

四、协同理论

协同理论，又称"协同学"或"协和学"，是20世纪70年代由德国著名学者哈肯教授创立的一门新兴学科。这是一门研究不同事物的共同特征及其协同机理的学科，被视为系统科学的重要分支。其主要研究方法是通过建立一整套数学模型和处理方案，对事物从旧结构向新结构的转变机制进行深入探讨。协同理论主要涉及自组织原理、协同效应、伺服原理、功能结构等方面的研究。

在开放系统中，协同理论表现出以下几个显著特性。

1. 目标性

系统整体性的具体体现就是具有明确的目标。这也是系统内部各个子系统相互作用、相互协同的重要引导。系统内部子系统协同的最终目的是实现系统的目标。没有目标的引导，子系统的相互作用和协同就会失去方向。即使形成了有序的结构，它也未必是系统所期望的或者有价值的结构。尽管这种有序或许也有一定的价值，但明确的目标是确保系统走向正确道路的关键。

2. 关联性

系统内各子系统之间的关联性是产生协同作用的基础。这种关联的强度有强有弱，只有那些强关联性才可能最终对系统的行为产生主导作用。如果子系统较多，那么子系统之间的关联性就会比较复杂。但无论怎样，那些影响系统有序结构的关联性集合一定符合系统目标的整体要求。

3. 动态性

子系统之间的协同性并不是一成不变的，在系统目标的引导下，子系统之间的协同性处于一种动态调整的状态，以满足实现系统整体目标的需要。在一个开放系统中，系统会受到环境的影响。在系统整体目标的引导下，各个子系统通过不断调整相互之间的关系，形成新的协同作用，来保障系统整体目标的实现。因此，一个系统内部的各个子系统之间的协同性，其动态特征是绝对的，而静止不变的状态是相对的。

五、优化理论

优化理论是一种对组织内各种因素、条件及其相互关系进行系统性分析的方法。该理论旨在制定出多个可选方案，并通过比较和论证，选出最能实现管理目标的方案。这个方案会经过不断充实和完善，最终形成实施方案。优化理论包括资源最优配置等问题，其应用范围广泛。资源最优配置是在20世纪40年代发展起来的。它主要包括线性规划、非线性规划、动态规划、排队论、对策论、决策论、博弈论等。此外，优化理论还涉及局部优化和整体优化、静态优化和动态优化、单目标优化和多目标优化、确定条件下的优化和模糊条件下的优化、最优化和次优化等。在解决无约束优化问题方面，共轭梯度法是一种非常有效的算法。这种算法最早由施密特于1908年引入组织研究，并在20世纪50年代由优化专家海斯顿斯和施蒂费尔进行了改进。他们将其与统计类反演方法结合，形成了统计加迭代的组合反演方法。此外，优化专家比尔金和马丁内斯将谱梯度法与共轭梯度法相结合，提出了一种新的求解大规模无约束优化问题的算法。这种算法在优化理论中发挥着重要作用，为组织管理提供了有力的理论支持（刘翠云，2018）。

第三节 政策逻辑及其演进研究

产教融合的发展深受国家或地区政策的影响，产教融合政策的制定和执行形塑着产教融合发展模式。因此，本节从历史的角度梳理了德国、英国、瑞士、澳大利亚和日本的产教融合政策，同时，梳理了中国改革开放以来的产教融合政策,并使用政策工具理论分析了产教融合政策工具选择的逻辑。

一、国外的产教融合政策变迁

(一)德国产教融合政策的变迁

德国的产教融合政策以现代学徒制的设计与实施为核心。现代学徒制是在传统学徒制的基础上发展演变来的,其历程大致可分为以下几个阶段。

一是手工业学徒制阶段。在这个阶段,德国学徒制的演变离不开一个关键因素,那就是独立手工业部门的存在。这个部门被正式且合法地赋予了学徒工技能培训及技能资格认证的权力。从19世纪80年代开始,德国政府便通过一系列立法手段,不断加强手工业部门在学徒培训领域的权威。例如,德国1881年出台的一项规章,明确规定手工业协会的权责包括"学徒制的监管、学徒工职业技能及职业伦理的培养,以及雇主与学徒工之间纠纷的仲裁"。随后,德国于1884年和1887年对《工业行为手册》进行了修订,进一步扩大了手工业协会在学徒制方面的职责,规定其"拥有学徒工的唯一雇用权"。1897年《手工业保护法》的颁布具有里程碑意义。这部法律赋予了手工业协会更大的学徒制监管权力,为组织化的手工业部门掌控的学徒培训创立了一个完整的制度框架。这部法律赋予了手工业协会准公共权力,使其有权在学徒招生数量、学徒培训内容、技能资格认证、学徒培训质量等方面进行监管。这一具有组织化、准公共性和强制性的体系,为手工业部门雇主与学徒之间建立可信承诺关系提供了有力保障。在这一时期,手工业部门成为学徒技术工人的主要培养者。一项调查显示,直到1907年,德国仍有46.5%的学徒工来源于手工作坊(王星,2015)。这一现象表明,手工业部门在德国学徒制发展历程中扮演了举足轻重的角色。总结来看,德国的产教融合政策在现代学徒制的设计与实施方面取得了显著成果。这个阶段德国的产教融合经历了手工业学徒制的演变,以及政府立法、政策扶持等,最终形成了以组织化、准公共性和强制性为特点的学徒培训体系。这一体系为德国培养了大批具备专业技能的技术工人,为德国的经济发展和社会进步做出了重要贡献。

二是工业化学徒制阶段。19世纪末至20世纪初，工业革命的风暴席卷全球，带来了前所未有的生产力的提升和产业结构的变革。在这一历史背景下，工业领域对技术工人的需求呈现出爆发式增长，这对手工业部门的传统学徒制提出了严峻的挑战。一方面，传统手工业部门培训的学徒工无论是从数量上还是从质量上都难以满足工业发展日新月异的技术需求。为了应对这一挑战，一些大型机械制造企业和金属加工企业开始探索新的培训模式，以满足工业生产对技能人才的需求。另一方面，这些企业意识到，传统的师傅带徒弟的培训模式已经无法满足工业化生产的需要。因此，它们开始尝试建立企业内部的培训体系，通过大规模的培训车间来提高学徒工的技能水平。然而，这一尝试也遇到了困境，由于缺乏权威机构（如手工业协会）的资格认证，这些企业的学徒制发展受到了很大的制约。为了突破这一困境，由这些工业企业组成的机械设备制造业联合会（Verband Deutscher Maschinen-und Anlagenbau，VDMA）开始与手工业协会展开关于技能资格认证权的争夺。在争夺过程中，VDMA不断优化和完善学徒制培训模式，以提高工业技能人才的培养质量。1908年，德国技术学校委员会（Deutscher Ausschuß für Technisches Schulwesen，DATSCH）应运而生。在VDMA的领导下，DATSCH对工业学徒制培训进行了标准化改革。20世纪20年代，德国制定了标准化工业学徒合同，出台了行业技术标准目录，并编写了标准化的培训材料。这些培训材料中详细列示了多种工业行业的培训课程设置，极大地推进了学徒技能培训的标准化和系统化。在工业部门的带动下，手工业部门也开始跟进，将学徒制培训向标准化、系统化转变。这一转变不仅提高了学徒工的技能水平，还为整个工业领域培养了大批高素质的技术人才，进一步推动了工业革命的进程。总之，在19世纪末20世纪初的工业革命背景下，为了应对手工业培训的不足，工业企业开始探索新的学徒制培训模式。通过与手工业协会竞争及不断优化培训模式，工业领域成功实现了学徒制培训的标准化和系统化，为工业化生产的快速发展奠定了坚实的人才基础。

三是现代学徒制阶段。德国学徒制的现代化起源于20世纪30年代，这是一个重要的历史节点。在此之前，学徒制主要依赖于传统的师徒相传，随着工业化进程的推进，学徒制的现代化改革变得迫在眉睫。20世纪60年代，德国通过颁布实施《职业教育法》，成功地实现了现代学徒制管理的制度化和法制化,这是一个重大的突破。现代学徒制与传统学徒制相比,具有明显的优势。首先,它实现了与现代教育的紧密结合。德国的产业部门在加强企业自身学徒培训的同时,意识到年轻学徒的培训也属于社会公共物品,因此社会应该承担其成本。为此,他们试图说服政府增加投入以分担培训成本,并将部分培训内容放在职业学校进行。这样一来,学徒既可以在企业中进行实践操作,又可以在学校中接受系统理论教育,从而形成了"双元育人"的职业教育人才培养体系。其次,现代学徒制的管理实现了制度化和法制化。随着学徒制涉及的范围和层次越来越广,德国逐渐开始从国家层面对学徒制进行管理。1969年,德国颁布的《职业教育法》从法律层面为职业教育提供了制度保障。1981年,德国颁布的《职业教育促进法》,进一步完善了职业教育相关制度。为了应对20世纪90年代以来经济结构性变革引发的职业教育世界性变革,德国颁布了新的《职业教育法》,使现代学徒制在制度和法制方面更加完善(多淑杰,2017)。

(二)英国产教融合政策及变迁

21世纪初,英国国家雇主技能调查(National Employer Skills Survey for England,NESS)显示,在大型企业(员工数量不少于500人)中,有30%的企业提供学徒岗位。然而,在小型企业(员工数量少于500人)中,只有5%的企业提供学徒岗位。这一现象与英国职业教育一直秉持的"自愿自助"传统密切相关。英国政府遵循"自由放任主义"原则,不干预企业培训,使企业自主决定学徒岗位的设立。在这一背景下,英国从上至下形成了一种新的学徒招募和培养模式——学徒培训中介模式。2009年6月,国家学徒制服务署(National Apprenticeship Service,NAS)批准了有关利益机构的申请,同意建立学徒培训中介公司(Apprenticeship Training Agency,ATA)。从2012年8月起,技能经费署(Skills Funding Agency,SFA)要求所有学徒培训中介必须经过认证。由此,学徒培训中介在英国逐渐发展起来,形成了一种较为高效的学徒招募模式。学徒培训中介是将学徒、企业、培训机构紧密联系在一起的新型学徒招募和培训平台。近年来,英国学徒培训中介已经形成了联盟组织,英国技能经费署也发布了该模式的运行标准。学徒培训中介通常会分别与企业和培训机构建立广泛的合作关系网络。其基本运行方式是:首先,学徒培训中介就特定岗位向社会招募学徒，并与学徒签订雇佣合同，建立雇佣关系；其次，学徒培训中介委托经过国家认证的培训机构进行学徒的脱岗培训；最后，将培训后的学徒输送到企业。这种学徒培训中介模式具有显著的优势：一方面，它有助于企业更便捷地找到合适的学徒，提高招聘效率；另一方面，学徒培训中介可以为企业提供专业的培训建议，确保学徒具备企业所需技能。此外，学徒培训中介还能协助企业处理社会保障、薪资等相关事宜，简化企业招募和培训程序。因此，学徒培训中介模式在英国得到了广泛认可和支持，为企业和学徒提供了更高效、更便捷的招募和培训服务（刘鑫淼、关晶，2016）。

2009 年，英国政府为了推动学徒制质量评估进程，决定合并相关组织机构，成立资格与考试办公室。这一举措是为了更好地适应市场需求，提升学徒制的质量，并确保学徒培训的有效性。OECD 的报告指出，英国政府在推进这一进程的过程中，强调市场机制的作用，因此，学徒培训的外部监管力度相对较弱。英国政府没有对学徒培训过程的监督机制及惩戒措施做出明确规定，而是倾向于通过市场主体进行质量评估。这种评估方式主要采用内部测试法，即不进行统一考试，由培训机构或者雇主对学徒在工作场所中的平时表现及实践能力进行评价。这些评价包括雇主提供的现场书面观察证据、客户提供的服务满意度调查等。为了保护培训主体的自由度，英国政府只对学徒必须获得的资格认证做出明确规定，而没有对学徒培训的过程做出明确要求。这意味着，英国政府希望通过发挥职业教育微观市场机制的基础作用，保持培训机构间的适当竞争性，以确保学徒制对市场需求变动的敏感性。然而，英国政府并没有在中观层面成立强有力的法定权威机构来统一部署并监管学徒制政策的微观落实。取而代之的是，国家学徒制服务机构（National Apprenticeship Service，NAS）被委以重任，负责全方位推动学徒制计划的实施，提供咨询服务及就业信息。NAS 作为一个服务机构，其主要角色是服务者。它为相关组织提供咨询和建议，并为雇主和学徒提供在线匹配服务。这样一来，NAS 能够更好地满足各方需求，推动学徒制的健康发展，为英国的职业教育体系注入新的活力（潘海生、曹星星，2017）。

（三）瑞士产教融合政策及变迁

早在 1874 年，瑞士就率先在全国范围内实现了贸易自由，这使得传统的行会制度逐渐衰退，同时也影响了师傅与学徒之间实践知识的传递。

随着工业革命的推进，工厂开始设立工作岗位，这使得小学结束后的教育和培训变得不再那么重要。然而，未经培训的员工所带来的负面影响也逐渐显现出来，如产品质量下降，企业国际竞争力下降，进而影响到瑞士的整体国际竞争力。为此，瑞士的企业开始自发建立专业协会，以应对这一挑战。这些专业协会在教育领域引入了新的职业教育和培训模式，它们在学校里设置了期末考试，并引入了理论课程，而企业则负责传授实践技能，这种模式被称为"双元模式"。这种新的职业教育和培训模式不仅提高了产品质量，还刺激了经济的发展。1884年，瑞士联邦政府决定通过资助学校来支持职业教育和培训，这进一步推动了"双元模式"的发展。与此同时，各州也颁布了职业教育和培训条例，要求企业与学徒签订合同，明确工作条件和教育质量，以保护学徒免受剥削。然而，由于缺乏宪法基础，瑞士联邦政府在职业教育和培训领域的管理权限并未得到明确。经过二十多年的努力，到了1908年，联邦层面终于确立了统一监管职业教育和培训的法律基础和权限。1930年，瑞士颁布实施了第一部关于职业教育和培训的法律，这部法律在保障国家经济发展和提高国民素质方面发挥了重要作用。专业协会在这一过程中成了关键的参与者，他们对联邦职业教育和培训法律的制定和实施起到了积极的推动作用。通过一系列改革，瑞士成功构建了一个富有特色的职业教育和培训体系，为国家的持续发展奠定了坚实的基础。

1963年，瑞士迎来了一次重大的法律改革，关于职业教育和培训的新法律成功取代了自1930年起实施的旧法律，这一变革旨在应对当时学徒数量不断增加以及技术、生产和部门结构所发生的一系列深刻变化。新法律的核心变化在于其明确表达了对发展继续教育的坚定支持，这一战略性的决策标志着瑞士职业教育与培训体系开始迈向一个全新的发展阶段。在新的法律框架下，每个职业都被要求引入具体的培训要求，以应对日益增长的申请人数。这一改革不仅确保了学徒们能够接受更加专业和系统的职业技能培训，还使得职业教育与培训体系更加适应市场需求和行业发展。同时，新法律还重新评估了职业教育与培训体系中的学校教育部分，强调学校除教授职业技能外，还应注重普通教育，以实现人的全面发展。到了1978年，瑞士继续深化职业教育与培训领域的改革，颁布实施了第三部职业教育与培训法律。这部法律的重要成果之一是建立了专业的教育与培训体系，进一步丰富了职业教育与培训的内涵和形式。该体系的建立，使得瑞士的职业教育与培训更加完善，能够更好地满足社会对不同层次、不同类型人才的需求。到了1994年，瑞士联邦政府又推出了联邦职业学士学位，这一举措进一步提升了职业教育与培训的学历层次和认可度。这一学位的设立，不仅为学徒提供了更多的升学机会，也为他们未来的职业发展奠定了坚实的基础。1996年，瑞士的应用科学大学进行了一系列改革，使得职业教育与培训课程更具吸引力和实用性。同时，瑞士联邦政府也发布了关于职业教育与培训现状及其挑战的报告，明确指出学徒市场正处于危机之中，需要新的职业教育与培训立法和专业教育与培训立法来支持基本技能学习，并将继续教育作为终身教育的一部分。为此，瑞士联邦政府建议对法律进行修订，以使其更好地适应社会和经济发展的需求。1999年，瑞士再次修订宪法，赋予联邦政府对所有职业的监管权力。这一重大变化将联邦政府的权限扩大到健康、社会和艺术等多个部门，进一步加强了联邦政府对职业教育与培训体系的监管和指导作用。进入21世纪后，瑞士职业教育与培训体系继续迎来新的发展机遇。2002年，瑞士有关职业教育与培训和专业教育与培训的第四部法律正式颁布实施，至今仍在运作中。这部法律被称为《职业与专业教育培训法》，其重大变化在于开发了一套全新的职业教育与培训课程框架方法，如学徒制等。这一方法的实施，使得瑞士的职业教育与培训体系更加灵活多样，能够更好地满足不同行业、不同岗位的需求。

（四）澳大利亚产教融合政策及变迁

澳大利亚职业教育的产教融合办学体制，历经一个多世纪的探索、实践和完善，已成为世界职业教育的典范。澳大利亚产教融合办学体制的核心特点在于国家层面政策法规的强力推行，以及产业在确立国家职业教育与培训政策、制定培训包及与TAFE（Technical and Further Education）学院合作等方面发挥的领导作用。

在产教融合办学体制下，澳大利亚政府高度重视职业教育的发展，通过一系列政策法规强力推行职业教育。1992年，澳大利亚成立了专门的管理机构——国家培训局，该机构在成立后的14年里，积极推动职业教育与培训的发展，先后提出了多项国家战略。这些战略旨在明确职业教育的发展方向，加强教育部门与行业、企业的合作，构建适应学习者与就业者终身技能培训需求的职教系统，推动澳大利亚实现产教融合的变革转型。

在国家培训局的推动下，澳大利亚职业教育的发展取得了显著成果。其 2005 年出台的《职业教育与培训的新方向》文件，为职业教育的发展方向提供了明确的指引。该文件强调了职业教育与培训在提升国家竞争力、促进经济发展和社会进步方面的重要作用，并提出了一系列具体的改革措施。这些措施包括加强职业教育与行业、企业的联系，推动职业教育与培训的国际化发展，以及提高职业教育的质量和效益等。

此外，澳大利亚还通过立法手段保障产教融合的顺利进行。例如，《注册培训组织标准》等法规，明确了所有与职业教育相关的注册培训组织需要符合的标准，确保这些组织开展的职业教育与培训能够通过评估，并承担对客户和学习者应尽的义务。这些法规的实施，有效地提升了澳大利亚职业教育的整体水平和质量。

在澳大利亚的职业教育体系中，公立职业教育学院及一系列政府认可的注册培训机构扮演着重要的角色。这些学院和机构提供的职业教育与培训项目，均以能力为本位，注重培养学生的实践能力和职业素养。20 世纪 80 年代，澳大利亚开始引入扩大类似学徒制的培训机会的措施，使越来越多的学生能够通过职业教育培训获得正式资格。这些资格不仅有助于学生提高在就业市场上的竞争力，还为企业提供了更多具备专业技能的人才。

此外，澳大利亚的职业教育还注重与社区教育的结合。在社区教育学院中，传统上为弱势群体提供的"业余"课程和"进修"课程，如今逐渐使用国家能力标准来进行评估和认证。这不仅有助于提升社区教育的质量和水平，还使更多的人能够享受到优质的职业教育资源。

（五）日本产教融合政策及变迁

在日本，校企合作又称产学合作，是一种由政府主导，中介机构深度参与的科技发展机制。这种机制在 20 世纪 50 年代中期，随着日本经济的快速增长而迅速发展起来。然而，与美国的自下而上发展模式不同，日本政府对职业教育有着绝对的宏观调控和管理作用，因此，日本的校企合作被称为"官产学合作"。

日本的校企合作，主要由企业协会、科技协会和学术协会具体实施。这些协会组织规范、管理严密、分工细致、任务明确、规章清晰，它们在沟通企业、学校、学生、社会等方面发挥着至关重要的作用。

第二次世界大战以后，日本政府围绕产学合作制定了一系列政策，以深化职业教育。这些政策大致可以分为两类。一类是纲领性政策。例如，1961年修订的《学校教育法》第四十五条第二款规定，在国家指定的技能教育机构学习的高中生，其所学课程和学分可视为高中课程和学分的一部分，毕业时发给其证书，享受高中毕业的同等待遇。这使得职业培训机构、全日制高中、函授制高中三者的合作学校制度化。另一类是配套性政策。例如，《"产学合作的教育制度"的咨询报告》提出在国内推行产学合作教育制度，希望通过产业界和大学之间的直接联姻，灵活调整中等和高等教育的系、科设置，最大限度发挥教育的经济功能。此外，日本经营者团体联盟在《关于振兴科学技术教育的意见》中强调，"要进一步加强大学与产业界的合作关系"，并提出了具体的合作方案，如产业界可以委托大学进行技术上的研究或从大学聘请技术顾问，大学可以派遣讲师、学生到工厂实习等。

在日本生产性本部赴美考察后，日本于1958年设置了"产学合作委员会"。日本1960年出台的《国民收入倍增计划》首次把教育规划纳入经济计划，明确提出"对于教育训练来说，今后更重要的是推进产学合作""必须强化学校与民间技术人员、熟练工人之间的合作体制，强化学校教育与职业训练的联系。"这些举措，标志着日本产学合作教育制度的确立。

二、国内产教融合政策及变迁

自改革开放以来，中国职业教育发展取得了显著的成就，办学模式逐渐从产教结合走向产教融合，为社会经济的稳步发展注入了源源不断的动力。四十多年来，中国产教融合政策的演变历程大致可以分为三个阶段：恢复发展阶段、改革探索阶段和不断深化阶段。

（一）恢复发展阶段的产教融合政策及意愿

在1966年至1976年这段时期，大量职业学校停办，职业教育事业处于混乱之中。这一时期之后，社会迫切希望政府实施强有力的管制，以改变国家政治、经济、文化的发展状况。在这样的历史条件下，政府主导完成了促进职业教育发展的几项重要工作。一是恢复职业教育在经济社会发展中的重要地位，将职业教育作为实现社会主义现代化的重要手段。二是大力发展职业高中。鉴于当时的经济发展水平，国家采取了大力发展中等职业教育的方式，以期快速培养大量专门技术人才，满足经济社会发展的需要。这一时期全国中等职业学校数量快速增长，在校生人数显著增加（石伟平，2018）。

1. 改革开放之初产教融合的恢复发展

改革开放开启了职业教育发展的新篇章。1978 年，全国教育工作会议强调，教育事业要和国民经济发展的要求相适应，在教育与生产结合的内容和方法上要有新的发展。会议指出，应该考虑扩大各种中专、技校的比例。1979 年国家劳动总局发布了《技工学校工作条例（试行）》，指出技工学校的教学应与生产过程相结合，培养学生的实际操作能力和解决实际问题的能力（祁占勇、王羽菲，2018）。这一时期，政府常以增加财政投入的形式来支持职业教育改革。然而，此时的改革重点是建立新型的社会主义政治经济体制，这导致对职业教育改革的支持经常不足。20 世纪 80 年代，财政包干制的实施对中央和地方的财政关系进行了重大调整，追求地方经济发展和提高财政收入成为地方政府的主要行动目标，地方政府的财政收入得以快速增长（渠敬东、周飞舟、应星，2009），其在职业教育产教融合中的影响也相应增强。

2. 20 世纪 80 年代中期以后产教融合的内涵建设

在 20 世纪 80 年代中期以后，产教融合的内涵建设逐渐显现出深远的意义和广阔的前景。这一时期的产教融合不仅强调生产与教学之间的结合，还逐渐拓展至产业部门和教育部门之间的深度融合，为联合办学奠定了坚实的基础。1985 年《中共中央关于教育体制改革的决定》如同一道曙光，照亮了职业教育发展的道路。该决定明确指出中等职业技术教育在社会主义经济发展中的重要作用，并大力提倡各单位和部门自办、联办或与教育部门合办各种职业技术学校。这一政策的出台，为市场参与职业教育办学提供了明确的政策依据，也为产教融合的内涵建设注入了新的活力。随着时代的发展，《关于社会力量办学的若干暂行规定》

(1987年)、《劳动部关于技工学校深化改革的意见》(1989年)等文件相继出台,进一步推动了产教融合的发展。这些文件明确要求企业积极参与职业教育,接纳职业院校的学生进入工厂实习和实践。这不仅提高了职业教育的实践性和针对性,还为学生提供了更多接触实际工作环境的机会,有助于培养具备实际操作能力和职业素养的人才。在这一时期,产教融合的内涵得到了深化和拓展。企业和学校之间的合作不再仅仅停留在表面,而是逐渐形成了深度的产业部门和教育部门之间的融合。这种融合不仅体现在教学资源的共享、课程设置的优化以及教学方法的创新等方面,还体现在对人才培养目标、培养模式以及培养质量的共同追求和协同提升上。市场化过程造就了大量政府之外的流动性资源,为充分利用这些资源,国家逐步调整中央与地方的权责分配以及政府与市场的关系,管制型政府逐渐向服务型政府转变,政府对产教融合的管理方式也发生了改变。

(二)改革探索阶段的产教融合政策及意愿

1. 产教融合的巩固发展

1991年,国务院发布了《关于大力发展职业技术教育的决定》,这一决定为我国职业技术教育的发展指明了方向,在政府的统筹下,鼓励行业、企业单位办学以及各方面联合办学,充分发挥企业在培养技术工人方面的优势和力量。该决定特别强调了"产教结合,工学结合"的办学理念,这是首次在国家层面的政策文件中出现"产教结合"的表述,标志着产教关系迈入了新的发展阶段。1993年发布的《中国教育改革和发展纲要》进一步明确了职业技术教育的战略地位和发展目标。纲要指出,要充分调动社会各界的积极性,形成全社会兴办多种形式、多层次职业技术教育的局面;同时,提倡走联合办学、产教结合的路子,以提高职业技术教育的针对性和实用性。1995年发布的《国家教育委员会关于推动职业大学改革与建设的几点意见》进一步细化了产教结合的办学思路。意见指出,要加强与产业部门的联合,积极实行校企合作,推动产教结合的办学模式;同时,要努力探索产教结合的办学路子,大力发展校办产业,以实现教育与产业的深度融合。在一系列政策的推动下,我国职业技术教育逐渐形成了产教结合、校企合作的办学特色。越来越多的学校与企业建立了紧密的合作关系，共同开展人才培养、科学研究和社会服务等工作。这种办学模式不仅提高了学生的实践能力和就业竞争力，还为企业提供了源源不断的人才支持和技术创新动力。

2. 产教融合的稳定发展

20 世纪 90 年代以来，我国对职业教育的重视程度不断提升，出台了一系列法律法规，为职业教育的发展提供了有力的制度保障。其中，1996 年出台的《中华人民共和国职业教育法》便是我国职业教育法制化建设的重要里程碑。该法明确指出，国家鼓励事业组织、社会团体、其他社会组织及公民个人按照国家有关规定举办职业学校、职业培训机构。这一举措极大地拓宽了职业教育的办学渠道，使更多的社会力量和资源得以投入职业教育事业。在职业教育的发展过程中，产教结合成为重要的办学理念和模式。根据《中华人民共和国职业教育法》的规定，职业学校、职业培训机构实施职业教育，应当实行产教结合，为本地区经济建设服务，与企业保持密切联系，培养实用人才和熟练劳动者。这一理念强调了职业教育与产业发展的紧密联系，促使职业教育更好地服务于区域经济发展。1998 年，我国又出台了《面向 21 世纪教育振兴行动计划》。该计划进一步强调了职业教育和成人教育要走产教结合的道路，要调整学校布局，优化资源配置。这旨在推动职业教育结构与产业结构对接，提升职业教育的办学水平和质量。1999 年，《中共中央 国务院关于深化教育改革全面推进素质教育的决定》明确指出，职业学校要实行产教结合，鼓励学生在实践中掌握职业技能。这一决定为职业学校的教学改革指明了方向，推动了职业教育实践教学体系的建立和发展。2000 年，我国又发布了《关于全面推进素质教育、深化中等职业教育教学改革的意见》。该意见进一步强调了职业学校要实行产教结合，密切与企业联系，鼓励学生深入生产实际，开展技术推广和技术革新等创新和实践活动。这一要求旨在提升学生的实践能力，培养学生的创新精神，使职业教育能够更好地服务于社会经济发展。

3. 产教融合的内涵深化

20 世纪初，在中国经济飞速发展之际，职业教育也迎来了一个关键的转折点。这一时期，国家对职业教育的关注度持续提高，为职业教育的发展注入了强大的动力。2002年,国务院召开了一次全国性的职业教育工作会议,并发布了《国务院关于大力推进职业教育改革与发展的决定》。该决定明确指出了职业教育发展的方向和目标,强调要深化职业教育办学体制改革,形成政府主导、依靠企业、充分发挥行业作用、社会力量积极参与的多元办学格局。该决定为职业教育的发展奠定了坚实的基础,同时也为产教融合的组织布局提供了有力的政策支持。在这一背景下,政府、学校、行业、企业等各方开始积极协同推进产教融合。政府加大对职业教育的投入力度,为职业院校提供了更多的资源;学校与企业之间加强合作,共同开展实践教学和人才培养;行业组织则积极发挥桥梁纽带作用,推动职业教育与产业需求对接。这些举措为职业教育的发展注入了新的活力,也为产教融合的深入发展提供了有力保障。然而,尽管职业教育的发展取得了显著成效,但产教融合仍然面临着一些挑战和危机。例如,一些企业参与职业教育的积极性不高,缺乏足够的投入和支持,一些职业院校在实践教学和人才培养方面仍存在短板和不足。这些问题在一定程度上制约了产教融合的发展,也影响了职业教育的质量和效益。为了应对这些挑战和危机,2005年国家再次召开全国职业教育工作会议,并发布了《国务院关于大力发展职业教育的决定》。该决定要求大力推行工学结合、校企合作的职业技术人才培养模式,推动职业教育与经济社会发展深度融合。同时,政府继续加大对职业教育的投入力度,提高了职业教育的社会地位和认可度。这一系列政策和举措的实施,为职业教育的发展注入了新的动力。越来越多的企业开始积极参与职业教育,与职业院校开展深度合作;越来越多的职业院校也开始注重实践教学和人才培养,努力提高职业教育的质量和效益。此外,一些职业院校还积极引入先进的职业教育理念和技术手段,探索适合中国国情的职业教育发展模式。

(三)不断深化阶段的产教融合政策及意愿

1. 产教融合的多样化发展

自2010年以来,我国教育改革与发展进入了一个崭新的阶段。在这一阶段,一系列重要文件的出台为教育改革指明了方向,为职业教育的发展注入了新的活力。其中,《国家中长期教育改革和发展规划纲要(2010—2020

年)》作为引领教育改革发展的纲领性文件,为我国教育现代化建设提供了宏观指导。该纲要明确指出,到 2020 年,我国要基本实现教育现代化,形成学习型社会,并跻身人力资源强国行列。为实现这一目标,纲要强调了人力资源准备的重要性,提出了一系列具体措施。实行工学结合、校企合作、顶岗实习的人才培养模式成为关键一环。这一模式旨在通过学校与企业之间的深度合作,实现教育与产业的有机衔接,培养符合社会需求的高素质劳动者和技能型人才。为进一步推动校企合作,我国于 2011 年发布了《教育部关于充分发挥行业指导作用 推进职业教育改革发展的意见》。该意见对行业和企业参与职业教育招生、教学、评估、监督等进行了规范,要求职业学校与企业加强联合,共同推动人才培养。这一举措不仅加强了学校与企业之间的联系,还提高了职业教育的针对性和实效性。2013 年,《中共中央关于全面深化改革若干重大问题的决定》进一步强调了职业教育的重要性,提出加快现代职业教育体系建设,深化产教融合、校企合作。这是首次使用"产教融合"这一概念替代"产教结合",并且将深化产教融合纳入国家经济社会发展的重大战略。这标志着产教融合进入了新的历史阶段,为职业教育发展注入了新的动力。在此基础上,2014 年发布的《现代职业教育体系建设规划(2014—2020 年)》进一步明确了产教融合在经济社会发展中的重要地位。该规划提出,要走开放融合、改革创新的中国特色现代职业教育体系建设道路,推动职业教育融入经济社会发展和改革开放的全过程。该规划为职业教育发展提供了更加明确的方向和目标。同年,《国务院关于加快发展现代职业教育的决定》也明确了产教融合的原则和校企合作的规则。该决定强调,要充分发挥企业的重要主体作用,推动校企深度融合;同时,还对职业院校的教学改革和人才培养质量提出了更高要求。为落实上述文件精神,2015 年发布的《关于深化职业教育教学改革 全面提升人才培养质量的若干意见》对如何完善校企合作和工学结合做了更加细致的规定。该意见特别指出,职业院校的教学要适应区域产业结构转型,同时产业部门也要深度参与职业院校的教学过程。这一要求有助于实现教育与产业的双向互动,提高职业教育的针对性和实用性。

2. 产教融合的高质量发展

自 2017 年以来,我国职业教育领域持续深化改革,其中产教融合与校企合作成了改革的重中之重。党的十九大报告明确指出，要"完善职业教育和培训体系，深化产教融合、校企合作"，为我国职业教育的未来发展指明了方向。在背景方面，我们了解到，受体制机制等多种因素的影响，人才培养与产业需求在结构、质量、水平等方面并不相适应。这种不适应导致了人才培养的滞后和产业发展的制约，对经济社会发展造成了不良影响。因此，深化产教融合，促进教育链、人才链与产业链、创新链有机衔接，对提高人才培养质量具有重要意义。为了推动产教融合与校企合作的深入发展，国家出台了一系列政策。2017年，《国务院办公厅关于深化产教融合的若干意见》提出了一系列具体举措，包括加强产业与教育统筹融合、推进校企协同育人、强化行业协调指导等。这些举措为产教融合的健康发展提供了有力保障。2018年，教育部等六部门联合印发了《职业学校校企合作促进办法》，这是国家推行校企合作以来第一个以校企合作为对象的政策文件。该办法明确了校企合作的总体要求、基本原则和主要任务，强调了校企双主体实施的合作机制，为产教融合的健康发展提供了更加坚实的政策保障。同时，该办法还要求对产教融合型企业提供政策支持，以鼓励更多企业参与到职业教育中来。2019年，国务院印发的《国家职业教育改革实施方案》进一步强调了产教融合的重要性，并提出了一系列具体举措。其中，推动企业深度参与协同育人成为重点任务之一。该方案突出了企业在产教融合发展过程中的主体地位，要求企业发挥自身优势，积极参与职业教育改革与发展。2020年，教育部等九部门联合印发了《职业教育提质培优行动计划（2020—2023年）》，该计划明确指出了职业教育的发展方向和重点任务。其中，深化职业教育供给侧结构性改革、深化校企合作协同育人模式改革等成为重要任务。这些任务旨在提升职业教育的质量和效益，推动产教融合向更高层次发展。随着时间的推移，产教融合与校企合作的重要性受到越来越多的重视。2021年，中共中央办公厅、国务院办公厅印发的《关于推动现代职业教育高质量发展的意见》明确指出，要按照产教融合、校企合作的相关要求，健全多元办学格局。该意见的出台进一步强调了产教融合在现代职业教育中的重要地位。2022年，新修订的《中华人民共和国职业教育法》更是从法律层面对产教融合进行了明确规定。该法强调要坚持产教融合、校企合作的原则，为产教融合健康、可持续、深入发展提供法律保障。该法的修订标志着我国职业教育进入了一个新的发展阶段，产教融合与校企合作成为推动职业教育高质量发展的关键力量。在产教融合与校企合作的实践过程中，各地院校探索出了一系列成功的经验和做法。例如，一些学校与企业建立了紧密的合作关系，共同开展人才培养、技术研发等活动；一些地方政府也出台了一系列政策措施，鼓励企业参与职业教育，推动产教融合的发展。这些实践经验和做法为其他地区和学校提供了有益的借鉴和参考。总之，产教融合与校企合作是我国职业教育发展的重要方向之一。通过深化产教融合、推动校企合作，我们可以更好地培养符合产业需求的高素质人才，推动经济社会的发展。未来，我们还需要继续加强政策引导和支持，推动产教融合与校企合作向更高层次、更广领域发展。

第三章　产教融合组织形态的历史演进及当前状况

组织形态是指基于一定的目标任务、具有一定内部关系结构的组织（集体或团体）的形状、状态、样貌，是组织体在一定条件下的表现形式。在这一定义中，首先必须存在组织——由多个要素按照一定方式相互联系构成的系统，其次是这一系统的表现形式，比如政党、军队、企业、学校、联盟、产业学院等。产教融合组织形态是指具有一定组织特征的产教融合平台、载体，或直接的产教融合组织体（聂劲松、胡筠、万伟平，2021），它是承载产业和教育（如果不将教育作为产业）交融的组织体的形式与状态。这就是说，如果只有产教融合、产教结合、产教关联的发生而没有相应组织架构的存在，则不能称之为产教融合组织形态。本章拟对人类社会，特别是近现代社会中类似当今所指的产教融合组织形态及其演化历程，进行比较系统的梳理和阐释。

第一节　国内外早期产教融合组织形态的发轫

基于上述界定，产教融合可以追溯到中国古代，那时官学要求学生掌握礼、乐、射、御、书、数六种基本才能，但因那时没有现今意义上的产业的存在，故不能视其为产教融合组织形态。中国作坊的师傅带徒弟模式，以及旧时学堂（官学、公学或私塾）与作坊之间的互动，可以说是产教融合的原始形式，但相对稳定的、制度化的产业与教育的联动、互动、结合、交融并未形成，也没有出现相应的承载或实施产教融合的组织架构或组织体，尽管教育与生产劳动、社会生产相结合一直是人类教育的基本范式。从世界范围来看，中世纪传统的手工业工匠通过师傅带徒弟的形式将技术传承下来，但少了学校或教育机构的参与，因而不是产教结合形式，更不算是产教融合组织形态。现代意义上的产教融合组织形态是在工业革命开始后才出现的。

一、国外早期产教融合的组织机制及相应形态

如果以工业革命尤其是完成工业革命之后行业、企业（产业）与学校（教育）的合作、结合为起点，那么国外产教融合的雏形最早出现在19世纪德国的"双元制"职业教育体系之中，到19世纪末20世纪初，现代意义上的产教融合组织形态才正式发端，其在进入20世纪90年代后趋于成熟并且开始有了新的发展变化。因而，这里的"早期"主要是指从19世纪末到20世纪80年代这一时期。

文献显示，德国"双元制"职业教育体系形成于19世纪（刘传熙，2022）。18世纪欧洲工业革命时期，德国兴办了第一批脱离学徒制传统培训方式的职业学校（董操、王树勋，1989），标志着学校职业教育的诞生。1803年，德国巴伐利亚州出现了利用星期日或假期为工人补习文化基础课的星期日学校或补习学校（1864年更名为进修学校）。19世纪中后期，德国形成了大部分时间在作坊或工厂接受技能培训，小部分时间在学校学习的学徒培养模式，即"双元制"职业教育体系的雏形。到1948年，德意志联邦共和国教育委员会在《对历史和现今的职业培训和职业学校教育的鉴定》中，首次将存续了100多年的企业与学校合作培养职业人才的方式，称为"双元制（dual system）"。所谓"双元制"，就是将企业作为一元，将学校作为一元，使两者按照一定的程序及要求密切配合，共同对受训者进行技术技能教育，也即通过"企业技能训练"和"学校理论教学"两条轨道构建校企培养联合体甚至共同体。"双元制"主要有三种形式：企业培训车间和职业学校的结合、多个中小企业联合组建的跨企业培训中心和职业学校的结合、全日制职业学校，但实际上第三种形式只吸收了"双元制"的教学要求，并无"双元制"的形式（董操、王树勋，1989）。可见，以培养技术工人为目标的企业培训车间和职业学校的结合、跨企业培训中心和职业学校的结合，实际上属于产教融合的组织机制。其中，让接受学校教育的学生进行实训的车间和承担学校学生培训的跨企业培训中心，相当于产教融合具体实施或承载的组织体，即实际的产教融合组织形态。当然，"双元制"本质上属于一种制度形态或制度安排，其中的产教融合组织形态是实质性地把产业（企业、行业）与教育（学校）结合或交融在一起的组织架构，是承载企业进入职业教育及其人才培养体系或环节的功能体,如培训(实训)车间、跨企业培训中心。

  作为一种产教结合模式,合作教育是学校与企事业单位合作,共同对学生实施职业技术教育的一种方式,亦称工读课程计划、合作教育课程计划或合作职业教育课程计划(金含芬,1981)。由于美国接受合作教育的学生一半时间在学校学习,一半时间在企事业单位工作,因此人们将美国的合作教育称为工学交替模式。1906年,赫尔曼·施奈德在辛辛那提大学创建一项工程合作教育课程计划,该计划具体由辛辛那提大学同几家大企业(针对27名技术系学生)共同实施(曹晔,2003),该计划标志着合作教育的出现,具体实施方案是在大学生入学半年后,将企业的实际训练和大学的教学以2个月左右为周期交替进行,直到毕业前半年学生再完全回到大学集中上课,最后完成毕业计划。根据金含芬(1981)的介绍,从1909年起在高等学校的影响下美国一些中等学校也开始试行工读课程计划,最先执行的工读课程计划是马萨诸塞州菲奇伯格市的一所中学与通用电气公司合作创建的。执行工读课程计划的学校通常会设立一个顾问或咨询委员会,或者合作教育部(乔寿宁,1993)。顾问或咨询委员会负责对工读课程计划提供咨询意见,为学生寻觅工作机会,发现学生在工作岗位上碰到的各种问题,具体工作人员为教师协调人、工作岗位上的学生管理员(由雇主指派);合作教育部实际上负责的是项目协调,其人员构成主要有两类:一是教师,要求有职称且有教学经验;二是工作人员,要求与社会有广泛联系且具有为合作教育献身的精神。管理工读课程计划的方式包括学生协定、合作训练协定及雇主对学生成绩的评定单。显然,这里的顾问或咨询委员会、合作教育部,就是产教融合的一种组织形态,是校企联系的桥梁。

  "三明治"教学模式是指在英国实行的,让在校学生到工厂实践,由工厂或企业的工程技术人员和大学教师合作讲授有关课程的教育体例。该模式分为"厚三明治"模式和"薄三明治"模式,二者的学制都是4年。20世纪初,英国桑德兰技术学院(桑德兰大学前身)为了有效地服务当地工商业的发展,开始了工学交替、半工半读的教学模式探索,这种模式就是"三明治"教学模式,其实质是工读交替的产教结合模式(吴建洪,2014),也就是工商业训练与全日制课程学习相结合的模式,即在教学中加入工作训练。桑德兰技术学院在建校之初就率先在机械工程学院引入了工学交替式培养课程体系，截至 1908 年共有 25 家机械类企业参与该课程体系，到 1910 年经过改造后的夜间课程已经可以接收 2 年预科后的专业人员。相比较而言，英国的"三明治"教学模式与美国的"合作教育"有异曲同工之处。在英国的"三明治"教学模式中，起协调和组织保障作用的有 1958 年由英国产业界代表组建的第三方机构——产业培训委员会、1964 年后由劳资双方代表与教育专家按一定比例组成的产业培训董事会，以及国家层面的中央培训委员会，如英国工程培训委员会（1965 年成立）。此后，英国政府出面先后成立了三明治教育大学委员会、三明治教育多科技术学院委员会、工业和高等教育委员会等组织机构，以强化高等教育与政府和企业的合作（樊大跃，2016）。可见，英国设立的工程培训委员会、产业培训委员会、三明治教育大学委员会、三明治教育多科技术学院委员会、工业和高等教育委员会，以及校企之间的具体培训协调机构等，大体上都属于不同层级的产教融合组织形态（或者更确切地讲是组织机制）。而具体到实施层面，校企之间的具体培训协调机构更加直接。实际上，为加强职业技术教育与企业界的联系，英国许多公司、企业都与中小学建立了联合机构（张勋，1997）。

需要指出的是，英国的"三明治"学校和美国的合作教育学校，由于其内外部支撑工学交替、半工半读教学模式的一些机制或关系结构发生了变化，与普通学校在内部结构和对外关系方面形成显著差异，因此演变成了一种新型的教育组织形态。这类学校可以作为一种广义的产教融合组织形态的类型，在这些学校内部必然存在协调机构或协调机制。

产学合作是日本职业教育实行的产教结合模式。20 世纪六七十年代，日本产学合作模式正式发端，该模式主要是通过产业界向学校投资、企业和学校进行人事方面的交流或科研方面的委托等途径实施。20 世纪 80 年代中期，日本的企业与大学出现了四种合作形式：委托研究（企业对大学）、合作研究（企业与大学）、技术咨询（企业对大学）和人才培养（企业与大学），且以前两者居多（沈恩泽，1985）。具体而言，在人才培养和交流方面的产学合作主要包括：实行教职人员互聘制度；企业为高校提供实习场地并鼓励大学生去企业实习；实行国内留学制度；民间企业派遣科技人员到高校进修（廖宗明，1994）。在科研方面的产学合作，主要是指企业委托大学开展科研项目，除了高等教育机构接受民间企业委托的研究课题，还实行大学、民间企业共同研究制度（包括邀请民间企业的研究人员到高校的研究所或专门设置的研究开发中心等担任客座研究员）。在经费方面的产学合作，主要是指产业界向大学投资。实际上，日本高校与产业界的合作，既吸取了美国产学合作的经验，又有自己独创的特色（廖宗明，1994）。从产教融合组织形态的角度来看，廖宗明（1994）和沈恩泽（1985）在研究中所提及的日本文部省创设的"国立大学与民间企业等的共同研究制度"（1983年5月），日本政府组建的大学-工业科研活动咨询委员会及东山大学等三所大学内设的工业-大学联合研究中心，半官方的学术振兴会、"新技术开发事业团"和其他地区性组织，1982年4月日本文部省成立的"研究协力室"（首个有行政权力的主管机构），由大学和企业的高级专家（各10名）组成的"综合研究联络会议"及该会议下设的专题委员会，都属于产教融合组织形态或组织机制范畴。其中不乏真正的产教融合组织形态，比如大学内设的工业-大学联合研究中心，以及半官方的学术振兴会、"新技术开发事业团"和其他地区性组织。

此外，还有苏联的教学生产联合体、新加坡的教学工厂、英国的教学公司和沃里克教育模式，以及一些国家的职业教育集团、大学科技园、校企协同创新中心等，都是国外早期产教融合（产教结合、校企合作等）的具体实践，其中不乏组织形态或机制，甚至有的本身就是具体的组织形态，如教学生产联合体、教学工厂、教学公司、职业教育集团、大学科技园、校企协同创新中心。其中，教学生产联合体属于由学校主导的产教合作模式，主要是鼓励学校与企业建立密切的合作伙伴关系，双方签署合作协议，企业成为学校的生产实习基地（吴建洪，2014）。实际上，从20世纪40年代末国外职业教育集团的诞生，到20世纪90年代国内职业教育集团化办学模式的建立和推行，它们的基本主体都包括了学校、企业及其他实体（如研究机构和中间组织机构等）（聂劲松，2008）。大学科技园通常被认为是产教融合的重要平台，比如美国1951年建立的斯坦福大学科技园一开始就被视作一种与高技术及其产业发展共生的经济社会现象；校企协同创新中心是校企携手实现知识价值创造的组织，早在20世纪70年代就已引起美国、意大利等国学者的高度关注（欧阳波仪、易启明，2014）。

二、中国早期的产教融合实践及其组织机制及形态

中国早期的产教融合实践同样起始于19世纪末到20世纪初，比如对高等教育领域与企业界联合办学的探索。20世纪30年代，关于产教联

办、以教兴产、工学团等的实验风起云涌。20世纪五六十年代,产教融合经历了半工半读、厂校结合,以及校办产业(企业,含工厂、农场)、校外实践基地、产教一体、企业办学(产教结合)、农科教结合等相关实践。下面将在举例阐述中国古代教育与社会的结合、实践教学、艺徒制,梳理近代高等教育、职业教育的产教融合及其组织形态的基础上,重点对1949年中华人民共和国成立至20世纪80年代末这一时期的产教融合实践及其组织机制及形态进行概述。

早在11世纪下叶,宋朝王安石在改革医学教育时便重视理论与实践相结合,在制度上由太医局为每个学生设立医疗档案,检查学生为各机关诊病的记录及疗效(毛礼锐、沈灌群,1987),他提出国家兴学设教的根本目的在于培养实用人才。古代的学校教育与社会政治经济、民生日用是紧密相连的。在整个宋元时期,中国的科学技术雄踞世界高峰,朝廷曾召集各地优秀工匠修造天文仪器,以促进天文学专科教育发展;元代初年所进行的大规模的天文观测以及宋元时期频繁的历法改制,均吸纳司天监学生参与;宋代的军器监增加了艺徒训练的职责,有些庞大的手工坊场建立了艺徒制,建筑名师总结和记载手工技术的专著成为传艺授徒的教本(毛礼锐、沈灌群,1987)。但直到19世纪中后期,以共同或协同承担人才培养及科技创造为主要目标的产业、行业、企业与教育的制度化结合,仍未提上议事日程。

进入19世纪,清末教育充斥着空谈心性的理学和专事考据的"古文经学"(毛礼锐、沈灌群,1988),于是龚自珍提出将治与学结合起来,魏源提出师夷长技以制夷、经世致用、实践中学习、开办民营工业等思想,为教育重回与社会实际相结合或产教融合做了铺垫。随着洋务运动的兴起,中国出现了第一批使用机器进行生产的工厂(企业)、军队和新式学校,这些新式学校包括外国语学校、工业技术学校和军事学校。1862年京师同文馆的建立,标志着清代的科举预备教育有了变革。1869年,上海广方言馆与江南机器制造局开设的学堂合并,并且加强了自然科学的教学。当时,为了培养技术人才,在工厂内附设了工业技术学校(毛礼锐、沈灌群,1988),说明这一时期高等教育领域与企业界的联合办学得以推广,已经出现了"厂中校"或者实业与教育结合的产教融合组织形态的雏形。1896—1898年,清政府提出并着手筹办京师大学堂,将其定位为学校和教育行政机关。

1901年清政府宣布实行"新政"改革，1902年复办京师大学堂，1903年兴办经济特科，1906年废止科举，这一系列举措促使由个别有识绅商捐资兴办新式教育扩展至民间广泛兴办学堂的新局面出现。在此期间，中国教育处于大动荡大变革的进程之中。新学制的建立，使新式教育在课程结构体系方面发生了重大变化，学科课程得以流行，并受到充分重视。这一时期的教育变革实际上为早期产教融合提供了需求空间和实践路径。到1909年，全国高等专门学堂有111所，学生20668人（潘懋元，2003），其中约有20所省城大书院先后改为新型高等学校或高等大学堂。但此时主要是由学校与企业界、实业界联合办学或由企业家举办学校，真正较为丰富的产教融合自20世纪二三十年代才得以展开。从20世纪20年代开始，各农科院校逐渐重视农业科学研究，并创设了各类农业科学研究机构（潘懋元，2003）。1929年，国民政府发布《农业推广规程》和《中华民国教育宗旨及其实施方针》，前者规定国立或省立专科以上农业学校可以与省农政主管机关共同办理农业推广事务，或是由国立或省立专科以上农业学校内设一农业推广处管理该省内之农业推广事务；后者规定，农业推广须由农业教育机关积极实施（教育部教育年鉴编纂委员会，1948）。民国时期，高等农科院校农业推广教育活动有五种形式：技术推广和技术服务；建立推广实验区；举办训练班，建立指导所；利用书刊、电影、广播等手段进行推广教育；创办农业教育，培养推广人才（潘懋元，2003）。有些学校，如广东农业专门学校，则设立推广部作为具体实施机构。可以说，这些是20世纪初至中期中国教育联系产业的制度化的实践。20世纪30年代的乡村教育运动，实际上是高等教育服务农村的先驱实践，也呈现了高校教授学者深入社会、以教育服务于社会建设实践的独特景象。在新文化运动前后这一时期，中国大地上涌现了一批民间教育社团，如中国科学社、全国教育会联合会、中华职业教育社、新教育共进社、中华教育改进社、平民教育社、实际教育调查社、中华平民教育促进会等，它们积极参与和推进教育的各项改革，尤其在学制改革中发挥了不可替代的作用（张传燧，2010），也对教育联系产业和社会发挥了积极影响。这一时期，黄炎培提出职业教育办学方针，以促使职业教育社会化和科学化，他主张定期邀请农工商金融等各界专家集会（张传燧，2010），特别注重教育与社会联系等思想及实践，他的这些举措是早期对产教融合组织机制及形态建设的重要探索。这一时期比较有代表性的产教融合组织机制及形态还有农村建设实验区,如20世纪30年代北平大学农学院在京郊罗道庄建立了旨在进行农业技术推广及与内部各机构合作的基地,同时还举办农业展览会、设立特约表证农田及家庭林场、成立各种合作组织、组建各种农艺竞进团等(潘懋元,2003)。延安时期,教育注重与实际相结合,尤其将指导战争和生产实际需要的知识列为重点课程,设立学习科学的基地,建立民主自治的学校管理体制。从现今意义上的教育与产业(行业、企业)的结合来看,这一时期具体的产教融合组织机制及形态主要体现为学校与工厂、农场、战场的联系。总体上看,20世纪初至中期中国产教融合的组织机制或形态主要包括:有识绅商捐资办学,创办专科教育,学校设立产业科研机构和科学(或实践)基地,举办培训班、展览会,成立合作组织,其目的是为产业和社会建设服务。

1949年至改革开放初期,产教融合组织机制及形态建设实践进入主动而广泛的探索期。针对教育脱离生产的弊病,同时为解决高小和初中毕业生从事生产劳动的问题,1954年5月24日,中共中央批转中央教育部党组《关于解决高小和初中毕业生学习与从事生产劳动问题的请示报告》,要求进行劳动教育和综合技术教育,使学生从理论和实践上懂得一些工农业生产的基础知识(曹晔,2013)。1957年6月6日,《人民日报》介绍了永嘉中学几年来组织学生进行课余劳动的经验,倡导具有顶岗性质的劳动教育。1958年2月3日,国务院政府工作报告《关于一九五八年度国民经济计划草案的报告》提出,要有步骤地实行半工半读的教育制度。中等学校和高等学校,凡是有条件单独举办或者联合举办实验工厂、实验农场和实验牧场的,都可以单独举办或者联合举办,一面从事教学,一面从事生产劳动;不能举办的,可以同当地的工厂、作坊和服务行业订立生产实习合同,进行实习,或者参加当地的定期义务劳动和农业合作社劳动,使学习和劳动相结合(周惠英、周士才,1995)。1958年5月27日,全国第一所工人半工半读学校,即天津国棉一厂工人半工半读学校正式开学,招收51名工人,实行"六二"制半工半读,即每天6小时生产、2小时学习(曹晔,2013)。同年9月,中共中央、国务院发布《关于教育工作的指示》,指出今后半工半读学校将与全日制学校、业余学校同为中国三类主要学校。到1964年,全国各地农村半农半读的农业中学、中等农业技术学校迅速发展,一些全日制的中等专业学校和技工学校既是学校，也是工厂。这一时期，北京第二机床厂同北京第89中学联合举办"跃进中学"，由机床厂厂长担任校长，第89中学的校长担任副校长，教导主任由机床厂抽调专职干部担任，其他师资由工厂、学校共同选派，文化课由第89中学抽调部分教员教授，政治课由工厂、学校的党政领导同志兼任，技术理论课由机床厂三名技术员教授，学生的生产劳动则由工厂一名五级技工负责全面安排。这是当时典型的企校联合办学模式。

改革开放初期，中国产教融合尚处于恢复探索期，相关组织机制或推进路径重点聚焦于产科教联合办学。1979年，国家劳动总局发布《技工学校工作条例（试行）》，明确指出学校的主管部门必须安排有关企业专责协助学生的实习。1982年，全国职工教育管理委员会、教育部、国家劳动总局、中华全国总工会、共青团中央联合下发《关于切实搞好青壮年职工文化、技术补课工作的联合通知》，强调要调动企事业单位办学和职工学习的积极性。同年，《关于青壮年职工文化、技术补课工作若干问题的补充意见》进一步明确要求脱产、半脱产、业余、自学并举，企业自办、联办、产业系统办学并举。1985年，《中共中央关于教育体制改革的决定》要求充分调动企事业单位和业务部门办学的积极性，鼓励集体、个人和其他社会力量办学，提倡各单位和部门自办、联办或与教育部门合办各种职业技术学校。同年5月，邓小平在全国教育工作会议上强调，各级领导要像抓好经济工作那样抓好教育工作（改革开放以来的教育发展历史性成就和基本经验研究课题组，2008）。这一时期，农科教结合成为推进产教融合的重要组织机制，其中典型的形式是校办企业与生产实习基地。比如，江西婺源郭公山共大作为一所融农、工、商、校为一体的农村职业中学，推行"一个厂场就是一个专业，一个专业就有一片基地"（曾广林，1993）的办学模式，把学校办成一个经济实体，其拥有的校办工厂农场（含种植养殖田地和水面）及生产实习基地包括：农机厂、酒精厂、酒厂、实验农场、林场、畜牧良种场、种禽场、食用菌场，以及耕地、茶园、经济林、山林、鱼塘水面等，形成了较大规模。

综合来看，1949年至改革开放初期的产教融合组织机制及形态主要包括：半工半读学校及配套的校办实验工厂、实验农场和实验牧场等实践基地；学校同工厂、作坊和服务行业订立生产实习合同；企业办学校；校企联合办学校；农科教结合议事机构及配套的校办企业与生产实习基地。具有典型组织形态的主要有半工半读学校、企业办学校、校企联合办学校、农科教结合议事机构。

第二节　中国产教融合组织机制及形态的实践演变

产教融合组织形态是承载产业和教育相互结合、彼此交融的组织体的形式及状态，与促使产业和教育两个体系融合的动力系统、推进机制和制度环境有着密切的关系。而且，在特定的制度环境中，近现代科学技术发展引发的社会生产力的跃升与高等教育、职业教育自身的改革，共同推动了产教融合组织形态的变迁。因而，阐释和探讨中国产教融合组织机制及形态的实践演变，应当包括对产教融合相关政策制度的演进、新型产教融合组织形态的产生，以及产教融合组织形态现状等内容的分析。

一、产教融合政策制度的时代演进

20世纪90年代是中国经济社会体制机制的大变革时期，也是国内外产教融合组织机制及形态大拓展的新阶段。比如，1991年英国政府提出实施义务教育阶段后的改革（其详细方案以《21世纪的教育和培训》白皮书形式发表），这一改革将在英国建立类似于已经在德国运行了几十年的教育结构（普理特查德、李皖生，1994），也就是"双元制"教育结构。20世纪80—90年代是英国"三明治"教育的成熟发展期（刘娟、张炼，2012）。1991年发布的《国务院关于大力发展职业技术教育的决定》，明确要求企业应该支持并配合各类职业技术学校和培训中心实习活动；提倡产教结合，工学结合；秉持职业技术教育"大家来办"的方针，发展行业、企事业单位的联合办学；积极面向经济产业需要，合理安排和考量专业设置。其中，"两个结合"是在国家文件中首次提出的，"大家来办"（即发展行业、企事业单位的联合办学）则是政策制度的继承和发展。同年，国家教育委员会印发《关于加强普通高等专科教育工作的意见》，鼓励社会用人部门积极参与并承担人才的培养工作，通过参与制订教学计划，评估办学水平，协助教育教学改革，密切教育、科研、生产的联系，建立稳定的实习基地，安排教师的实习等，全方位参与到职业教育教学过程中。

1993年印发的《中国教育改革和发展纲要》明确提倡联合办学，走产教结合的路子，逐步做到以厂（场）养校。1995年，《国家教育委员会关于推动职业大学改革与建设的几点意见》明确提出，要加强与产业部门的联合，积极实行校企结合，大力发展校办产业，探索产教结合实践，不断增强学校在当地经济建设和社会发展中的影响力并发挥其促进作用。1996年，《中华人民共和国职业教育法》公布，该法明确指出，行业组织和企业、事业组织应当依法履行实施职业教育的义务；国家实行劳动者在就业前或者上岗前接受必要的职业教育的制度；政府主管部门、行业组织应当举办或者联合举办职业学校、职业培训机构，组织、协调、指导本行业的企业、事业组织举办职业学校、职业培训机构；企业可以单独举办或者联合举办职业学校、职业培训机构，也可以委托学校、职业培训机构对本单位的职工和准备录用的人员实施职业教育；鼓励事业组织、社会团体、其他社会组织及公民个人按照国家有关规定举办职业学校、职业培训机构；职业学校、职业培训机构实施职业教育应当实行产教结合；职业学校、职业培训机构可以举办与职业教育有关的企业或者实习场所；职业学校和职业培训机构可以聘请专业技术人员、有特殊技能的人员和其他教育机构的教师担任兼职教师；企业、事业组织应当接纳职业学校和职业培训机构的学生和教师实习，对上岗实习的，应当给予适当的劳动报酬；等等。该法在较长时间里为产教融合的组织机制及形态建设提供了法律依据。1998年，《面向21世纪教育振兴行动计划》明确要求加强产学研合作，提出了"产学研三位一体"的结合模式，为产教融合赋予了新的内涵（祁占勇、王羽菲，2018）。

进入21世纪，我国不断进行产教融合路径多样化的创新性探索。2002年，《国务院关于大力推进职业教育改革与发展的决定》把"推进管理体制和办学体制改革，促进职业教育与经济建设、社会发展紧密结合"和"深化教育教学改革，适应社会和企业需求"作为两个重要部分，倡导形成政府主导、依靠企业、充分发挥行业作用、社会力量积极参与的多元办学格局。2003年，《国务院关于进一步加强农村教育工作的决定》（国发〔2003〕19号）提出，要积极鼓励社会力量和吸引外资举办职业教育，促进职业教育办学主体和投资多元化；高等学校、科研机构要通过建立定点联系县、参与组建科研生产联合体和农业产业化龙头企业、转让技术成果等方式，积极开发和推广农业实用技术和科研成果，支持乡镇企业的技术改造和产品更新换代;广泛动员和鼓励机关、团体、企事业单位和公民捐资助学。2004年,《国务院批转教育部2003—2007年教育振兴行动计划的通知》(国发〔2004〕5号)提出,建设"高等学校农业科技教育网络联盟",推进"一村一名大学生计划";完善大学科技园孵化功能及其支撑和服务体系;推进产学研紧密结合,增进高等学校与科研院所、企业的合作;促进产学紧密结合;加强与行业、企业、科研和技术推广单位的合作,推广订单式、模块式培养模式;鼓励企事业单位专业技术、管理和有特殊技能的人员担任专兼职教师;各类高等学校和中等职业技术学校都要加强实践教学,密切与行业、企业和有关部门的联系,建立一批长期稳定的就业、创业和创新基地;发挥行业和企业的积极性,加强高等学校共建工作;完善企业及公民个人向教育捐赠的税收优惠政策,探索企业合理分担职业教育经费的办法;等等。2005年,《国务院关于大力发展职业教育的决定》(国发〔2005〕35号)要求建立"校企合作、工学结合"的中国特色的现代职业教育体系,完善与巩固"政府主导、依靠企业、充分发挥行业作用、社会力量积极参与、公办与民办共同发展"的多元办学格局,提出积极开展订单式培养,大力推行工学结合、校企合作的培养模式,建立企业接收职业院校学生实习的制度,逐步建立和完善半工半读制度,建立职业教育教师到企业实践的制度等有关产教融合促进及实施办法。2007年,《国务院批转教育部国家教育事业发展"十一五"规划纲要的通知》(国发〔2007〕14号)提出,促进"农科教"结合;积极开展订单式培养,大力推行校企合作、工学结合、半工半读的人才培养模式;支持职业院校面向社会聘用工程技术人员、高技能人才担任专业课教师或实习指导教师;建立、完善职业教育工作联席会议制度,协调处理好有关部门之间、学校与企业之间的关系;落实企业合理分担职业教育办学经费的相关政策,采取税收优惠等措施,鼓励企业为职业院校学生提供更多的实习岗位,支持行业企业参与职业教育办学和技能型人才培养,形成政府主导、行业企业与学校紧密合作的职业教育新格局;积极鼓励职业院校从行业企业招聘教师;推动高等教育与科技创新的有机结合;加强校企合作、校际合作、高校和科研院所之间的合作,形成产学研结合的良性机制,强化高校科技成果转化和工程化能力建设,提高大学科技园的产业孵化能力;鼓励高校充分利用科技优势,为社会特别是农村广泛提供科技服务,为政府和企事业单位决策提供咨询服务；积极鼓励企业、个人和社会团体对教育进行捐赠或出资办学；等等。2010年，《国务院关于加强职业培训促进就业的意见》（国发〔2010〕36号）指出，要建立以职业院校、企业和各类职业培训机构为载体的职业培训体系，鼓励企业通过多种方式广泛开展在岗职工技能提升培训和高技能人才培训，全面实行校企合作，等等。同年，《国务院办公厅关于开展国家教育体制改革试点的通知》（国办发〔2010〕48号）针对"推进校企合作制度化""探索职业教育集团化办学模式""推进高校与地方、行业、企业合作共建""构建高校产学研联盟长效机制""探索部门、行业、企业参与办学的机制，推进城乡、区域、校企合作"等，建立试点项目。2013年，《中共中央关于全面深化改革若干重大问题的决定》提出"建立产学研协同创新机制，强化企业在技术创新中的主体地位""加快现代职业教育体系建设，深化产教融合、校企合作"等产教融合要求。这是中央文件中首次提及"产教融合"的概念。自此，以往政策制度中的产教结合、教产联合、产学结合，以及各种具体组织机制与模式（产学研合作、产学研联盟、校企合作、工学结合、半工半读、企业办学、校企联合办学、校办企业等），都纳入产教融合的范畴，并被赋予了新的时代内涵和意义，尽管此后的政策文件中仍会提及某些名称。

从2014年的《国务院关于加快发展现代职业教育的决定》（国发〔2014〕19号），特别是2017年的《国务院办公厅关于深化产教融合的若干意见》（国办发〔2017〕95号）开始，中国产教融合的政策制度日趋清晰、完备、具体。《国务院关于加快发展现代职业教育的决定》将"深化产教融合、校企合作"列入指导思想，将"产教融合、特色办学"作为基本原则之一，将"产教深度融合"作为目标任务之一，提出多项新举措、新机制，如"专科高等职业院校要密切产学研合作""探索发展股份制、混合所有制职业院校""研究制定促进校企合作办学有关法规和激励政策，深化产教融合，鼓励行业和企业举办或参与举办职业教育，发挥企业重要办学主体作用""规模以上企业要有机构或人员组织实施职工教育培训，对接职业院校，设立学生实习和教师实践岗位""建立学校、行业、企业、社区等共同参与的学校理事会或董事会""建立企业经营管理和技术人员与学校领导、骨干教师相互兼职制度""鼓励中央企业和行业龙头企业牵头组建职业教育集团""推动职业院校与行业企业共建技术工艺和产品开发中心、实验实训平台、技能大师工作室等，成为国家技技能积累与创新的重要载体""坚持校企合作、工学结合，强化教学、学习、实训相融合的教育教学活动""开展校企联合招生、联合培养的现代学徒制试点""建立专业教学标准和职业标准联动开发机制""完善企业工程技术人员、高技能人才到职业院校担任专兼职教师的相关政策""推进高水平学校和大中型企业共建'双师型'教师培养培训基地""推动与中国企业和产品'走出去'相配套的职业教育发展模式，注重培养符合中国企业海外生产经营需求的本土化人才"。《国务院办公厅关于深化产教融合的若干意见》明确指出"深化产教融合，促进教育链、人才链与产业链、创新链有机衔接，是当前推进人力资源供给侧结构性改革的迫切要求"，将"校企协同，合作育人"作为原则之一，并提出深化产教融合的主要目标。该意见提出了"同步规划产教融合与经济社会发展""健全高等学校与行业骨干企业、中小微创业型企业紧密协同的创新生态系统""建立紧密对接产业链、创新链的学科专业体系"等具体措施，以及"强化企业重要主体作用""推进产教融合人才培养改革""促进产教供需双向对接"等方面的要求。这一时期，中共中央还印发了《关于深化人才发展体制机制改革的意见》（2016年），提出"改进人才培养支持机制""建立产教融合、校企合作的技术技能人才培养模式"等重大部署和具体要求。

2019年，国务院印发的《国家职业教育改革实施方案》开篇明确指出"职业教育与普通教育是两种不同教育类型，具有同等重要地位"，确定了"经过5—10年左右时间，职业教育基本完成由政府举办为主向政府统筹管理、社会多元办学的格局转变，由追求规模扩张向提高质量转变，由参照普通教育办学模式向企业社会参与、专业特色鲜明的类型教育转变，大幅提升新时代职业教育现代化水平，为促进经济社会发展和提高国家竞争力提供优质人才资源支撑"的总体要求和目标，并针对不同板块分别提出"健全国家职业教育制度框架""启动1+X证书制度试点工作""加快推进职业教育国家'学分银行'建设""建成300个示范性职业教育集团（联盟）""在开展国家产教融合建设试点基础上，建立产教融合型企业认证制度"等政策措施。

2021年2月，中共中央办公厅、国务院办公厅印发《关于加快推进乡村人才振兴的意见》，要求"推动政府、培训机构、企业等发挥各自优势，共同参与乡村人才培养，解决制约乡村人才振兴的问题，形成工作合力",提出"支持农业企业联合科研院所、高等学校建设产学研用协同创新基地,培育科技创新人才"等产教融合政策措施。同年10月,中共中央办公厅、国务院办公厅印发了《关于推动现代职业教育高质量发展的意见》,将"坚持产教融合、校企合作,推动形成产教良性互动、校企优势互补的发展格局"作为工作要求,提出多项新举措,如"巩固职业教育类型定位""构建政府统筹管理、行业企业积极举办、社会力量深度参与的多元办学格局""以城市为节点、行业为支点、企业为重点,建设一批产教融合试点城市,打造一批引领产教融合的标杆行业,培育一批行业领先的产教融合型企业""推动校企共建共管产业学院、企业学院""鼓励行业龙头企业主导建立全国性、行业性职教集团,推进实体化运作"等。2022年10月,中共中央办公厅、国务院办公厅印发《关于加强新时代高技能人才队伍建设的意见》,提出"构建以行业企业为主体、职业学校(含技工院校,下同)为基础、政府推动与社会支持相结合的高技能人才培养体系";鼓励各类企业"依托企业培训中心、产教融合实训基地、高技能人才培训基地、公共实训基地、技能大师工作室、劳模和工匠人才创新工作室、网络学习平台等",大力培养高技能人才;要求"深化产教融合、校企合作,开展订单式培养、套餐制培训,创新校企双制、校中厂、厂中校等方式""鼓励通过名师带徒、技能研修、岗位练兵、技能竞赛、技术交流等形式,开放式培训高技能人才",以"创新高技能人才培养模式"。2022年12月,中共中央办公厅、国务院办公厅印发《关于深化现代职业教育体系建设改革的意见》,要求"以提升职业学校关键能力为基础,以深化产教融合为重点,以推动职普融通为关键,以科教融汇为新方向,充分调动各方面积极性,统筹职业教育、高等教育、继续教育协同创新,有序有效推进现代职业教育体系建设改革",将"坚持以教促产、以产助教、产教融合、产学合作,延伸教育链、服务产业链、支撑供应链、打造人才链、提升价值链,推动形成同市场需求相适应、同产业结构相匹配的现代职业教育结构和区域布局"作为重要方向,提出"探索省域现代职业教育体系建设新模式""打造市域产教联合体""打造行业产教融合共同体"等战略任务。

  显然,进入"十二五"时期,特别是在2013年以后,国家层面的产教融合政策制度中提出了许多新的理念、机制、路径和具体措施,为整个高等教育和职业教育、行业、企业之间的产教融合提供了方向指引,提出了战略要求。同时，教育部、人社部、工信部等相关部门也出台了一系列具体的政策措施。比如，《现代职业教育体系建设规划（2014—2020年）》就提出了创新校企协同的技术技能积累机制，建立重点产业技术积累创新联合体。限于篇幅，此处不再一一列举。

二、新型产教融合组织形态的产生

产教融合即产业与教育两个系统相互交融，或者学校与企业两种组织机构深度合作甚至融为一体，也就是教育和产业协同实现适应产业链、创新链所需人才的培养目标，合力解决教育链、人才链和产业链、创新链中的技术、流程、原理等关键问题的过程及状态（聂劲松、胡筠、万伟平，2021）。产教融合是产教结合、产学结合、教产联合等的升级，通过校企合作、政教行协同、校企一体等产教融合组织机制和推进机制，以及特定的产教融合组织形态予以实现。这种产教融合组织形态既可以（大多）在产教融合实践中生成，也可以在政策制度指引和落实中形成。也就是说，产教融合实践的持续推进、产教融合理论的不断发展、产教融合政策的时代创新，都将催生新的产教融合组织形态的出现。而且，政策制度和实践中的各项措施都是在各自的社会背景和思想基础上产生的，有着各自的建设目标。当然，有些措施严格意义上讲还只是产教融合的组织方式或组织机制，或者说是实践教学的实现方式。这些措施不具备典型的社会组织特征，因此并非真正意义上的产教融合平台型或载体型组织机构，即不属于特定的产教融合组织形态。

正如早期产教融合组织机制及形态中的校中厂（场）、厂（场）中校和早期的企业学院等组织形态，其建立的思想基础主要是"大而全""自给自足"的办学理念，以及"大众的教育""人民教育人民办"的教育原则。20世纪90年代以来的各种新型产教融合组织形态的不断产生，无疑也是基于不同的思想理论基础和现实目标。概括起来，这些新型产教融合组织形态主要有以下几种。

一是董事会制、混合所有制。这是学校和企业（或多家企事业单位）协作办学的新型组织形态，也是20世纪90年代初中国推行社会主义市场经济体制改革的重要探索。比如，1992年大连海运学院董事会正式挂牌，其由大连海运学院和75家港航企事业单位组成；天津静海县化学工业集团公司根据企业发展需要和教育发展规律，与县教育局联办流海职业中专,并附设幼儿园、小学和初中,在学校中建立了办学董事会,实行企业主办、教育主管、董事决策、校长负责的办学体制(天津静海县化学工业集团公司,1993)。与董事会制紧密关联的还有后来的理事会制,特别是进入 21 世纪后一些地区创建的产业学院(相关内容将在后面详述)。当然,教育领域的董事会制在国外早就存在,比如,英国 1964 年出台的《产业培训法》规定设立产业培训董事会,成员由劳资双方代表与教育专家按一定比例组成(刘娟、张炼,2012)。混合所有制是指一个企业由不同出资人出资建立,或一个企业由不同所有制成分联合组建的所有制形式(倪吉祥,1993)。中华人民共和国成立至"一五"时期,混合所有制主要表现为公私合营经济。2014 年,《国务院关于加快发展现代职业教育的决定》提出"探索发展股份制、混合所有制职业院校,允许以资本、知识、技术、管理等要素参与办学并享有相应权利",这让股份制、混合所有制两个原本只属于经济领域的专业术语,首次被引进职业教育界,且被正式写入国家决策文件,迅速在全国引起巨大反响(王寿斌、刘慧平,2015)。2019 年,山东省进行了 9 个职业教育混合所有制试点,不仅调动了企业参与的积极性,而且激发了学校的办学活力(周凤华,2019)。目前,教育与产业(行业、企业)之间的混合所有制组织机构或实体建设(如后面将要讲述的产业学院或现代产业学院建设),仍然处于探索阶段,在不久的将来必将取得突破性进展。

二是合作协议制、项目制合作、收购制。比如 21 世纪初位于江苏省南通市的紫琅职业技术学院(现南通理工学院),伴随该校一起诞生的机电工程系与国盛集团、秦海机械有限公司、沙钢集团、中集集团等 8 家企业签订合作协议,该校与企业联合组建了紫琅奥玛汽车维修服务有限公司和紫琅奥玛汽车维修服务培训中心。此外该校还先后收购了南通方天置业有限公司、南通神明风力发电机有限公司,组建了浦江重工机械有限公司、紫琅风力发电机有限公司、紫琅大视野商务中心和酬信驾培中心等作为学院的实训基地(施也频、陈斌,2007)。这相当于国外早期产教融合的教学生产联合体、教学工厂、教学公司等组织形态,关键是这里的合作协议的执行和兑现程度,即校企之间或学校与其他多元主体之间关系的紧密(或松散)程度及结构化程度。通常情况下,松散型的合作协议制、项目制合作,以及单方面的收购模式,难以形成相对稳定的结构化的产教融合组织形态。

三是职业教育集团（集团化办学）、职业教育联盟、职业教育战略联盟。其一，职业教育集团是一种以职业教育教学、技能人才培养、实践为主要活动的教育联合体，集团的核心单位发挥着主导、示范作用（刘丽彬、王卓，2012）。余秀琴（2008）的研究显示，20 世纪 80 年代末至 90 年代初，县级职教中心的建立标志着中国集团化办学进入雏形阶段，到 2008 年前后全国已有 20 多个城市组建了 200 多个职业教育集团，参与单位有 6000 家，成员学校有 2400 多所，合作企业有 3600 多家，形成了遍地开花的态势。国内最早的教育集团当数浙江省万里教育集团，从 1993 年 6 月接管一所濒临倒闭的职工学校起，该集团在中国当代教育改革史上创造了 3 个 "第一"（谢根生、成梅，2005）。早期职业教育集团的理论基础是集团化思想和规模经济，这就使得 20 世纪 90 年代中国的职业教育集团常常是由多所职业学校联合组建的。比如北京市西城区旅游职业教育集团 1992 年 10 月成立时仅有 8 所职业学校，后来在实践中才逐步吸纳企业加盟。2000 年之后，职业教育集团有了更大的发展。比如，2003 年，第一个以产学研为纽带，以无锡商业职业技术学院为龙头，行业企业和高中等职业院校广泛参与，跨地区的行业资源联盟型职业教育集团——江苏商贸职教集团在无锡成立（王明伦，2011）；2010 年，西南地区 20 所中职学校、20 家行业企业和 11 所教育研究机构联合成立重庆旅游职业教育集团。从国际比较来看，印度于 1949 年创建了私立职业学校连锁网络（谢根生、成梅，2005）。20 世纪六七十年代，在私立教育比较发达的国家和地区，网络化、连锁式的大型教育组织机构就已蓬勃兴起，如德国的"双元制"职业教育带来集团化倾向，美国工商企业界参与职业教育，推动了职业教育集团化发展，英国以职业资格认证为导向整合各方资源（肖化移、闫磊，2009）。可见，作为 20 世纪 90 年代在中国出现的一种新型产教融合组织形态，职业教育集团（集团化办学）出现时间较晚，但自产生之后，其内涵更新几乎与国外同步。

其二，职业教育联盟是备受青睐或重视的一种产教融合组织形态（松散到一定程度时更是一种组织机制）。2010 年，浙江省德清县首个职业教育联盟成立，这是以县职业中专为龙头联合组成的非营利性联合体，成员包括 9 所职业院校和 8 个合作企业，由该县领导牵头建立了联盟理事会。实际上，国外的教育联盟作为一种组织形态早已存在。比如，美国高等教育机构间的合作所促成的自愿性联盟的雏形，其实早在 20 世纪 20

年代就出现了，但早期联盟的合作项目一般集中在体育赛事和学生交流方面，后来则主要表现为大学间的强强联合（杨彬，2008）。显然，中国职业教育联盟的产生和发展在世界范围内与职业教育集团（集团化办学）有相似经历。

其三，职业教育战略联盟是一种开放型的虚拟组织形式，通常被认为是内生的或者自主自发生成的，通过分工协作来实现各成员的优势互补。从思想或理论基础来看，职业教育战略联盟是战略联盟理论在职业教育领域的拓展和创新应用，是指校际、校企等多方之间为了实现资源共享、优势互补，增强综合竞争力和可持续发展能力，以契约为纽带，通过有效分工协作而结成的合作关系。它是合作伙伴为了获得更大的竞争优势，自愿达成协议而建立的一种开放组织形式，可以在一定程度上减少地方政府和行业组织的行政干预，由各成员的内生需求驱动联盟共生发展（刘丽彬、王卓，2012）。行业资源联盟型高等职业教育集团，实质上也是一种战略联盟。此外，产业创新战略联盟，作为以企业为主体，以市场为导向，以产业组织创新和技术创新为宗旨的多元主体深度融合的创新型组织，也凭借其与教育及其他主体（政产学研用）的协同配合，特别是相互之间的优势互补、风险共担和利益共享，正在成为新型的产教融合组织形态。从国际比较来看，高校战略联盟是第二次世界大战后美国高校为适应社会变革、降低学校经营成本、满足学习者对教育资源的需求、提高学校社会地位、适应市场需求变化而形成的一种校际合作形式，其在20世纪90年代成为美国高校合作的重要形式（彭妙、刘要悟，2010）。据教育部官方网站报道，2022年金砖国家职业教育联盟正式成立，这应属于战略联盟的一种形式。

四是大学科技园。大学科技园是20世纪中叶大学（高校）与企业之间以小微企业孵化和学生（学员）创业培训为主的产教融合多功能组织体，这是大学发挥科研和服务职能及优势而与产业共生的经济社会现象。众所周知，大学（高校）具有教学、科研、服务和文化四大功能，而大学科技园（或科技工业园）通常是企业与大学相应机构协同进行科学研究、新技术研发，以及社会服务的平台或载体，一般具有典型的组织体特征。1951年美国成立的斯坦福大学科技园就是这样的平台或载体，1957年苏联成立的新西伯利亚科学城是教育、科技与经济互相结合的新型社会组织。进入20世纪70年代，大学科技园在全球范围内蓬勃发展。到

20世纪90年代，俄罗斯和独联体国家为孵化小企业，也建立了大学科技园。20世纪80年代末至90年代初，中国一些具有高新技术研究开发实力和科技成果商品化、产品化条件的大学，相继创办了各种类型的大学科技园，如上海工业大学科技园区、东北大学科技园、哈尔滨工业大学高新技术园区、杭嘉湖（绍）科技开发试验区等（樊晨晨，1995）。20世纪90年代建立的清华大学科技园主要是为了吸引校内系所等科研单位、校办科技企业以及国外企业和财团的进入（唐先明、杨学民，1996）。以广东省为例，截至2021年年底，广东省依托中山大学、华南理工大学、南方医科大学、佛山大学、肇庆学院等建设了6家国家级大学科技园，依托暨南大学、南方医科大学等学校建设了10家省级大学科技园，初步形成了国家级和省级大学科技园相互促进、梯度发展的良好格局；全省大学科技园拥有在孵企业889家，其中师生自办企业达508家，占比超一半；这些大学科技园带动一批大学生创业就业，吸纳应届毕业生就业近800人（梁海锋，2022）。此后，广东省又评选认定了一批省级大学科技园。

五是工作室制或各种大师工作室。这是一种技术研发型或科学研究型的"师徒式"工作场域或组织体，既有大师或师傅（专业领域的高水平专家），也有动态参与的学员或学生（课题、项目组成员），目标是完成一系列具体的项目或课题。国内技能大师（名师）工作室建立较早，比如江苏苏州为鼓励技能大师带徒传艺以促进技能传承，2002年就建立了大师工作室。此后，多个省份也相继进行了探索。2010年年初，人社部职业能力建设司印发的《2010年职业能力建设工作要点》提出，主要选择科技和技能含量较高的产业和大型骨干企业，建立一批"技能大师工作室"，开始启动实施国家级技能大师工作室建设项目。近年来，有不少具有实践经历或拥有技术技能名声的专业教师也在校内外建立了工作室，这类工作室通常由学校统一组织。应该说，这一组织形态或组织机制在产教融合协同实施高技能人才培养、新产品开发和创业教育方面发挥了实质性的推动作用。

六是以岗位育人为基调的现代学徒制及订单式培养。现代学徒制是对传统学徒制的改进乃至根本性变革，它强调以真实工作场景来支持学生在某一领域内的学习，并强调专家的实际工作场所在学习中的重要性（朱敏成，2001）。早在2014年，教育部就启动了现代学徒制试点工作，目前仍有不少学校在探索推进。多年的实践已经证明，这一机制或组织形态在推动校企更多、更深层次合作，促进在校学生与企业对接方面有显著作用。订单式培养则是指企业根据岗位需求与学校签订用人协议后，由校企双方共同参与学生选拔、教学组织、考核上岗等一系列教育教学活动的办学模式（董贵胜，2003）。国内的订单式培养始于20世纪末。鞠平等（2004）的研究显示，自1996年开始，河海大学就与水利部联合举办第二学士学位班，由该校和水利部联合在全校以及兄弟院校毕业生中选拔学生，并进行联合培养。到2003年，国内已有不少高校实行了这一模式。2004年国务院批转教育部的《2003—2007年教育振兴行动计划》中就特别提出了加强与行业、企业、科研和技术推广单位的合作，推广"订单式"培养等要求。近年来，订单式培养仍然是产教融合的一种重要实施机制。当然，相对来说，订单式培养与合作协议制等模式实际上缺乏典型的独立组织体特征。

　　七是校企协同创新中心。这是学校和企业携手实现知识价值创造的产教融合组织体，早在20世纪70年代就已引起美国、意大利等国学者的高度关注（欧阳波仪、易启明，2014），中国也于2012年开始启动国家级协同创新中心建设。

　　八是最先由高校建立的服务于产业发展的产业学院。进入"十一五"时期，为提升人才培养质量、升级社会服务载体，一些高校将目光聚焦于创新校企紧密合作途径和机制，以校企或校企政合作形成一种集教学、科研、服务等多种功能于一体的复合组织体为理想目标，陆续创建了独立的对外合作平台或载体。后来，常熟理工学院、东莞理工学院、武夷学院等应用型本科院校在"新工科"的指引下，也建立了一批具有产学研结合性质的产业学院（周红利、吴升刚，2021）。再后来，国内涌现出广东、浙江、江西等高校产业学院数量多、类型全、效益和影响较大的省份。近年来，在国家明确以区域产业发展急需为牵引，面向行业特色鲜明、与产业联系紧密的高校（重点是应用型高校），建设一批现代产业学院等政策的推动下，许多地方掀起了现代产业学院的探索热潮。在国家首批试点的50家现代产业学院基础上，不少高校又新建设了一批高起点的产业学院。据相关信息，截至2020年，广东省各高职院校已建成产业学院200余所，覆盖20多个产业领域（蒋新革，2020）；江西省推动建成产业学院至少17个（王姣姣、柯政彦，2021）。2021年，浙江省确定21个产业学院为省级重点支持现代产业学院。2022年，江西省又立项建设普通本科高校现代产业学院 21 个。为了重点分析民办高校产业学院及其治理体系结构，课题组主要成员于 2022 年 9—10 月通过官网查询了广东省 33 所民办高校的相关信息。在 33 所民办高校中，已有接近一半（16 所）的民办高校创办了产业学院。其中，本科院校的产业学院创办率达 66.67%（9 所民办本科学校中有 6 所创办了产业学院），专科学校的产业学院创办率还不高（24 所民办专科学校中只有 10 所创办了产业学院）。2022 年，工业和信息化部启动了"专精特新产业学院"申报工作，众多高校和企业积极响应。

九是产教融合型城市、企业、行业。进入"十三五"中后期，为推进落实更大更好发挥企业主体作用的产教融合发展战略，国家出台了创建产教融合型企业和产教融合型城市的重大政策举措，初步来看这是一种广义的产教融合平台或机制，或者是一种新型产教融合组织体，目前已进入试点探索中后期，甚至即将进入总结推广阶段。这里的产教融合型企业是指深度参与产教融合、校企合作，在职业院校、高等学校办学和深化改革中发挥重要主体作用，行为规范、成效显著，创造较大社会价值，在提升技术技能人才培养质量，增强吸引力和竞争力方面，具有较强带动引领示范效应的企业（陆娅楠，2019），它是多重社会资本结构和多元行动者合力塑造的产物。2019 年，国务院印发的《国家职业教育改革实施方案》提出，"在开展国家产教融合建设试点基础上，建立产教融合型企业认证制度，对进入目录的产教融合型企业给予'金融+财政+土地+信用'的组合式激励，并按规定落实相关税收政策"。同年国家发展改革委、教育部印发的《建设产教融合型企业实施办法（试行）》，明确了制度设计的推进机制，即给予组合式激励机制，要求按规定落实相关税收政策。此时，建设"产教融合型企业"已上升为国家意志，成为国家制度。同年，教育部遴选出了首批 24 家产教融合型企业试点单位，各省区市也推出了一系列政策为其建设培育保驾护航（阮芷茹，2022）。在此基础上的产教融合型城市，是指以产教深度融合为典型特征甚至重要框架或机制的城市。这是工业城市发展到一定阶段后，产业系统与教育系统实现有序贯通衔接，产业链、创新链与教育链、人才链实现自主互通联动，经济社会与教育发展形成相互促进、优势互补、统筹融合、良性互动的一种城市发展类型（韩连权、臧志军、尤婷婷，2021）。2019 年，国家发展改革委、教育部等六部门联合印发《国家产教融合建设试点实施方案》，提出在全国统筹开展产教融合型城市、行业、企业建设试点，明确通过5年左右的努力，试点布局建设50个左右产教融合型城市。近年来，许多省份研制和发布了具体的产教融合型城市标准，并认定了一批城市作为产教融合型城市建设单位。总体上讲，冠名产教融合的企业、行业和城市，都在一定程度上承担着产教融合的责任，尽管各自的目标、任务不同，涉及的主体、要素、领域、机制呈现多样性。

十是区域产教科共同体、城市教科行企综合体。这是即将形成的综合性的产教融合组织形态。正如2022年12月中共中央办公厅、国务院办公厅印发的《关于深化现代职业教育体系建设改革的意见》所提出的，要"以提升职业学校关键能力为基础，以深化产教融合为重点，以推动职普融通为关键，以科教融汇为新方向，充分调动各方面积极性，统筹职业教育、高等教育、继续教育协同创新""探索省域现代职业教育体系建设新模式""打造市域产教联合体""打造行业产教融合共同体"。其实，这种新型产教融合组织形态相当于20世纪八九十年代农科教结合体的升级版，或者说是2004年国务院批转教育部的《2003—2007年教育振兴行动计划》中提出的"建设'高等学校农业科技教育网络联盟'""增进高等学校与科研院所、企业的合作""加强与行业、企业、科研和技术推广单位的合作"等相关部署的发展、延伸。

此外，近30年来中国涌现的新型产教融合组织机制及形态还包括国务院职业教育工作部际联席会议制度、全国行业职业教育教学指导委员会等，这些都是国家及相关部门为推进职业教育产教融合、校企合作所做的制度设计。比如，以行业为主的全国56个行业职业教育教学指导委员会，旨在充分发挥行业指导和组织协调功能。尽管20世纪90年代就已出现了丰富的新型产教融合组织形态或组织机制、实施路径，但早期多数组织形态和组织机制仍在探索和发展中。比如，齐齐哈尔市第六职业高中先后办起了远山服装厂、绿叶酒店、宏达电脑公司等9个经济实体，既为学校提供了设施完备、管理规范的实习场地，又为发展地方经济做出了贡献（齐市第六职业高中，1994）。这一现象在国家政策制度安排中也有体现。比如，1993年中共中央、国务院印发的《中国教育改革和发展纲要》指出，高等教育要拓宽专业业务范围，加强实践环节的教学和训练，发展同社会实际工作部门的合作培养，促进教学、科研、生产三结合。不仅如此，还有一些早期的产教融合组织形态或组织机制直到现在仍在发挥重要作用，如建设校内外专业生产基地、引企入校等。

三、现行产教融合组织形态及其治理结构状况

为了系统深入地分析现代学徒制、产业学院、工作室制等产教融合组织形态或机制中存在的职能定位模糊、治理结构不清、运行机制不畅等问题，以及有些产业学院实际上已成为游离于产业园区的"孤岛"等现象，2019年11月，"产教融合组织形态及其治理结构优化研究"课题的现状调查子项目组开始进行产教融合组织形态现状调查的分析框架、调查问卷的研制工作，着重从建设主体、组织架构、职能配置、治理结构、实际贡献、运行困境等维度设计问题，2020年3月形成了《产教融合组织形态及其治理结构现状与问题调查问卷》。该调查问卷主要包括调查对象基本信息、产教融合组织形态及其治理结构现状的事实信息、产教融合组织形态及其治理结构现状的客观判断、产教融合组织形态及其治理结构现状的主观判断4个部分，共43道题。问卷调查采用精准对接发放的方式实施，即直接对接各校及各产教融合组织形态的具体实施者或实际负责人。同时，项目组还运用主持人及主要成员所拥有的社会资源，以符合课题研究规划及统计原理为原则，对全国部分省份的高校、中职和企业等单位进行线上访问或现场调查。

调查一期于2020年7月底完成，发送数据信息的单位为来自16个省份的共70个单位，涵盖了东、中、西部的相关学校、企业和政府部门，其中，学校58所（专科高职40所、本科院校11所、中职学校5所、技师学院2所），企业9家，其他单位3家（海关、产教融合中心和教育集团各1个）。此次实证调查涉及多种产教融合组织形态，共计117个具体组织机构，各类产教融合组织形态及其占比如表3-1所示。

表3-1 实证调查的各类产教融合组织形态及其占比

类　　型	数量/个	占比/%
产业学院	23	19.66
职教集团	34	29.06
产教融合园区	3	2.56
校中厂	5	4.27
厂中校	2	1.71
智慧学习工场	1	0.85

续表

类　　型	数量/个	占比/%
教师工作室	27	23.08
产教融合型企业	15	12.82
其他	7	5.98

对于"产教融合组织形态及其治理结构现状的事实信息",主要从以下5个方面进行统计分析。

(1) 组织形态存续时间。以建立至今的已有年限,按照10年以上、8~10年、5~8年、3~5年和3年以下5个时间段,对8种主要的产教融合组织形态类型(不包括其他类型)进行统计(表3-2)。

表 3-2　实证调查中不同存续时间的产教融合组织形态数量

单位:个

类　　型	10年以上	8~10年	5~8年	3~5年	3年以下	累　计
教师工作室	1		6	5	15	27
智慧学习工场	1					1
厂中校	1				1	2
校中厂	1	2		1	1	5
职教集团	4	3	16	8	3	34
产教融合型企业	2		1	6	6	15
产业学院		2	4	5	12	23
产教融合园区			2		1	3
总计	10	7	29	25	39	110

表3-2显示,除其他类型以外,在调查的8种产教融合组织形态类型中,已建立10年以上的共10个,分属6个类型,以职教集团居多(4个),产教融合型企业次之(2个),另外还有教师工作室、智慧学习工场、厂中校和校中厂,这说明教师工作室、智慧学习工场和产教融合型企业实际出现的时间已不短。建立8~10年的共7个,分属3个类型(校中厂、职教集团和产业学院),各种类型的数量大体相当。建立5~8年的共29个,分属5个类型,以职教集团最多(16个),教师工作室次之(6个),另外3种是产业学院、产教融合园区和产教融合型企业。建立3~5年的共25个,分属5个类型,以职教集团居多(8个),产教融合型企业次之(6个),产业学院和教师工作室各5个,另外还有校中厂1个。建

立不足3年的共39个，以教师工作室最多（15个），产业学院次之（12个），产教融合型企业再次之（6个），另外还有职教集团、产教融合园区，以及厂中校和校中厂。这说明现行产教融合主要组织形态均有较强生命力，且近几年教师工作室、产业学院、产教融合型企业等组织形态有较多新增。

（2）服务面向、产业次第和对象企业类型。调查的这8种主要产教融合组织形态都以服务本省（区、市）及本地级市为重点（占比分别为44.55%和45.45%），且已经有产教融合组织形态将服务面向扩展到其他省份，表现较为突出的是产教融合园区（占比33.3%）、职教集团（占比23.5%），以及产教融合型企业（占比6.7%）。在服务对象企业上，目前各产教融合组织形态主要服务于中小微企业（占比高达85.5%），也有服务于大型企业的，如职教集团。而且，它们多以第二产业和第三产业为服务对象（占比分别为36.36%和48.18%）。除了产教融合园区，其他类型的产教融合组织形态也会服务于第一产业，尤其是产教融合型企业。

（3）职能配置及主要业务。各产教融合组织形态的首要职能是培养人才（占比91.5%），开展产学研合作（占比83.8%），开展社会服务（占比81.2%），以及进行创业孵化（占比53.9%），值得注意的是，厂中校只承担人才培养任务。各产教融合组织形态的业务主要涉及专业建设（占比79.1%）、实践教学（占比79.1%）、课程建设（占比71.8%）、师资培养（占比62.7%）和技术研发（占比59.1%）等，其中以专业建设和实践教学占比最高，技术研发占比最低。可见，现行产教融合组织形态主要是实施校企等协同育人（包括双主体和多主体的协同），尤其是教师工作室和产教融合型企业多以实践教学为主要业务，这一定程度上反映了现行产教融合对企业需求的满足度仍然不高。

（4）组织架构和形态特征。从治理结构、主体联结方式、存在形式、所属组织类型、基本特征等方面看，所调查的这些产教融合组织形态的特征都较为明显。一是多为非法人治理结构（占比73.6%），只有产教融合型企业是法人治理结构。二是契约型联结占到97.4%。而且，有些产教融合组织形态既有契约型联结，又有股权型联结；有些产教融合组织形态（职教集团和产教融合型企业）的具体组织体拥有股权型联结。三是以实体形式为主。当然，也有产教融合组织形态以虚拟形式出现，有的则兼有实体形式和虚拟形式，这在产教融合型企业中占比较大（占比超过 50%）。四是以直线职能制组织类型为主（占比超过 70%）。其他两种组织类型（即事业部制和矩阵制）占比不到 30%。值得注意的是，教师工作室中有较高比例采用的是事业部制，职教集团中采用直线职能制、事业部制和矩阵制的比例大体相当。五是基本特征各异。这主要考察的是各产教融合组织形态是否具有扁平化结构、网络化关系和柔性化边界。由于始建时间、建设起点和目标设计不同，所调查的各产教融合组织形态的组织特征差异较大：产教融合型企业、职教集团、产业学院和教师工作室都存在 3 个特征不明显的组织体；除了产教融合园区，其他产教融合组织形态的组织体都存在柔性化边界，职教集团大多存在网络化关系和柔性化边界；产教融合型企业与产业学院中具有扁平化结构的居多，教师工作室中存在网络化关系与扁平化结构特征的比例大体相当。

（5）治理结构及其运行。依据课题选题及研究设计，本次调查还设置了产教融合组织形态治理结构及其运行的相关指标，获得 6 个方面的调查结果。一是治理主体不同。企业和学校占比最高，行业协会和政府（地方政府及相关部门）占比也不少，其他主体则很少。通过进一步访谈得知，学校作为主导主体是现今各类产教融合组织形态的基本状态（占比超 90%），政府、企业、行业协会及其他主体主导的比例只有不到 10%。而且，在现行的教师工作室、产教融合型企业、厂中校中较少有政府的身影。这些主体的介入方式为：政府主要通过政策影响（占比为 85.45%）和专项资金（占比为 57.27%）方式介入，企业通过部门间合作或者全方位合作方式进入。二是大多没有形成多元混合产权结构，企业在产教融合组织形态中没有产权或者所占产权份额较低。调查结果显示，具有多元混合产权结构的产教融合组织形态为 40.9%，其中以学校为主的居多（占比为 35.6%），学校、企业产权份额均等和以企业为主的占比分别为 28.9%和 20%，其他产权为主的占比为 15.5%。从产权成分看，以公有成分为主的占比约为 35.6%，以非公有成分为主的占比为 37.8%，兼有公有成分与非公有成分的占比约为 15.6%，其他情况的占比约为 11%。三是治理结构类型和治理机制等情况。在董事会、理事会、联席会 3 种结构中，调查的各产教融合组织形态以理事会治理结构占比最高，联席会与董事会治理结构较少。四是内部治理机构（决策机构、指导机构和执行机构等）建设情况。已有一半以上的产教融合组织形态设立了指导机构和执行机构，而且，近一半建立了决策机构，超过 33%建立了监督机构，但也有暂未建立这些内部治理机构的（占比超过 10%）。五是组织运行机制（包括独立决策机制、管理层聘任和退出机制、责任共担机制和利益共享机制等）建设情况。以设立利益共享机制的产教融合组织形态居多（占比为 70.9%），但也有目前仍未建立这些典型组织运行机制的（占比为 8.2%）。六是内部管理机制建设情况。经过一段时期的发展，目前已有超过一半的产教融合组织形态建立了较为完善的内部管理机制，如激励约束机制等，这说明各类产教融合组织形态已经开始对内部管理机制建设给予重视。

需要注意的是，调查正遇上新冠疫情的特殊时期，尽管不少数据是直接由当事者填报的，数据可靠，但更加直接而广泛的现场观察、访谈、考证等环节终究还是未能展开，这导致研究人员不仅难以深刻把握当今中国产教融合组织形态的全貌，而且对 2021—2022 年各地的新型产教融合组织形态缺乏更直观和全面的认知。

第三节 产教融合组织形态的发展趋势

从政策概念的角度来看，在经历了产学合作、产学结合、校企合作、产教深度合作等一系列名称及相应内涵变化之后，"产教融合"于 2013 年首次在《中共中央关于全面深化改革若干重大问题的决定》中出现。在此之后的 2017 年，《国务院办公厅关于深化产教融合的若干意见》则把产教融合上升到了国家人力资源开发、教育综合改革和创新型国家建设的高度，并提出了教育链、人才链与产业链、创新链有机衔接的"四链"衔接目标。从学术概念的角度来看，2007 年开始出现关于"产教融合"研究的文献，2014 年关于"产教融合"研究的文献数量开始快速增长，尤其是在 2017 年《国务院办公厅关于深化产教融合的若干意见》发布后，相关文献数量急剧增加。

迄今为止，学术层面对产教融合的理解包括 3 个方面。一是实体，产业系统与教育系统相互融合而形成的有机整体（杨善江，2014）。或者说，产教融合的实质就是要在两个系统中形成你中有我、我中有你的关系结构，也可以说是产业和教育相互交流形成的超越普通合作的错综复杂的关系体。二是活动，两个系统深度融合。产教融合只是职业教育与产业相互渗透、相互支持的一种深度合作，不会形成新的教育，也不会产生新的产业（陈年友、周常青、吴祝平，2014）。三是活动+实体，产教融合一种不同于单纯的教育与产业的组织形式，能够实现"专业与产业、课程内容与职业标准、教学过程与生产过程、学历证书与职业资格证书、职业教育与终身学习"的对接（袁丽英，2013）。

产教融合有3个基本点：一是以创新为核心的价值链重组；二是以技术进步为融合发展的主轴；三是建设技术技能积累创新共同体（陈锋，2018）。由于产教融合是两个社会系统的交融，因此通常需要借助相应的组织形态作为平台和载体来实现，这些组织形态能够承载、支持和促进产教融合高质量发展。下面以产教融合组织形态的产生历程、现实表现和思想根源为基础，采用前瞻研究视角，重点介绍产教融合组织形态的集成化发展趋势。

一、产教融合组织形态的集成化现象及实践样本

从字义上看，集成化即集结形成并化之。产教融合组织形态的集成化，就是各产教融合组织形态的载体型或平台型组织体（或组织机构）趋向于同时承载多种目标功能之态势，犹如将多个具有独特功能的产教融合组织形态整合在一起。这种集成化具有以下典型特征。

（1）多种目标功能复合。比如，人才协同培养、科技协同攻关、社会服务协同培训、文化和制度协同创建、组织协同治理等部分复合甚至全部复合，从而导致不同产教融合集成化组织形态在功能上出现差异。再如，除"厂中校"只承担人才培养任务之外，调查中的其他产教融合组织形态均同时具有产学研合作、创业孵化和人才培养等职能。

（2）一体运行。产教融合组织形态的内部各因素，以及与外部（包括母体学校和企业）的关系结构，共同处于相互协同的整体之中。实践中，产业学院（或者企业学院、专业学院等）属于典型的集成化产教融合组织形态。对于高校而言，这是一种不同于二级学院或教学点和实训基地的深层次、立体化、全方位、实体化的校企合作办学模式（李宝银、陈荔、陈美荣，2017），也是目前资质完整、保障健全甚至能单独招生的办学机构（黄文伟、郭建英、王博，2019），其与相关产业的龙头企业（或有实力的多个企业）有着全方位、多层次的产学深度合作关系（邵庆祥，2009）。而且，实践中的产业学院是一个典型的利益相关者组织（蒋新革，

2020），汇聚融合了创新链、产业链和教育链，呈现出跨界融合的特点（王姣姣、柯政彦，2021）。如果按照空间区域集聚度分类，产业学院的功能有集成式、连锁式与多点集成式 3 种实现形式（徐秋儿，2007）；如果按照合作对象及功能需求分类，产业学院可分为校企综合型、校企订单型、校行合作型、校地合作型、校会联合型 5 种类型（李宝银、汤凤莲、郑细鸣，2015）；如果按照发展方式分类，产业学院可分为资源共享型、共同发展型和产业引领型（朱为鸿、彭云飞，2018）。有研究将 1927 年通用汽车公司成立的通用汽车设计与管理学院、1955 年美国迪士尼公司创办的迪士尼大学，以及 1981 年美国摩托罗拉公司创办的摩托罗拉教育培训中心等公司学院或企业大学，视为早期的企业学院。这些早期企业学院被认为是现今产业学院的初期形式。该研究还认为中华人民共和国成立后至改革开放前出现的大量"校办工厂"与"厂办学校"就是对企业学院的探索（王贞惠、王树生，2019）。当然，目前一体运行特征最为突出的集成化产教融合组织形态无疑是国内正在探索建设的混合所有制产业学院，其关键在于多种资本类型的交叉持股与相互融合。

　　典型的集成化产教融合组织形态还有产教融合型企业，即在职业院校、高等学校办学和深化改革中发挥重要主体作用，对于提升技术技能人才培养质量，以及在推动产业链、教育链与人才链、创新链有机衔接的实践上，具有较强带动引领示范效应的企业；或者是将商品生产经营、服务与相关联的人才培养培训功能融为一体的企业（欧阳河、戴春桃，2019）。按照《国家职业教育改革实施方案》提出的"培育数以万计的产教融合型企业"要求，建设产教融合型企业的实质是要赋予有资格的企业以教育机构的地位，这成为职业教育体制机制改革的破题之举（姜大源，2018），为补齐人才培养和产业创新两块短板提供重大机遇，为企业优化转型带来重要发展契机。

二、产教融合组织形态的集成化演进趋向

　　从多元化到集成化，是产教融合组织形态正在发生且还将继续的变化趋势。多元化即随着不同生产力水平时期各种影响因素的改变，不断形成多样的产教融合组织形态，比如校中厂、厂中校，以及教师工作室和部分产业学院等。其中的影响因素主要是各种不同的思想基础和改革理念，多元化主要体现在主体关系结构、组织目标指向及功能、任务等方面，具有显著的时代优势。但随着科技创新和经济转型的推进，这种多元化产教融合组织形态中的相当一部分已经难以适应新时代的产教融合要求，呼唤更新的产教融合组织形态的出现。

难以适应的原因：一是有不少产教融合，仅停留在组织形式或组织机制层面，实际上并不具备完整的组织形态；二是大多功能单一。现行产教融合总体上以提升学校人才培养质量为宗旨，即注重解决教育与生产结合，进而更好培养技术技能人才的问题，而非源于企业的内在需要。近年来，产业学院、产教融合型企业等产教融合组织形态的出现或提出，赋予了企业与学校共同担当与分享的可能，使上述情况发生了变化。比如，调查中，"您认为以下哪种组织形态对促进产教融合的总体效果更好？"这一问题的平均得分以产业学院最高（5.2 分），产教融合型企业次之（4.6 分）。实际上，企业不仅是生产的地方，还应该成为"造就全面发展的人"的机构（臧志军，2019），可以说，真正的产教融合型企业实际上应该是与教育链、人才链深度交融，高频且深度参与到人才培养之中的企业。同样，产教融合型城市中的职业院校实际上也应该与产业链、创新链深度交融，高频且深度参与到产业发展和科技创新之中，进而成为区域创新重要引擎和人才培养培训高地。因而，未来的产教融合组织形态必然是具有更加优化的治理结构、产权结构，以及更加优化的主体联结方式的各种集成化的组织体。

诚然，产教融合组织形态的集成化的优势体现在内部关系结构、要素结构和运行逻辑等方面，而产教融合组织形态的功能和价值，在于承载、支撑、联通行业融合、企校融合、产学融合，尤其是推动教育、科技、人才"三位一体"。产教融合组织形态是在学校、企业、行业以及社会相关部门不同程度参与下形成的一种新的社会组织形式（罗汝珍，2014），其千方百计寻求与生产实习紧密结合的产品，以提高学生的质量意识、产品意识、时间观念及动手能力（郝天聪、石伟平，2019），更确切地讲，产教融合组织形态是产教融合的载体、平台和枢纽。

当然，产教融合型企业的孕育、生成和成长会受到产业形态、经济运行模式和职业教育发展水平的影响（曹靖，2020），未来我国产教融合组织形态及其集成化趋向也将进一步变化。不久的将来，学校将朝着某种新型产业学院的方向发展，企业将朝着产教融合型企业的方向发展，整个社会将朝着建立更多职能型的教学指导委员会作为产教融合组织形态的方向发展。到那时，随着中国式现代化和教育、科技、人才"三位一体"战略的持续推进，高等院校特别是高等职业院校的组织形态、组织边界、组织体系结构和运行机制等，都将发生重大改变。

第四章　产教融合组织形态的治理结构及其变迁

产教融合组织形态是旨在实现教育资源与企业资源相互补充、相互支撑，促使教育与企业双向提升的组织体。由于产教融合是不同属性组织机构的交融，难免存在多元利益冲突，这就需要构建与完善治理结构，明确各主体的权责分配，以协调多元主体之间的矛盾。不难看出，治理结构及其优化对产教融合发展至关重要。那么，不同时期产教融合组织形态的主流治理结构是什么？各种产教融合组织形态存在哪些治理结构类型？不同类型治理结构有何差异？治理结构的变迁遵循哪些规律？显然，厘清这些问题，对优化当前以及规划未来产教融合组织形态的治理结构具有重要价值。

第一节　不同时期产教融合组织形态的主流治理结构

主流治理结构是指在特定时期占据主导或中心地位的、基本获得大众认可的常态治理结构。中国的产教融合大体经历了生产与教学相结合、产业部门与教育部门联合办学、产教融合三个阶段。由于所处的时代背景不同，治理主体之间的关系存在差异，因此不同时期的产教融合组织形态形成了具有不同时代特色的治理结构。

一、计划经济时期政府主导的治理结构

中华人民共和国成立之初，教育建设的重点是全面学习苏联教育制度，对教育进行改造。当时国家尤为重视经济建设，但缺少为经济发展服务的技术人才。为解决培养技能型人才的当务之急，1952年3月发布的《政务院关于整顿和发展中等技术教育的指示》提出，"在五六年内，全国经济建设约需中级和初级技术干部五十万人左右。我国现有的中等技术学校，在数量与质量上，均远不能适应此种需要。为此，各级人民政府应领导各有关部门共同积极整顿与发展中等技术教育，以解决国家

建设所迫切需要的中级和初级技术干部问题"。于是，在政府教育部门的统一协调下，各类各级中等技术学校开始大量培养各行业中级和初级技术人才。其中，中等技术学校重视技术课及实验实习对学生发展的作用，并与工厂、农场、矿山等单位建立合作关系，让学生到这些单位进行实践，以提高学生的动手操作能力，使其适应国家经济建设的需要。

此后较长时期，中国实行计划经济，在产教融合中政府扮演"母亲"的角色（孙云志，2022），学校、企业、行业的运行由政府统一指挥。为规范与完善学生实习制度，1954年5月高等教育部发布《高等学校与中等技术学校学生生产实习暂行规程》，要求各高等学校和中等技术学校必须严格按照教学计划，组织学生进行生产实习。各接受实习的工厂、企业、农场、医院、研究机关等实习单位，应保证与学校共同完成组织学生进行生产实习的任务。学生实习场所一般选取与学校距离近且专业相符的单位，这在一定程度上使学校专业呈现出与区域经济发展方向相适应的特点，也加强了教育与产业的联系。学校与产业互动频繁，1958年发布的《中国共产党中央委员会、国务院关于教育工作的指示》明确指出，"今后的方向，是学校办工厂和农场，工厂和农业合作社办学校。学校办工厂和农场，可以自己办，也可以协助工厂和农业合作社办""学校办工厂和农场，要尽可能注意同教学结合。学校也要协助工厂和农业合作社开办学校""工厂和农业合作社办学校，可以训练工厂和农业合作社自己所需要的人才，也应该为其他工业部门或农业部门训练人才""国家办学与厂矿、企业、农业合作社办学并举，普通教育与职业（技术）教育并举"。这既指明了学校与产业发展的方向，为产教融合深入发展提供了政策性支持，也在很大程度上影响了后来一段时期学校与产业的发展速度与规模。各地方政府在中央政策文件的指导下，开始引导学校办工厂或农场，引导工厂或农场办学校，深化学校教育与产业系统的关系，建立了一批校中厂（场）、厂中校。在政府的指导下，学校与企业、行业密切联系，使教育系统与产业系统融为一体，"教中做，做中教"成为当时的真实写照。学校发展与区域经济发展紧密结合，学校依托自身资源举办工厂、农场，为学生提供实习实践场所；工厂、农场创办学校，为单位员工提供学习场所。这种学做结合的模式推动了学校教育与产业共同发展。这种形式的教育改革是为了改变之前教育与生产相脱离的状况，特别是普遍存在的"劳力者不劳心，劳心者不劳力"现象。校中厂（场）、厂中校正是实现生产与教育相结合的"桥梁"，也符合当时的真实社会状况。

政府直接推动的校中厂（场）、厂中校主要实行半工半读的办学模式。半工半读模式是基于当时国情而形成的，因为在中华人民共和国成立之初，经费问题使得办学数量、规模无法充分满足广大青年求学之需，且当时存在轻视体力劳动和体力劳动者的思想，这客观上促进了教育与产业的融合，学生、工人、农民一边学习，一边从事生产劳作，学生有了生产的经验，工人或农民有了学习的机会，从而形成了产学一体化的模式。1958年2月发布的《关于一九五八年度国民经济计划草案的报告》中指出，"有步骤地实行半工半读的教育制度。中等学校和高等学校，凡是有条件单独举办或者联合举办实验工厂、实验农场和实验牧场的，都可以单独举办或者联合举办，一面从事教学，一面从事生产劳动；不能举办的，可以同当地的工厂、作坊和服务行业订立生产实习合同，进行实习，或者参加当地的定期义务劳动和农业合作社劳动，使学习和劳动相结合……农业学校，不论中等的或者高等的，都要逐步地同当地的农业合作社订立合同，经常使学生和教员适当地轮流到农业合作社去劳动，帮助农业合作社进行技术改革，并且尽可能地吸收一部分由农业合作社保送的学生参加学校学习。凡是有条件附设生产单位的学校，应当力争在一定时期以后使学校经费达到自给、半自给或者部分自给"。这一时期，农村生产大队、农(林、牧、渔)场以及一些服务农村的单位举办了大批农业中学、初等和中等农业技术学校，中国农业科学院、高等农业学院等举办了半农半读形式的高等农业大学。在城市，厂矿、企业、各业务部门举办了城市半工半读技工（职业）学校、城市半工半读大学等。比如，江苏省南京市半工半读学校从1958年3月18日到22日的5天中，一共创办了农业中学和各类职业中学248所，共397个班，报考学生达19500人。这些学校，除农业外，包括机器、电机、化工、针织、印刷、木器、食品、建筑油漆、特种工艺、会计、中医、药剂等53种行业，它们都与工厂、手工业合作社挂钩，采取半工半读、勤工俭学的模式。

从治理结构看，半工半读的校中厂（场）、厂中校主要由政府直接推动，特别是政府提供相应的经费支持，凸显了政府集中人力、物力、财力服务于教育与产业发展的意志。其中，校中厂（场）的内部治理主要呈现出学校统筹与厂（场）依附的结构关系，厂中校则呈现出工厂统筹与学校依附的结构关系。1964年11月，中共中央《关于发展半工（耕）

半读教育制度问题的批示》指出,"以后,国家的教育经费,除了维持这些全日制的学校以外,新增加的主要用来办理或者津贴半工半读、半农半读的中等和高等学校,这样来多快好省地发展教育,消灭文盲,培养又能作体力劳动又能作脑力劳动的新人"。校中厂(场)、厂中校的组织形式以及半工半读的办学模式都使教育与产业紧密地联系在一起,教育资源与产业资源之间相互流动,实现共享共成长,学生在读书的同时也能从事生产,工人、农民在生产时也能接受先进知识的熏陶,这同时也实现了知识与技能的双提高,所学的知识能在生产中得到实践的检验并指导生产实践。总体上看,校中厂(场)、厂中校与半工半读教育制度的出现不仅推动了教育事业的繁荣发展,也使中华人民共和国建设初期的产业得到快速发展。在政府的主导下,各行各业拥有了大量技术性人才,缓解了人才供给短缺问题,为产业的发展奠定了基础。可见,政府在产教融合中发挥着重要的引领和督促作用,既通过制定政策法律文件促进产教融合,又协调各级政府部门、各企事业单位之间相互合作,引导各方利用自身的资源为产教融合搭建平台,实现资源共享。应该说,政府推进的校中厂(场)、厂中校模式可视为中国早期产教融合组织形态治理的典型案例,它为探索教育与产业相结合提供了路径。当然,早期产教融合或产学结合组织形态的治理结构内外部治理的边界还比较模糊。

二、市场经济确立时期校企联合的治理结构

改革开放之后,中国实行以经济建设为中心的战略方针,大力发展各种行业产业,为提高人民生活水平奠定物质基础。中共十一届三中全会的召开标志着中国经济体制改革拉开了序幕,市场在经济发展中的作用得到重视,市场调节的比例逐步加大,形成了以"计划经济为主,市场调节为辅"的经济格局。政府不再对企业、行业实行严格的管理措施,允许它们拥有一定的自主权。1983年5月,《教育部、劳动人事部、财政部、国家计委关于改革城市中等教育结构、发展职业技术教育的意见》提出实行"国家办学与业务部门、厂矿企事业单位、集体经济单位办学并举的方针""各级政府要加强统一领导,有关部门要明确分工,各负其责,搞好协作"。1985年5月,《中共中央关于教育体制改革的决定》指出,"必须从教育体制入手,有系统地进行改革。改革管理体制,在加强宏观管理的同时,坚决实行简政放权,扩大学校的办学自主权""发展职业技术教育,要充分调动企事业单位和业务部门的积极性,并且鼓励集体、个人和其他社会力量办学"。

  随着计划经济体制的推行,政府意识到仅依靠行政手段推动教育系统与产业系统合作无法充分调动两方的积极性,于是开始尝试把办学权力下放给行业、企业与学校。在政府各职能部门的协助下,企业在办学方面有了一定的自主权,它可以自主办学或与教育部门联合办学。1986年6月发布的《国家教育委员会、国家计划委员会、国家经济委员会关于经济部门和教育部门加强合作促进就业前职业技术教育发展的意见》指出,对于企业自办或合办的各类职业技术学校或培训中心,教育部门有责任在教学业务和调配师资方面给予支持,各地经委与教委共同帮助本地区企业与各类职业技术学校对口建立必要的协作联系。该意见明确要求相关政府部门要为企业办学、校企合作提供保障,进一步阐明了政府在产教融合中的协调作用,同时也指出企业与学校合作办学时应注意对口性。1987年1月,《国务院办公厅转发国家教育委员会等部门关于全国职业技术教育工作会议情况报告的通知》提出,"职业技术教育事业涉及许多部门,必须调动各方面的积极性,大家来办。经济部门和企业尤其应根据各自行业的优势和条件,大力办好中专和技工学校,积极扶植职业中学和各类职业技术培训事业,发展企业之间、学校和企业之间的联合办学。对口的企业应结合自己的劳动和设备条件,积极接纳和安排师生下厂(场)进行生产实习和业务实践"。该通知进一步明确发展职业教育需要多方参与,强调企业在职业教育中的重要位置,鼓励企业利用自身优势与条件参与办学,这无疑为产教关系深化发展提供了政策依据。这一时期,产教结合相应组织形态的治理结构开始表现为校企双主体联合,其内外部治理结构,即校企联合相关组织体[包括原有的或新建的校中厂(场)、厂中校及有企业、行业参与的职业教育实习或实训组织]与政府、社会之间逐渐有了朦胧的界限。

  进入20世纪90年代,伴随着中国经济体制改革的不断深化,政府、教育、产业之间的关系进一步发生变化。1991年10月,《国务院关于大力发展职业技术教育的决定》提出,要"提倡产教结合,工学结合",鼓励学校发展校办产业,建立实习生产基地,与企业合作,实现产教一体化。1992年,党的十四大提出,中国经济体制的改革目标是建立社会主义市场经济体制,实行"政企分家",企业不再由国家直接管理,通过减少政府对企业的干预,扩大企业生产经营的自主权,企业的生产、销售等环节由企业自行管理,这标志着计划经济时期政府为企业兜底的政策红利已成为历史。在市场经济体制下,企业需要自负盈亏,成为具有独立法人的经济实体,这充分调动了企业生产的积极性,推动了市场经济的繁荣发展。这一时期,校中厂(场)、厂中校的数量急剧下降,企业与学校都成为具有决策权的机构。而且,市场经济的确立促进了国内企业经济的活跃,许多中小企业陆续成立,企业需要大量技术型人才。1993年2月,中共中央、国务院印发的《中国教育改革和发展纲要》指出,"各级各类职业技术学校都要主动适应当地建设和社会主义市场经济的需要。要在政府的指导下,提倡联合办学,走产教结合的路子,更多地利用贷款发展校办产业,增强学校自我发展的能力""改变政府包揽办学的格局,逐步建立以政府办学为主体、社会各界共同办学的体制""职业技术教育和成人教育主要依靠行业、企业、事业单位办学和社会各方面联合办学"。该纲要有力推动了校企合作、产教结合的发展,明确提出政府不再包揽办学,要积极发动行业、企业等社会力量办学,标志着中国产教结合开始进入一个新的发展阶段。该纲要还要求职业教育要适应市场经济与区域经济建设的需要,即产教结合要与经济发展相适应。为适应社会经济的发展,1995年10月,《国家教育委员会关于推动职业大学改革与建设的几点意见》提出,"要加强与产业部门的联合,积极实行校企结合。有条件的学校,可建立包括企业界、科技界等方面代表组成的校董会。要努力探索产教结合的办学路子,大力发展校办产业,增强学校的办学活力与自我发展能力"。1996年5月,首部有关职业教育的法律——《中华人民共和国职业教育法》公布,该法规定"企业可以单独举办或者联合举办职业学校、职业培训机构,也可以委托学校、职业培训机构对本单位的职工和准备录用的人员实施职业教育""职业学校、职业培训机构实施职业教育应当实行产教结合,为本地区经济建设服务,与企业密切联系,培养实用人才和熟练劳动者",这标志着职业教育产教融合从政策提倡层面进入法律规范层面,产教融合自此拥有了法律依据(祁占勇、王羽菲,2018)。

此后,国家又公布了一系列的政策及法律文件以激发企业、行业办学活力,鼓励产业系统与教育系统联合办学,使社会力量为教育事业发展助力,进而形成了多种校企合作、产教结合组织形态的治理结构。职教集团是这一时期校企合作的一种重要组织形态,其基本主体是学校、企业及其他实体(如研究机构和中间组织机构等)(聂劲松,2008),在治理结构上一般实行理事会负责制,选取理事长、副理事长、常务理事等进行管理,由他们负责整合学校与企业等主体的资源,从而实现资源共享、优势互补。比如,1988年成立的镇江市职业教育和成人教育学会是由8所职业学校和2所企业构成的,学校、企业、行业等多方共同组建董事会,制定集团的规章制度,以协调内部成员的关系,从而实现成员之间的资源共享,使师资与教学设备在各校之间相互流动,在招生、考试、毕业等方面制定统一标准,以培养能力本位的学生为目标。同时,集团的建设与地区经济发展紧密相连,集团主动参与地区市场竞争,积极提高自身办学效益,打造区域教育品牌。《中华人民共和国职业教育法》规定企业可以单独或联合举办职业院校,企业学院由此在全国兴起,并成为产教结合的重要平台。企业学院一般由企业主导,根据国家政策法规、行业发展趋势以及企业需求制定人才培养方案,旨在提高培训人员的管理水平、技能水平,进而推动行业、产业的繁荣发展。中国首家企业学院——春兰学院成立于1997年,它与高校无缝衔接,学生在高校完成两年基础课程后进入春兰学院学习。春兰学院邀请国内外著名专家为学生讲授最新的科学技术发展动态,根据企业需求开设实用性课程,实现了企业资源与学校教育资源的联结与共享。学校仅靠自身的力量难以将研发的科技成果转化成商品,特别是在市场经济体制下,这种情况导致学校缺乏做科研的积极性,更不能有效地服务于社会经济的发展,因此大学科技园在中国应运而生。源于美国的大学科技园,旨在使大学的科学技术不断向社会辐射,有效地促进大学科技成果商品化、产业化,引导大学科研走上与社会经济互相促进、良性循环的发展之路(李平,1999)。中国第一个大学科技园是1990年成立的东北大学科技园,它依托东北大学的科技与人才队伍,把科研成果转化成企业的技术资源并应用于市场之中,充当高科技企业的"孵化器",形成了"科技园、创业园、产业园"一体化协同发展模式。

三、21世纪初期的多元协同治理结构

进入21世纪之后,中国现代化进程加快,社会经济发展急需大量高素质的技能人才,职业教育承担着不可推卸的责任。2002年8月,《国务

院关于大力推进职业教育改革与发展的决定》提出，要"推进职业教育管理体制改革，建立并逐步完善在国务院领导下，分级管理、地方为主、政府统筹、社会参与的职业教育管理体制""深化职业教育办学体制改革，形成政府主导、依靠企业、充分发挥行业作用、社会力量积极参与的多元办学格局""调动和保护社会各个方面兴办职业教育的积极性，充分发挥行业、企业、社会中介组织和人民团体在发展职业教育中的作用"。该决定是从管理体制、办学体制方面深化职业教育改革，以期解决当时职业教育发展中面临的现实问题，使职业教育适应社会发展与经济建设的需要，因而明确指出了构建多元办学格局，需要政府、学校、企业、行业以及其他社会力量参与办学（因为各方主体在产教融合中都具有独特的作用），从而形成多元协同的治理结构。2004年4月，《教育部关于以就业为导向深化高等职业教育改革的若干意见》要求各地教育行政部门引导与支持职业院校根据市场需求灵活设置专业，"制定适合'双师型'教师发展的评聘制度""积极探索校企全程合作进行人才培养的途径和方式""大力开展订单式培养""充分发挥企业和用人单位的作用""重视地方政府在高等职业教育规划和发展中的统筹、协调等作用"，协调政府、学校、企业通过产教融合创新人才培养模式，不断深化产教融合，该意见还进一步细化了治理结构的运行机制。2005年10月，《国务院关于大力发展职业教育的决定》指出，要"继续完善'政府主导、依靠企业、充分发挥行业作用、社会力量积极参与，公办与民办共同发展'的多元办学格局和'在国务院领导下，分级管理、地方为主、政府统筹、社会参与'的管理体制""依靠行业企业发展职业教育，推动职业院校与企业的密切结合"。该决定进一步明确了要坚持多元化办学模式，实行协同管理体制，使多方办学力量积极参与到产教融合之中。2006年3月，《教育部关于职业院校试行工学结合、半工半读的意见》指出，"职业院校要紧紧依靠行业企业办学，进一步扩展和密切与行业企业的联系，加强教育与生产劳动和社会生产实践相结合"，该意见更具体地阐明了行业、企业是职业院校办学的重要力量，推动了产教深度融合发展。

为了更好地推进产教融合的发展，2010年7月发布的《国家中长期教育改革和发展规划纲要（2010—2020年）》强调，要"调动行业企业的积极性。建立健全政府主导、行业指导、企业参与的办学机制，制定促进校企合作办学法规，推进校企合作制度化。鼓励行业组织、企业举办职业学校,鼓励委托职业学校进行职工培训。制定优惠政策,鼓励企业接收学生实习实训和教师实践,鼓励企业加大对职业教育的投入"。该纲要还规定未来10年产教融合的发展仍然坚持多元协同治理模式,加强行业、企业与职业院校的交流合作,鼓励行业、企业积极推动职业教育的发展。为进一步落实《国家中长期教育改革和发展规划纲要(2010—2020年)》对现代职业教育体系建设的要求,2011年8月,《教育部关于推进中等和高等职业教育协调发展的指导意见》指出,"根据本地实际,制定促进本地区职业教育发展、促进校企合作的地方性法规和政策,进一步明确和落实政府、学校、行业、企业等的法律责任和权利"。该意见进一步明确规定地方政府要制定符合本地区的政策与法规,并提出了从政策制定层面规定具有多元协同治理结构的产教融合中各方的权利。为了深化教育领域的改革,2013年11月,《中共中央关于全面深化改革若干重大问题的决定》提出,"加快现代职业教育体系建设,深化产教融合、校企合作,培养高素质劳动者和技能型人才"。这是首次在国家层面提出职业教育"产教融合"(古光甫,2020)。2014年5月,《国务院关于加快发展现代职业教育的决定》要求完善现代职业学校制度,建立学校、行业、企业、社区等共同参与的学校理事会或董事会,鼓励多元主体组建职教集团,进一步明确了多元主体协同开展产教融合的模式。2017年12月,《国务院办公厅关于深化产教融合的若干意见》提出,推进产教协同育人,坚持职业教育校企合作、工学结合的办学制度,推进职业学校和企业联盟、与行业联合、同园区联结。2019年1月,国务院印发《国家职业教育改革实施方案》,该方案提出"经过5—10年左右时间,职业教育基本完成由政府举办为主向政府统筹管理、社会多元办学的格局转变""推动职业院校和行业企业形成命运共同体"。2022年修订的《中华人民共和国职业教育法》规定,"组织行业主管部门、工会等群团组织、行业组织、企业等根据区域或者行业职业教育的需要建设高水平、专业化、开放共享的产教融合实习实训基地"。这一系列政策、法律文件的出台,使产教融合在21世纪得到快速发展。政府、学校、企业、行业以及其他社会力量参与产教融合获得政策、法律支持,具有多元协同治理结构的产教融合成为现实,并在时代的助推下不断完善与创新。

随着职业教育改革的不断深化,多元主体办学格局逐渐形成,21世纪各种产教融合组织形态的治理结构更加多样化。

一是产业学院，它是以社会需求为导向，由高校创建的集人才培养、知识创新、技术研发、社会服务等多种功能于一体的一种办学组织（姚宇华、黄彬、孙丽昕，2022），产业学院采用理事会领导下的院长负责制治理结构。比如，中山职业技术学院打造了"一镇一品"的产业格局，将产业学院设置在镇区的产业园区，由镇区政府提供办学场所。中山职业技术学院在办学经费上积极吸引行业、企业以及其他社会力量进行投资，并由行业与龙头企业组建理事会，在理事会的领导下设置院长一职，由院长负责产业学院的日常管理工作。这种产业学院构建了政府、学校、企业、行业联合办学的产教融合模式。

二是产教融合型企业，它是积极主动参与校企合作、产教融合，能充分履行社会责任，发挥职业教育办学主体作用，形成规模效应与示范效应，且具有一定社会影响力的经审核认定通过的企业（周凤华，2019），是一种新的组织形态，其治理结构表现为以企业为中心，协同多方教育主体。

三是产业技术创新战略联盟，即由企业、行业、高校、科研机构以及其他组织机构组成的联盟，它以产业技术研发、科技创新、科研成果转化为主要内容，紧贴市场需求，集中各方的人才、技术、资金、设备等进行产业技术集成创新，推动产业转型升级。比如，2007年由科技部、财政部、教育部、国务院国资委、全国总工会、国家开发银行等六部门协调组织，清华大学、天津大学、中国化学工程集团、安徽淮化集团有限公司等高校与企业组建新一代煤（能源）化工产业技术创新战略联盟，该联盟遵循创新型国家建设的目标，以市场需求为导向，结合煤化工行业的发展动态，探索该领域的前沿技术，进行原始创新，推动煤化工行业的发展。其治理结构大体表现为政府部门引领，行业或企业承载，院校及科研院所等多方协同。

四是协同创新中心，它以国家现实需求为导向，整合地方政府、高校、企业、行业、科研院所的优势资源，从事前沿科研、文化传承创新、行业（产业）发展、区域经济与社会发展等方面的研究工作，致力于实现产学研用一体化。比如，苏州纳米科技协同创新中心是首批国家认定的协同创新中心，它创建了"政产学研用"协同创新模式，这一模式以共性问题为导向，加强高校与政府、企业、行业的开放共享，有效整合散落各处的创新资源，推动"创新裂变"向"创新聚变"转变（杨阳、王穗东、郁秋亚，2020），致力于攻克纳米技术领域的难题，培养纳米技术领域的尖端人才。其治理结构表现为地方政府牵头，多元主体共同参与。

五是现代学徒制，即学校与行业、企业联合培养行业人才的办学模式，类似于古代师徒授业制，但又有所区别。现代学徒制的人才培养不仅需要企业师傅的教导，也需要学校专业教师的引导。现代学徒制既重视技术的学习，又重视理论知识的学习，它是推动校企合作、产教融合的重要形式。比如，金华职业技术大学在现代学徒制上探索出了"一对多"的办学模式，学校联合多家中小企业共同培养学生，组建由企业师傅、学校教师、行业专家构成的导师团队，以中小企业的需求为导向，培养行业、企业所需的技术型人才。其治理结构表现为学校牵头。

六是技能大师工作室，即专业领域的领军人物或高技能专家利用某种活动场所（如职业院校、企业车间、研发中心、自创的活动基地），通过言传身教的方式向有意愿的学生、工人、技师传授专业技能，培养行业的高技能人才，使之成长为行业的著名专家。其治理结构体现在外部治理和内部治理两个方面，比如，在外部治理方面，政府、行业协会、企业分别通过表彰、技术支持或资金扶持、挂牌等方式助力工作室推广。目前，技能大师工作室有国家级、省级、市级、县级等类别，涉及多个行业领域，在推动技术创新、人才培养、科技推广、行业交流、专业咨询等方面发挥着重要作用。当然，随着产教融合的深化，未来职业教育领域可能会出现更多新型产教融合组织形态及其治理结构，现有产教融合组织形态的治理结构也可能进一步演进。

第二节　产教融合组织形态的治理结构类型及其差异

产教融合在发展过程中，受政治、经济、文化以及主体意愿等多重因素的影响，形成了不同类型的治理结构，这是产教融合发展的应然状态，也是产教融合与社会相适应的结果。不同类型产教融合组织形态的治理结构均有其特点，存在着一定的差异，每种类型的治理结构都有值得借鉴的地方。

一、产教融合组织形态的治理结构的类型

产教融合组织形态的治理结构是指某种产教融合组织形态中的各种治理要素及其关系结构，它本质上是一种由不同利益相关者构成的权力

结构。不同利益相关者所代表的主体在该权力结构中为个体利益与公共利益进行博弈，各主体之间的关系也在博弈过程中从不稳定逐步趋于稳定，最终形成稳固的治理结构，维系着相对稳定的产教融合组织形态。博弈或互动的结果会导致不同主体所拥有的权力出现明显差异，它们所承担的责任与义务也有所不同，进而形成了不同的治理结构类型。

（一）单一主导治理结构

单一主导治理结构是指以某一主体为主导，协调产教融合组织形态中各主体之间的关系，在主导主体的牵引下各主体分工协作，从而形成的一种治理结构。产教融合组织形态是教育系统与产业系统交融而成的综合体，内部各主体的管理权限的大小直接关系到利益的划分，这就使得各主体在合作中必然存在博弈的现象。为了成为产教融合组织形态中的主导主体，各主体会利用自身优势说服其他主体，而其他主体必然不会直接跟从，从而产生"谁管理？如何管理？"等问题，这将直接影响产教融合组织形态的生命周期，制约产教融合的效果。获得主导权的主体会按照自身意愿并结合其他主体的意见构建产教融合机制、搭建产教融合平台，通过一系列措施，协调多个主体的行为，在实现共同利益的同时，也为自身利益服务。

单一主导治理结构根据主导主体的不同可细分为政府主导型、企业主导型、行业主导型及学校主导型。

一是政府主导型。传统观点认为，政府作为社会公共事务的管理者，应该代表全体人民的利益，应负责协调各利益主体的利益，不应该有自身利益。但是从经济人理论出发，政府参与产教融合，追求的不仅有经济利益，还有政治利益（刘波、欧阳恩剑，2021）。在对作为准公共产品的产教融合进行管理时，政府不仅追求公共利益，也重视自身的利益。在政府主导的产教融合中，政府期望以产教融合推动社会经济发展，创造更多的经济利益，实现社会的繁荣，营造和谐的社会环境，协调教育系统与产业系统之间的冲突，缓解"学校-企业""人才-市场"的结构性矛盾，培养推动产业发展与转型升级的各类人才，使其所学的知识与技能符合产业与社会的需求。从政府自身利益来看，政府主导的产教融合及其组织形态以行政手段充分协调其他主体参与产教融合，减少各主体之间因摩擦而产生的消耗，提高政府管理效率，降低管理成本，在管理其他主体过程中提升政府的威信与公信力,打造良好的政府形象。当然,从产教融合组织形态的形成过程来看,政府推动与政府主导属于不同的治理范式。比如,就当前的产教融合型城市和产教融合型企业建设而言,教育领域的产教融合是由政府推动的,但政府更多的是主导产教融合型城市的建设,在产教融合型企业中政府并未处于主导地位,这一情况在产业学院治理结构中也有体现。

二是企业主导型。这是单一主导治理结构的重要形态。同类型企业构成行业,多个不同行业构成产业,可见,企业是产业系统中的基础单位。在企业主导的产教融合中,企业通过产教融合进行教育性投资,但这种教育性投资并不是无偿的,其目的是培养企业需要的技能型人才及获得教育性收益。企业在产教融合中投入人力资本(管理者、技术人员等)、物力资本(机器、厂房等),根据市场变化与企业需求培养人才,具有优先选取人才的权利,即企业可以优先从培养的人才中挑选卓越者予以招揽。从某种意义上看,企业参与产教融合办学也是一种公益行为,企业具有社会责任,而参与产教融合也是承担社会责任的一种方式,企业可以通过教育性投资提高其在社会、行业中的地位与声誉,塑造良好的社会形象。比如厂中校、企业办学、产教融合型企业等,其治理结构多属于此类。

三是行业主导型。行业是同类型企业的集合体,行业主导型侧重于从整个行业发展的角度参与产教融合。为推动本行业的发展,使本行业在众多行业中脱颖而出,行业协会等组织机构可能会选择与教育系统合作培养高素质的行业技能人才,为行业输送人力资源,推动行业的繁荣发展,提升行业在社会中的地位。行业主导的产教融合在发展自身行业的同时,也可以为国家产业转型升级助力,以行业变革推动产业革新,进而推动整体社会经济的发展。比如,20世纪90年代之前的部门办学及现今由行业牵引而形成的产教融合组织形态的治理结构,大多属于这种类型。

四是学校主导型。在学校主导的产教融合中,学校可以在与企业、行业等社会力量合作的过程中,增强自身的服务能力,打造学校的特色品牌,提高学校的社会影响力,增强学校的社会服务能力。学校可以根据市场需求制定人才培养方案,使其他主体配合人才培养方案的实施,提高人才培养质量。同时,学校还可以联合其他主体引导区域产业经济发展，为社会发展提供大批高质量人才。实际上，迄今为止国内较多产教融合组织形态都是由学校主导形成的。

由不同主体单独主导的治理结构，虽然主体不同导致各主体的利益比重有所差异，但它们都属于单一主导治理结构，因此在外在形式与内在形态上具有相同特征。单一主导治理结构的显著特征是领导性与主动性。其一，领导性。在单一主导治理结构中一直存在一个占主导地位的主体，不管这个主体是政府、企业、行业还是学校。主导主体会在产教融合平台中协调多方主体，使各主体利用自身优势与资源为产教融合建设努力。主导主体会在产教融合中充当分配者，对产教融合平台如何建设以及怎么运行具有决定权，它根据各主体的特点分配与其特点相符的任务，使各主体分工合作，为共同利益贡献自身力量。同时，主导主体还会规范、调适、整合内部关系与资源，推动产教融合平稳发展。其二，主动性。主动性主要体现在占主导地位的主体上。作为统筹协调者，主导主体会主动推动各主体为实现产教融合的目标而努力。如果主导主体不能完成目标，将会影响其在各主体中的声誉与地位，甚至也会影响产教融合的整体合作效果，致使各主体无法真正合力推动产教融合发展。主导主体为体现自身的管理能力、协作能力，会促进各主体增加交流频率，处理各主体之间的矛盾，充当各主体之间的"桥梁"，促使各主体相互了解、相互合作、相互支持，协商产教融合建设等问题。值得注意的是，当主导主体的能力不足以协调各主体时，产教融合组织形态将难以持久，也不会取得较高成效，比如学校主导型（更准确地说，是专科高职及以下层次学校主导的产教融合组织形态）。

（二）双主导治理结构

双主导治理结构是指除学校以外的任一主体与学校共建共管产教融合平台的结构。在双主导的产教融合治理结构中，学校与其他主体开展深度合作，共同管理产教融合平台，两个主体融为一体，其目的是合力解决教育链、人才链和产业链、创新链中的技术、流程、原理等关键问题（聂劲松、胡筠、万伟平，2021）。双主导治理结构旨在构建合作共同体，整合双方的物力、人力、财力资源，以新组建的管理体系管理产教融合平台。双主导治理结构根据主体的不同，可分为"政+校"治理、"行+校"治理、"企+校"治理等类型。

一是"政+校"治理。学校与地方政府合作打造产教融合平台,是深化产教融合的重要渠道。学校特别是高校,是高技术研发、创新的重要场所,是高技术人才的汇集地,能为区域经济发展提供人才与技术。地方政府与学校合作的目的主要是联合学校根据区域经济特点研发、创新符合本地区的技术,推动产业转型与升级,同时培养适合本地区经济发展的技术型人才,使学校为地方经济服务。在治理结构上,地方政府通常与学校合作设立类似管理委员会的协调管理机构,由该机构代表双方负责产教融合平台的建设与运营。比如,浙江海洋大学与舟山市普陀区政府在2006年联合创建了普陀科学技术学院,学院由双方共同管理,教学主要由浙江海洋大学负责。为了更好地管理该学院,双方还成立了管理委员会,实行共建共管。双方还制定了一系列管理文件,从制度方面规范双方在产教融合中的分工,为产教融合平台的发展提供制度保障。普陀科学技术学院根据普陀区社会经济发展的具体情况,设置了水产品加工、海洋旅游等与海洋有关的专业,以培养当地经济发展所需的技能型人才。

二是"行+校"治理。行业协会作为政府与企业之间的中介组织,是由同类型的企业所组成的团体,它以推动企业与行业发展为目的。行业协会通常通过制定行业标准来规范行业内的企业生产、经营与销售,对企业发展具有敏锐的感知力与引领力,能有效地对行业的未来发展进行动态分析,了解本行业的岗位需求。学校与行业协会合作建立产教融合平台,能够为学校制定教学目标和教学内容、进行教学评价提供精准的数据分析,使培养出来的人才符合行业、企业的需求,避免出现人才培养与岗位需求脱钩的现象,实现人岗匹配。比如,温州家具商会与温州职业技术学院合作创办温州家具学院,由家具技术人才担任院长,自行设计教学内容。它也是现代学徒制的试点项目,以师傅带徒弟的方式教授家具设计知识与技能,重在培养学生的动手能力,使学生能够掌握家具行业最新设计思想,激发学生的想象力与创新力,培养家具行业的高技能人才。

三是"企+校"治理。企业与学校的产教合作是最为常见的一种产教融合模式。企业联合学校,通过建设大学科技园及创建独立的二级学院、科研院所等方式开展产教融合。在"企+校"双主导的产教融合治理结构中,企业通常与学校共同构建管理机制、制定相关文件,共同对平台运营进行管理。企业把一线技术人才输送至产教融合平台并投入设备及资金,使产业链、教育链与人才链衔接在一起,根据同类企业发展的现实需求,培养相关技术型人才。比如,福建船政交通职业学院与新奇特车业服务股份有限公司联合成立新奇特汽车产业学院。该学院主要培养汽车售后服务专业的技能人才,实行二元制人才培养模式。课程由校企共同研制开发,课程内容包括基本素质与职业素养、专业知识与技能、企业文化等,教学与考评由企业与学校共同实施,在校企双方的联合培养下学生将更符合同类企业的人才标准。

双主导治理结构是双主体联合管理的结构,由两个主体共同承担责任与义务,这就会促使两个主体在产教融合平台中开展多方联动,充分利用自身的资源参与产教融合,并在治理过程中协调与对方的关系,为了共同的目标而建设产教融合平台。这种类型的治理结构具有整合性、高度参与性等特征。一是整合性,在产教融合平台中双主体拥有平等的管理权限,平台的建设与运营由双方共同商议。权利的赋予意味着要履行相应的义务,在这种权利与义务的驱动下双方会整合自身的人力、物力、财力资源并将其投入到平台中,以最优的方式运用这些资源,使整合后的资源转化成最大效益。二是高度参与性,在产教融合平台中双主体都占据主导地位,它们共同参与平台的筹建和运营管理。相比单一主导治理结构中由主导主体统筹管理平台,其他主体听从主导主体的安排而言,双主导治理结构更能激发主体参与动机,促使它们更加积极地投身于平台建设,实现资源共享、相互支持的目标。

(三)多元共同体治理结构

随着社会经济、教育等领域体制改革的推进,单一主导与双主导治理结构下的产教融合的弊端日益凸显。社会主义市场经济强调多主体参与经济建设,经济双方或者多方达到合作共赢。社会主义市场经济体制下的教育系统,在社会经济的影响下也逐渐重视多种社会力量参与办学的重要性,特别是企业、行业等与用人需求有密切联系的单位是学校渴望合作的对象。经济形态的变革必然会引发人才培养模式的变革,相应地,作为孕育人才的学校也需要变革。产教融合是产业与教育的交融,它也可以进一步理解为经济与人才的融合之所。由于其本身与社会经济发展联系密切,因此产教融合成为教育变革的重点,同时,市场经济的多元化也推动着产教融合治理主体的多元化。在产教融合的多个主体中，经常会出现某个或多个主体参与程度不足、参与积极性低的情况。产教融合中社会效益与经济效益的矛盾应该如何解决？如何应对教育链与产业链的不对等现象？在这些问题的困扰下，具有多元共同体治理结构的产教融合组织形态应运而生，这也是社会经济、文化变迁的结果。实际上，多元共同体治理结构是指参与产教融合的多个主体主动形成统一联合体，以整体的形态治理产教融合平台，主体之间亲密合作，有着共同的目标，能发挥合力作用，自发地运用自身资源建设与运营产教融合平台。该治理结构围绕经济建设与人才培养展开，调动共同体中各项资源并将其投入平台，使"经济-教育""产-学"深度衔接，即利用产业的资源办学，培养产业发展所需的人才。多元共同体治理结构中每个参与主体都是为完成共同目标而主动参与治理的，它们把自己的资源贡献出来形成资源库，而资源库由共同体使用。组成共同体的不同主体在整体中发挥的作用只有类别的不同，而没有大小的区别，它们都是共同体的一部分，地位是平等的。共同体理念的形成使产教融合中多个主体间的内部矛盾得以解决，这是单一主导型与双主导型治理结构难以做到的。每个主体都能够理解自身是产教融合的一部分，能够意识到任何主体缺失都会影响甚至阻碍产教融合平台的发展，而这种意识会引导各主体相互关照、相互帮助，凭借彼此之间的优势互补来实现资源置换或者共享（詹华山，2020），从而形成相生相存、相辅相成的治理结构。职业教育具有跨界属性，现代职业教育的发展更需要各界深度融合，共同体理念的形成与发展为各界深度融合提供了契机，产教融合平台为各界深度融合提供了场域，由此就产生了多元共同体治理的产教融合模式，它自然也成为推进职业教育现代化的有效途径。

从愿景上看，与其他两类治理结构相比，多元共同体治理结构更注重把产教融合作为一个共同体对待，从共同体的角度处理产教融合平台的各种问题，组成共同体的各主体是共生共荣的关系。这种治理结构具有整体性、协同性、目标共同性、利益契合性等特征。一是整体性。它是多元共同体治理结构中最突出的特征。在该结构中，各主体意识到产教融合是多元主体构成的事物，每个主体都是产教融合不可或缺的部分，只有各主体相互合作，发挥整体性功能，才能深化产教融合。而且，这种整体性的意识已经深入各主体的思想与产教融合制度之中，体现在产教融合的整个运行过程中。二是协同性。在多元共同体治理结构中，各主体既是主导者，但又不是绝对的主导者，因为它们之间的地位是平等的，并非谁领导谁，相互协作是它们运行的基本状态。在产教融合平台的建设与运营中每个主体都会主动协调与其他主体之间的关系，通过推动其他主体的发展而实现平台整体的发展。同时，主体间会加强合作，共同解决平台资源配置、人员管理、人才培养等问题，以整体地推动产教融合深度发展。三是目标共同性。多元共同体存在共同的目标——产教融合，除产教融合之外，再无其他目标。而产教融合本身还涵盖了产业发展需求与人才培养规格等方面的内容。由于存在共同的目标，各主体就有了共同的发展方向，它们在目标的指引下不断地推进产教融合的发展。四是利益契合性。在单一主导型与双主导型治理结构中，企业、行业更多地关注经济利益，而政府部门、学校则更关注社会利益，两种利益的冲突势必影响产教融合的深度发展。具有多元共同体治理结构的产教融合能较好地化解这种矛盾，这是因为在这种结构下会形成利益共同体，各主体不会在两种利益面前纠结，而是朝着共同利益奋进，当然共同利益涵盖了社会利益与经济利益，是两者的结合，共同利益的实现代表着每个主体都能获利。

值得注意的是，即使是同一类型的产教融合组织形态，其治理模式、治理机制、治理形态、治理结构也会有所不同。比如，现行产业学院的治理模式主要有教学点式治理（等同于学校治理或校内治理）、企业治理、混合治理；治理机制主要有行政机制、市场机制、企业机制、联合机制；治理形态主要有校政企行多元共治形态，校企融合治理形态，校企行融合治理形态，学校为主、政企社关键点参与治理形态，学校治理形态（含二级学院治理形态），企业联合治理形态等。目前，产业学院内部治理结构主要有3种类型。

一是"学校（含二级学院）+董事会"的内主外辅结构。在学校为主、政企社关键点参与治理形态中，采用的是董（理）事会领导下的院长负责制，即董（理）事会及其内设的相关委员会、院长及其院班子和下设相关办公室的模式，实践中这种模式往往变成学校治理中的科层制框架，而理事会仅起到点缀作用。

二是董（理）事会全线贯通内外兼顾结构。在校政企行多元共治形态中，采用的是董（理）事会领导下的院长负责制+监督部门或机构，即董（理）事会、管理层和监督部门的模式。在校企融合治理形态中，采用的是（董）理事会及其管理和运行体系架构。在校企行融合治理形态中，采用的是多点交互、兼职的科层制或绩效制框架，具体表现为企业、行业全程深度参与学校的产业学院管理，产业学院或学校全程深度介入（协助）企业管理。

三是单一主体或同类属性组织全程治理结构。在企业联合治理形态中，采用的是企业制运行框架，即形成总经理、厂长、车间主任、班组长等管理层次，并设置相应的市场部、技术部、研发部等部门。在学校治理形态中，纯粹采用由学校或二级学院负责全程治理的内部治理体系结构。2020年7月，研究团队对国内16个省份的70家单位的产教融合组织形态进行问卷调查，调查结果显示，涉及的23个产业学院中，属于非法人治理结构的占82.61%，属于法人治理结构的占17.39%，其中以理事会为主导的治理结构占52.17%，董事会、联席会及其他治理结构的占比分别为21.74%、13.04%、13.05%；内部设有决策机构、执行机构、监督机构、咨询机构的分别占65.22%、69.57%、52.17%和60.87%，有1个产业学院未设立此类机构；在运行机制上，设有独立决策机制、资源与利益共享机制、责任风险共担机制、管理层聘用与退出机制的分别占34.78%、78.26%、52.17%和39.13%，有2个产业学院未建立此类机制；在管理机制上，设有绩效评价机制、激励约束机制、运行保障机制和管理监督机制的分别占65.22%、52.17%、65.22%和69.57%，有2个产业学院未建立此类机制。可见，在现行产业学院的治理中，理事会、董事会主导的结构较为普遍，尽管理事会、董事会在其中发挥作用的范围、方式、程度相差甚远，但绝大多数产业学院都建立了相应的运行机制和管理机制。

二、不同类型产教融合组织形态的治理结构的差异

产教融合及其组织形态是职业教育始终关注的重要话题，影响着职业教育改革与发展方向。受政治、经济、文化等因素影响而产生的不同类型的产教融合组织形态，其治理结构在形式与内容上都存在着一定的差异，而这些差异影响着产教融合平台的发展。不同类型产教融合组织形态的治理结构的差异主要体现在治理主体参与度、主体间的融合度、治理的开放性、产教融合深度等方面。

（一）治理主体参与度不同

产教融合的治理体系属于公共治理的范式，强调治理主体的多元化以及主体间的相互协作，在治理过程中，各主体需要共同行动，它是一种注重引导各主体高度参与产教融合管理，建立合理、高效运行机制的治理体系（姜泽许，2021）。多元主体参与的治理结构是产教融合的应然体现，也是人们对产教融合发展的共识。然而，尽管单一主导型、双主导型、多元共同体型的治理结构都倡导多元主体参与产教融合治理，但不同类型的主体参与度有所区别。其中，在单一主导治理结构中，除占主导地位的主体外，其他主体参与度较低；在双主导治理结构中，双主体参与度都较高；在多元共同体治理结构中，多个主体的参与度都非常高。参与度之所以有所差异，是因为主体间存在权力与利益、主导与被主导的矛盾。参与度的区别具体体现在参与态度与参与行为两个方面。

一是参与态度。对待产教融合的态度是影响多元主体积极合作的重要因素。在单一主导治理结构中，主导主体作为产教融合的指导者、协调者，承担着主要的责任。为了能更好地领导其他参与主体，它会在产教融合平台的建设与运行中展现出积极态度，主动推动平台的发展，并协助与引导其他主体有效地参与产教融合；而其他主体会有"我是配合者"的思想，表现出被动参与的态度。双主导治理结构中的双主体都是产教融合中的主宰者，双方之间的利益因为产教融合平台而紧紧捆绑在一起，因而为了自身的利益会主动推动平台发展，双方在产教融合平台的建设与运营中表现出积极合作的态度。多元共同体治理结构中的多元主体以产教融合为目标，它们为了共同的利益而合作，各主体会表现出主动参与产教融合的态度，而且也会以协助其他主体发展为自身责任，各主体活跃于平台治理之中。

二是参与行为。行为是态度的一种结果，积极的态度势必会表现出主动的行为，反之，消极的态度会表现出被动的行为。单一主导治理结构的主导主体因积极参与产教融合，自然会主动投入自身所有的资源用于平台的建设；而其他主体的被动参与态度会使它们对产教融合有所保留，仅投入有限的资源，因而不能高效地参与产教融合。双主导治理结构中主体的参与行为比较主动。双主导治理结构中的双主体都担负着不可推卸的责任，它们会积极调配自身资源并将其投入产教融合平台，运用自身的力量引进其他社会资源用于平台的运营，实现资源共享。在多元共同体治理结构中，每个主体都会充分运用自身资源建设产教融合平台，并协同其他主体解决建设中的问题，主体间亲密合作，共同推动产教融合发展。

（二）主体间的融合度不同

多元主体参与是产教融合的重要特征之一，但这个特征对于产教融合而言，既是推动其发展的因素，也是制约其发展的因素。如果主体间能有效合作，那么多元主体参与就能推动产教融合发展；反之，如果各主体间不能有效合作，各主体都以自我为中心，那么多元主体参与就会严重制约产教融合的发展。这就涉及"产教融合中各主体应如何定位？如何协调？如何使各主体积极投身于产教融合的建设之中？"等一系列问题。不同类型的治理结构给出了不同的答案。单一主导治理结构是设立一个主导主体管理其他主体，以主导主体为中心，把其他主体定位为配合者或次要参与者。主导主体依据既定的制度文件管理其他主体，制度文件赋予了主导主体主导权，其他主体在制度文件的规定下配合主导主体，主导主体有权要求其他主体履行自身在产教融合中的责任与相应义务。在此类治理结构中，各主体之间的地位是不同的，主导主体的地位明显高于其他主体，这种不平等使得处于次要地位的主体与主导主体以及其他主体之间的融合度低，相互之间的合作并不是那么紧密，只是在主导主体的统领下各主体联结在一起，类似一个松散的联盟体系，而不是高度融合的主体群。虽然主导主体会根据各主体的情况进行任务分工，但产教融合过程中势必有诸多需要协作的任务，此时各主体会因为融合度低而无法完美合作。双主导治理结构一般是通过设立独立机构来管理产教融合，协调各主体之间的关系。独立机构的管理人员由双主体协商选出，独立机构具有独立管理产融融合的权限，但在产教融合实际运行过程中，独立机构也受到双主体的指导。相较于单一主导治理结构中的主体，双主导治理结构中的双主体具有同等的地位，只是分工不同。双方都承认对方是产教融合中的重要成员，双方都尊重对方对于产教融合平台的建议，会主动与对方协商，制定平台的管理与运行机制，并积极将自身优势资源投入平台。在双主导治理结构中，双主体的融合度较高，它们会共同致力于产教融合平台的建设，构成一个牢靠的联合体。

在多元共同体治理结构中，多元主体是一个命运共同体，各主体融为一体，以整体形态参与产教融合，各主体会积极参与并支持其他主体参与产教融合，在合作过程中不分彼此，共同协商解决问题。此类治理结构强调参与主体要秉承共生共荣的治理理念，以融为一体的形式开展治理，朝着产教融合的共同目标奋进，明确各方的责任，凝聚各方的资源，协同推动产教融合整体高质量发展。与前两种治理结构相比，多元共同体治理结构的融合程度最高，它达到了"合而融"的层次。

（三）治理的开放性不同

产教融合作为教育系统与产业系统的交融，是具有开放性特征的有机整体，在其治理结构中自然也展现出开放的特性。开放性从产教融合产生之时就一直伴随着它，并随着它的不断深化而进一步增强。可以说，没有开放性，产教融合就无法发展。产教融合使企业、行业等社会力量深入教育领域，为教育事业吸引来社会资源，同时也使教育领域或学校参与企业、行业的生产实践，进而实现多元主体相互联结与合作，相互包容，协同建设产教融合平台。产教融合的开放性主要体现在参与主体的数量、种类和主体的能动力两个方面。

一是参与主体的数量、种类有所不同。在三类治理结构中，双主导治理结构的参与主体数量是恒定的，不管是哪种双主导治理结构，它都是由两类主体参与治理，双方相互合作与支持。单一主导治理结构涉及两个及以上的主体参与，随着参与主体的增多，其开放性也相应增加，但其他主体参与进来后会受到主导主体的限制，其开放性更多地表现在吸引其他主体参与产教融合的过程之中。多元共同体治理结构中至少有三类主体，而且不同种类的主体会支持其他主体参与产教融合，开放性不仅体现在吸引其他主体参与的过程中，也体现在参与之后的治理过程中。因此，从参与主体的数量、种类来看，多元共同体治理结构明显多于其他两种治理结构。

二是主体的能动力有所不同。单一主导治理结构中的主体能动力主要体现在主导主体上，主导主体是整个产教融合发展的引导者，它会主动引导其他主体参与产教融合，希望有更多的优质社会力量建设产教融合平台，因此主导主体对产教融合建设的能动力高于其他主体，其他主体作为配合者基本处于被动状态。在双主导治理结构中，双主体对产教融合治理都具有控制权，能直接或者间接地调整产教融合平台的发展方向、速度及规模。双方都愿意运用自身资源建设平台，基于此双方都会尊重对方关于平台发展建设的策略，都能主动对平台建设、运营等给出自己的建议。多元共同体治理结构中的主体能动力远高于其他两类，各主体把邀请其他主体成功参与产教融合看作深化产教融合的重要途径，多一个主体的参与便意味着能提高产教融合的成功概率，可以使产教融合更长久地发展，因而各主体的能动力都非常高。

（四）产教融合深度不同

产教融合是一种融合主体或对象的实质的、深入的、紧密的、彻底的融合（顾绘，2017），呈现出双向融合、双赢融合和全面融合的特征（薛勇，2020），其发展受教育链与产业链融合度的制约。如果教育链与产业链融合度低，那么就无法充分发挥两个系统的作用。产教深度融合是时代对职业教育的呼唤，现今市场经济体制要求职业教育为产业转型与升级助力，职业教育本身的发展也需要产业系统的深入参与。上述三类治理结构因治理主体之间的权力结构不同而存在融合深度的差异。单一主导治理结构的产教融合深度是三类中最低的，主导主体在治理中具有主导权，而其他主体是被领导的，在主导主体的统筹下其他主体基本处于单向服从或协作状态；主导主体利用自身的优势主导产教融合，通过与其他主体的协作培育技能型人才。此类治理结构中的其他主体只是处于单向配合的状态，因而无法实现教育主体与产业主体的双向融合。双主导治理结构中的双主体在人才培养方面已有共识，意识到需借助对方的支持才能实现人才培养目标。双方会相互协作、双向反馈，了解彼此的需求及在产教融合治理方面的理念、策略和建议。双方在协商下，制定满足社会经济与行业发展需求、有利于专业知识积累与技能训练、符合学生身心发展特点的培养方案，并协同对方实施培养方案；双方协商建立完善科学的评价机制，规范产教融合发展，达到"以评促建"的效果，实现共赢。此类治理结构的主体在体制机制、人才培养目标、课程改革等方面达成共识，能够达到全面合作的层面，这相对于单一主导治理结构而言更为深入。多元共同体治理结构中的主体形成了命运共同体，各主体都是主体群中不可缺少的组成部分，主体间相生相存，以整体状态治理产教融合，理解其他主体的理念、文化，真诚地寻求对方的合作，以产教融合的共同利益为目标，共同参与人才培养。此类治理结构的各主体已经融为一体，彼此之间不分你我，实现了全面融合，是产教融合的最高层次。

第三节　产教融合组织形态治理结构变迁的一般规律

产教融合是时代的产物，必然随着时代的变革而演进。不同时代产教融合组织形态的治理结构也有所不同，探寻治理结构变迁的规律，对未来产教融合治理体系的构建具有重要的意义。通过对1949年以来产教融合组织形态治理结构的变迁史进行深入探索，可以发现其治理结构具有以下变迁规律。

一、伴随社会经济变动而变迁

教育系统中的职业教育与社会经济发展联系比较密切，每次社会经济变化，尤其是产业转型升级都会引起职业教育的变革，因此职业教育发展要与社会经济发展相适应，这也是职业教育产教融合的基本逻辑起点（周晶，2018）。中华人民共和国成立初期实行计划经济，政府对生产、资源分配以及产品消费统一协调，教育系统也要根据国家的建设需要进行相应的调整。这一时期百业待兴，各行各业都需要大量的技能型人才来推动本行业的发展。基于国家经济建设的需要，政府把教育系统与产业系统联系起来，以培养服务经济发展的中低端技术人才。政府开办机械、纺织、钢铁、煤炭、农业、畜牧业等具有职业性质的专业学校，实行半工半读的办学模式，使学生一边学习一边工作。这种办学模式既能服务社会经济发展的需要，也能满足人民的需求，此时产教融合注重生产与教育相结合，为社会主义初级阶段的经济建设提供有生力量，在治理上采用政府推动、企业或学校（甚至政府）单一主导的结构。改革开放后，为推动社会经济发展，加快四个现代化的建设，国家规定职业教育要与社会经济发展密切联系，职业教育要与产业转型相适应。在治理模式、机制、形态和结构上开始出现双主体联合的雏形。市场经济体制确立后，企业开始自负盈亏成为独立个体，为了生存与发展，企业需要大批的技能型人才，大量企业积极与学校合作培养专业对口的人才。1993

年2月,中共中央、国务院印发《中国教育改革和发展纲要》,该纲要要求职业技术学校要与区域建设、社会主义市场经济发展相适应。此时,产教融合服务地方经济乃至全国经济发展、服务产业结构调整已成为人们的共识。1996年5月公布的《中华人民共和国职业教育法》指出,产教融合要为地区经济建设服务,这从法律层面对产教融合服务经济建设作出规定,明确了产教融合具有服务经济的功能。这一时期出现了单一主导型、双主导型等多种治理结构类型。

进入21世纪后,中国经济得到飞速发展,产教融合被视为推动社会经济发展的重要途径,国家发布了一系列关于职业教育的法律法规文件,以深化职业教育改革。2010年,中共中央、国务院印发《国家中长期教育改革和发展规划纲要(2010—2020年)》,该纲要明确提出"把职业教育纳入经济社会发展和产业发展规划,促使职业教育规模、专业设置与经济社会发展需求相适应"。2017年,《国务院办公厅关于深化产教融合的若干意见》要求,"将产教融合作为促进经济社会协调发展的重要举措""同步规划产教融合与经济社会发展。制定实施经济社会发展规划,以及区域发展、产业发展、城市建设和重大生产力布局规划"。产教融合与社会经济已然成为一体,社会经济的变化必然会引起产教融合的改革,而产教融合的改革又进一步推动社会经济的发展。具体而言,产教融合为社会经济发展提供人才与技术,社会经济发展则为产教融合提供优越的外部环境。这一时期,产教融合组织形态的治理结构开始逐步由单一主导、双主导向多元共同体转变,但此时仍然存在不少单一主导治理结构,如高职院校主导的多种产教融合组织形态。

二、遵循政策与法律指引而变迁

产教融合发展史也可视为职业教育政策与法律变迁史,几乎每次产教融合发生大的变化都有政策与法律的支撑与指引,产教融合组织形态治理结构的变迁与相关政策的出台、法律的颁布息息相关。政策与法律既为产教融合发展指明方向,也为产教融合发展提供制度保障。中华人民共和国成立初期实行计划经济,政府要求企业、行业、学校在统一领导下开展生产与教学相结合的工作,并发布了一系列政策文件指导产业和教育联合发展。1954年,高等教育部发布《高等学校与中等技术学校学生生产实习暂行规程》,从教学计划层面规定学校要保证学生到工厂、企业、农场、医院等单位实习。1958年9月,《中国共产党中央委员会、国务院关于教育工作的指示》规定,今后的方向,是学校办工厂和农场,工厂和农业合作社办学校,这为计划经济时代的产教融合发展指明了方向,校中厂(场)、厂中校及其治理结构在政府的统筹管理下快速形成。1958年,《关于一九五八年度国民经济计划草案的报告》重点要求校中厂(场)、厂中校实行半工半读的办学方式,从而为这些机构教学计划的具体制定提供了政策指引。

改革开放后,中国社会发生了巨大改变。为适应社会变革、促进产教融合发展,政府出台了一系列关于职业教育的政策与法律,相比计划经济时代而言政策更新得更为频繁,这也反映了中国社会经济变革较为快速。1983年5月出台的《教育部、劳动人事部、财政部、国家计委关于改革城市中等教育结构、发展职业技术教育的意见》提出政府、企业与行业等单位办学并举。1985年5月的《中共中央关于教育体制改革的决定》进一步强调发挥企事业单位办学的积极性。1987年1月的《国务院办公厅转发国家教育委员会等部门关于全国职业技术教育工作会议情况报告的通知》、1993年2月的《中国教育改革和发展纲要》、1996年5月的《中华人民共和国职业教育法》等都重申应构建多方办学的格局,并重视企业与学校在产教融合中的主体地位。迈入21世纪后,为适应新形势的变化,政府又陆续出台了一系列政策文件,如《国务院关于大力推进职业教育改革与发展的决定》(2002年8月)、《国务院关于大力发展职业教育的决定》(2005年10月)、《国家中长期教育改革和发展规划纲要(2010—2020年)》(2010年7月)、《教育部关于推进中等和高等职业教育协调发展的指导意见》(2011年8月)、《国务院办公厅关于深化产教融合的若干意见》(2017年12月)、《国家职业教育改革实施方案》(2019年1月),这些政策文件指出产教融合要在政府统筹管理下,积极调动社会力量参与办学,构建多元化的办学格局。其中,《国务院办公厅关于深化产教融合的若干意见》在产教融合的总体要求、教育和产业统筹融合发展格局、企业重要主体作用、人才培养改革、产教供需双向对接、政策支持体系、组织实施等方面专门作了规定,这是为数不多的名称中含有"产教融合"的文件。2022年修订的《中华人民共和国职业教育法》规定"职业教育实行政府统筹、分级管理、地方为主、行业指导、校企合作、社会参与""职业学校、职业培训机构实施职业教育应当注重产教融合，实行校企合作"，以不断扩大产教融合规模，推动产教融合高质量发展。从政府有关产教关系调整的政策文件和产教融合发展历程中不难看出，政策、法律与产教融合组织形态治理结构的变迁紧密相连，治理结构在政策和法律的指引下不断完善。

三、从一元管理到多元治理的变迁

产教融合涉及教育链、人才链与产业链、创新链的有机衔接。从单一主导到双主导，再到多元共同体治理结构的演进，均是为促进教育与产业融合而在优化治理关系方面所采取的具体措施。治理的目的是使治理主体能协调内部之间及与外部的关系，推动事物更为顺利地发展。产教融合及其组织形态作为多元主体组成的事物，从产生以来就面临着如何协调各主体之间关系的问题。各主体相互支持、相互促进是产教融合治理的最佳状态。

在计划经济时代，一元管理难以激发除主导主体以外的其他主体参与的主动性，其他主体对于产教融合的需求以及自身的利益受主导主体制约，主导主体为推动产教融合，极少顾及其他主体对产教融合的想法，导致其他主体的话语权缺失，参与产教融合的积极性低，治理体系较为机械，合作常流于形式。随着时代的变迁，以企业、行业为代表的社会力量的自主性增强，对产教融合中话语权的诉求不断上升，为回应它们的诉求，激发参与主体的活力，产教融合组织形态及其治理结构变得更加多样化，更能满足不同主体对产教融合发展及其相应组织形态运行的期望。

实行多元治理是推动产教深度融合、产教融合组织形态更加完善的有效途径，也是当前以及未来产教融合发展的方向，它关注每个参与主体的诉求，能调动社会力量积极主动地参与产教融合。多元治理并不是将多主体整合成单一的主体，而是赋予原有主体生命活力和发展动力的多层次性互动过程（贺书霞，2018），它表现为一个复合体形态，各主体之间能相互包容、相互理解、相互合作，协同解决产教融合问题，注重在治理过程中进行有效互动。政府、学校、企业、行业及其他社会力量都是多元治理中的重要主体，各自发挥着不可替代的作用。实际上，思维转变是行动改变的首要前提，在多元治理中，跨界思维是主要的指导性思维。所谓跨界，就是横跨不同领域或主体，整合或融合它们的资源，产生一个完整的、区别于原来的事物。政府、学校、企业、行业本来就属于不同界域，产教融合是它们交叉形成的事物。对于这个新事物，仅用一界的视野很难全面地理解它，需要整合各界对于产教融合的想法与规划，以跨界的思维进行治理。从产教融合的发展历程可以看到，国家以及产教融合的各主体已经充分认识到多元治理是产教融合的本来样态，而且多元治理对于每个主体的发展来说都至关重要。在未来产教融合及其组织形态运行中，多元治理的体系、制度与途径，以及数字化、高质量等将会成为参与主体共同构建的关键内容。

四、企业始终占据治理的重要地位

产教融合组织形态及其治理结构是教育系统与产业系统交融的产物。作为产业系统代表的企业，不管在哪个时代都是不可缺少的，其在产教融合中发挥着重要作用。在产教融合中，企业扮演着协作者、引导者、共同体等角色（刘春艳、聂劲松，2017），其凭借制造技术、市场敏锐度及雄厚的资金等优势与学校交融，培养契合产业需求或助力产业升级的技术型人才。企业参与产教融合的机理中包含输入与输出两个环节，企业把技术、资金输入产教融合平台，通过平台的运行输出技术人才与科研成果。在这个过程中，技术、资金相当于原材料，技术人才与科研成果相当于产品，而产教融合平台则像生产机器。从产教融合发展历程也可以看出，企业一直存在于产教融合领域，从单一主导治理到多元共同体治理都有企业的身影。众多职业教育政策、法律文件明确指出，企业是发展产教融合的重要力量，应支持企业以独资、合资、合作的方式参与产教融合，为开展产教融合的企业提供优惠政策，以激励企业积极参与产教融合。比如，1958年9月《中国共产党中央委员会、国务院关于教育工作的指示》提倡国家办学与企业等社会力量办学并举；1986年6月《国家教育委员会、国家计划委员会、国家经济委员会关于经济部门和教育部门加强合作促进就业前职业技术教育发展的意见》要求企业认真办好学校，教育部门有责任为企业办学提供教学与师资的保障；1996年5月《中华人民共和国职业教育法》规定企业有实施职业教育的义务，政府、行业应对企业办学给予指导与扶持；2010年7月《国家中长期教育改革和发展规划纲要（2010—2020年）》鼓励企业举办职业学校；2022年修订的《中华人民共和国职业教育法》要求发挥企业的重要办学主体作用，推动企业深度参与职业教育，鼓励企业举办高质量职业教育。

在实践层面，产教融合中课程设置、教学改革、学分规定等问题的解决都离不开企业的参与。企业根据市场发展趋势、产业转型升级需求，为学校培养人才给出自身的建议，使培养出的人才适应社会经济发展，达到人岗匹配。如果产教融合培养出的人才与企业发展脱节、与社会经济发展脱轨，那么培养出的人才又怎么能适应社会发展，这样的产教融合也就不能称为真正的产教融合。就产教融合而言，企业是技术、资金、实习基地的提供者，它与社会经济紧密相连，比学校更能准确把握未来社会经济的发展脉络，这是学校系统所不能比拟的。因此，在产教融合的发展过程中企业始终占据重要地位，这是客观存在的规律。

通过产教融合组织形态治理结构的变迁史可以看出，产教融合组织形态的治理结构是不断完善的，早期的治理结构并不会因为时代的发展而完全消失，在当今社会主义市场经济体制下，产教融合组织形态的治理结构会呈现多元化布局，即各种治理结构类型仍将同时存在于职业教育领域。单一主导治理结构相对于其他两类而言，看似比较落后，但仍然有其生存的"土壤"。比如，企业在初创时期可以寻求优质学校开展产教融合，采取依附于学校的形式，因为这样更利于企业的成长。由此可见，不同地区、不同机构开展产教融合时，应根据自身实际情况选择合适的治理结构类型，而不是一味地追求高规格、高品质的治理结构。目前，我国正处于经济稳定发展、产业转型升级时期，政府陆续出台了一系列关于职业教育、产教融合、技能人才队伍建设等的政策、法律文件，特别是《国务院办公厅关于深化产教融合的若干意见》《中华人民共和国职业教育法》的出台，对多元合作、深化产教融合发展提出了具有针对性、建设性的意见。从社会大环境来看，国家重视实体经济的发展，积极引导产业优化升级，鼓励多元办学主体参与高技能人才的培养，因而，未来产教融合组织形态治理结构应表现为中国式现代化进程中的高质量产业体系和高质量教育体系相互交融的智慧化多元协同结构，可以吸引多种社会力量参与办学，逐步形成跨界融合治理格局。

第五章　产教融合目标达成度的测量评价

目标达成度是指特定事物的预定或预期目标的实现程度。2017 年，《国务院办公厅关于深化产教融合的若干意见》（国办发〔2017〕95 号）明确指出："人才培养供给侧和产业需求侧在结构、质量、水平上还不能完全适应，'两张皮'问题仍然存在。"因而，要深化产教融合，促进教育链、人才链与产业链、创新链的有机衔接，推动人力资源供给侧结构性改革，以面对新形势、新经济、新变局。在这里，促进"四链"衔接，通过提高行业、企业参与办学的程度，健全多元化的办学体制，建立需求导向的人才培养模式，真正有效解决教育链、产业链和人才链的衔接问题，提高职业教育和高等教育对社会经济发展和产业升级的贡献度，是深化产教融合的主要目标。本研究认为，上述产教融合目标的实现程度就是产教融合的目标达成度。为此，本章在陈述产教融合目标达成度测评取向和方法的基础上，聚焦产教融合的本质，立足中观和微观层面，构建产教融合目标达成度测评指标体系，以期形成一种产教融合评价方法，并开展实证调查分析。

第一节　产教融合目标达成度测评取向与思路

一、产教融合

1. 产教融合的概念

20 世纪中叶，美国芝加哥大学教授菲利普·福斯特在其著作《职业学校发展规划中的谬论》（*The Vocational School Fallacy in Development Planning*）中最早提出产教融合这一概念（刘康平、李飞、胡芳仁，2024）。我国职业教育从校企合作到产教融合，经历了较长的演变历程。"产教融合"作为一个政策概念，最早出现在 2014 年 5 月印发的《国务院关于加快发展现代职业教育的决定》（国发〔2014〕19 号）中。2017 年 12 月，

《国务院办公厅关于深化产教融合的若干意见》（国办发〔2017〕95号）明确提出"深化产教融合，促进教育链、人才链与产业链、创新链有机衔接"。2019年2月，中共中央办公厅、国务院办公厅印发《加快推进教育现代化实施方案（2018—2022年）》，提出要"深化职业教育产教融合"。党的二十大报告也明确指出，"统筹职业教育、高等教育、继续教育协同创新，推进职普融通、产教融合、科教融汇，优化职业教育类型定位"。国家发展改革委等部门印发的《职业教育产教融合赋能提升行动实施方案（2023—2025年）》提出的行动目标是："统筹推动教育和产业协调发展，创新搭建产教融合平台载体，接续推进产教融合建设试点，完善落实组合式激励赋能政策体系，将产教融合进一步引向深入"。至此，产教融合已成为国家教育制度的一项重要内容。产教融合已经从职业教育政策上升为"国家理念、国家制度和国家行动"（曾天山，2023）。

作为一个学术概念，产教融合的内涵有三点。一是产业和职业教育融为一体而形成的新的融合体（欧阳河、戴春桃，2019）。二是职业教育与产业的深度合作。相关观点有：产教融合是产业系统和教育系统通过制度创新而进行资源整合的人才培养活动（万卫、张帆，2019）；产教融合不同于一般的产业融合，它不会让职业教育与其他产业融为一体，也不会产生新的产业，它只是职业教育与产业的相互渗透、相互支持，是一种深度合作（陈年友、周常青、吴祝平，2014）；产教融合是产业与教育两个系统的交融，或者是学校与企业两种组织机构深度合作，甚至融为一体（聂劲松、胡筠、万伟平，2021）；等等。三是一种新的组织形式。比如，产教融合是以创新为核心的价值链重组、以技术进步为融合发展的主轴（陈锋，2018），教育和产业互补互融、共生共长、双向赋能（曾天山，2023）。从国内外产教融合发展历程来看，产教融合的实践探索源于教育侧的单向人才培养诉求。经过多年的发展，产教融合在课程、专业、学院、基地等方面持续完善，产教融合的组织形态不断演变，并跳出了教育领域，在产教融合企业、城市、产业建设等方面进行了卓有成效的探索（李玉倩，2023）。

2. 产教融合的演变

中华人民共和国成立伊始，我国逐步形成了"以技术为导向"的职业教育。1996年，我国颁布实施《中华人民共和国职业教育法》，确立了职业教育的重要地位和作用，建立了职业教育体系。21世纪以来，党和政府多次作出"大力发展职业教育"的决定，明确职业教育是经济社会发展的重要基础、教育工作的战略重点，形成"以服务为宗旨、以就业为导向"的职业教育办学方针，从而推动了职业教育的飞速发展。党的十八大以来，职业教育朝着"让人民满意"的方向继续前进，建立现代职业教育体系，形成"一体两翼"的格局，是职业教育的宏观发展方向。

在职业教育发展过程中，随着社会生产力和社会生产关系的发展和变迁，产业与教育的融合、学校与企业的合作也经历了多种形态。职业技术教育学校的发展经历了从技工学校、中等专业学校、职业技术师范学院、职工大学到高等职业学校的转变；"产""教"关系经历了从"半工半读""校企合作""产教结合"到企业与学校"双主体"，再到多元利益主体合作共赢的"产教融合"的变迁（任聪敏，2021）。在"产""教"合作形式上，产生了诸多校企合作模式，如"厂中校""校中厂""订单班""现代学徒制"等；发展出多种类型的产教融合型组织，如产业学院、校企合作共建实习实训基地、大学科技园、职教联盟等。企业与学校的合作形式（如校企合作或产教融合），主要属于中观层面的产教融合（高慧、赵蒙成，2018）。而它们的合作内容（主要是将企业的生产实践过程和学校的教学活动相结合，将企业的生产任务与课程教学内容相结合），则属于微观层面的产教融合。

3. 产教融合的困境

在职业教育校企合作、产教融合发展历程中，存在一个较为明显的现象，那就是"校热企冷"。具体而言，就是在校企合作和产教融合工作的开展方面，似乎职业院校更加有需要，行为上也更加主动，而企业、行业并不是特别积极和主动，甚至是比较被动，这有以下几个原因。

第一个原因是企业和学校分属于不同的社会领域，各自的价值取向不同。企业是追求经济利益的，其价值取向是经济利益最大化，追求的是经济价值；学校是追求社会效益的，其价值取向是培养更优质的人才以服务社会，追求的是社会价值。因此，企业与学校在校企合作和产教融合中有许多观念需要改变，有许多认知壁垒需要突破。

第二个原因是在产教融合中，企业的需求没有被满足。在校企合作过程中，中小微企业需要招聘到"好用"的人力资源，这是中小微企业最为强烈的需求。因此，对人才的素质要求反而超过了对其技术技能的要求。来自中小微企业的合作反馈显示，其对人才综合素质的要求越来越高。此外，对技术创新的需求也是一个重要方面，中小微企业特别需要高校教师能为其提供技术创新服务，以节约生产成本。如果职业院校既能提供优秀毕业生，又能为企业解决技术难题，那么企业合作的意愿就会更强烈。但是在现实中，一些职业院校的教师在社会服务方面，意愿不强、能力不足，导致合作效果不佳。职业院校为企业提供的服务与企业和社会的需求存在明显差距，导致企业的需求没有被满足，企业没有尝到产教融合的"好处"，没有享受到产教融合中职业院校提供服务的"甜头"（尹绪忠，2020）。

第三个原因是职业院校的校企合作、产教融合能力不足。职业院校之所以对产教融合积极主动，一方面源于寻求高质量发展的内部动力及学生就业的压力，另一方面源于上级教育行政部门的考核压力。从产教融合的视角审视职业教育内部，可以发现一些现象。比如，一些职业院校的产教融合工作只停留在应对上级教育行政部门的相关考核验收阶段，学校内部产教融合长效机制尚未形成，产教融合工作依然浮于表面，大多数教师并没有深刻理解产教融合的内涵，甚至没有将来自企业的真实工作任务或者真实生产案例作为教学素材，也缺乏与企业深入合作编制教学资料及教材等学习资料的意识。还有一些学校并没有切实发挥产教融合在内部考核中的"指挥棒"作用。因此，从职业教育内部来看，校企合作、产教融合长效机制仍存在不足，进而导致职业院校的产教融合能力不足，在这样的情况下，即使企业、行业对校企合作、产教融合有较强烈的需求，职业教育也并不能满足行业、企业的需要，从而会产生另一个现象，那就是"企热校冷"，这个现象集中表现在职业院校产教融合能力不足、水平不高的问题上。

二、产教融合目标达成度

1. 目标的概念

目标是个体通过努力要完成和达到的结果（伍尔福克，2015），目标指明需要完成的使命（格林斯坦，2020）。目标是个体行动所指向的对象或结果，以及判断满意与否的标准（杨秀君，2004）。目标有助于人们集中注意力，能激励人们采取行动，从而减少差距。不同的目标设定，会影响动机的强弱，具体的目标会为人们提供一个判断自己行为表现的清晰的标准。凡是设定合理的目标，都是具体的、可操作的、可测量的。目标也可能包括实现目标的策略、选定的资源、持续时间和掌握水平（格林斯坦，2020）。

目标设置理论（Goal-Setting Theory）认为目标通过四种机制影响成绩，一是目标具有指引功能，二是目标具有动力功能，三是目标影响坚持，四是目标通过导致与任务相关的知识和策略的唤起、发现或使用而间接影响行动（杨秀君，2004）。目标设置理论强调目标的激励作用，认为人们对工作任务的执行效果取决于他们的目标，目标的激励效果越强，任务的执行效果越好，反之则越差（唐成成，2020）。

拉尔夫·泰勒于1949年提出，"陈述目标最有用的方式是用术语来表达目标。"目标陈述的内容包括预期的结果、预期的成果以及预期的变化（安德森，2009）。对不同的学科而言，目标陈述的难易程度差别很大，甚至在某些领域，与他人就目标达成共识，都存在困难，即使能够陈述目标，目标也是受限的。

2. 产教融合目标

《教育部关于学习宣传贯彻习近平总书记重要指示和全国职业教育大会精神的通知》强调，要"增强职业教育适应性，加快构建现代职业教育体系，培养更多高素质技术技能人才、能工巧匠、大国工匠。"党的二十大报告指出，要"统筹职业教育、高等教育、继续教育协同创新，推进职普融通、产教融合、科教融汇，优化职业教育类型定位"，这是国家层面对职业教育发展目标的宏观定位。产教融合作为职业教育的重要内容，在建设现代职业教育体系方面发挥着极其重要的作用。那么，产教融合目标是什么呢？

从我国不同时期出台的有关政策、文件来看，产教融合目标作为一种政策目标，而政策目标是指"公共组织特别是政府为了解决有关公共政策问题而采取的行动所要达到的目的、指标和效果"（林金辉，2018）。在职业教育方面，产教融合目标更多的是通过职业教育的振兴和发展，优化我国产业人才结构并提升能力（王辉，2015）。《国务院办公厅关于深化产教融合的若干意见》(国办发〔2017〕95号)指出,要"将产教融合作为促进经济社会协调发展的重要举措,融入经济转型升级各环节,贯穿人才开发全过程",因此,产教融合的作用已经不言而喻,产教融合的地位也不言自明,产教融合已然成了一项重要的国家战略。本研究认为,产教融合的核心目标应是促进职业教育高质量发展,其最高目标是达到"四链"衔接。

3. 有关产教融合评价的研究

目标达成度即目标实现的程度(蒋成香,2022),产教融合目标达成度就是产教融合目标实现的程度,是对产教融合目标达成情况的评价(沈绮云、欧阳河、欧阳育良,2023)。对近年来有关产教融合的政策文件、论文、著作,包括产教融合的基本理论(曹晔,2020)、制度创新(和震,2014)、产教融合的服务组织(潘海生、裴旭东,2019)、产教融合型组织建设(邢晖、李玉珠,2015)等相关文献进行分析研究,可以发现学者们对产教融合评价的研究包含了多个方面,研究的侧重点各有不同。

在宏观层面上有对城市产教融合评价的研究(陈振斌,2023),在中观层面上有对产教融合型企业评价的研究(李国杰,2019),在微观层面上有较多关于高校产教融合质量评价(秦凤梅、莫堃,2022)的研究,以及对高校产教融合效果评价的研究(孙亚男、陈民伟,2022)。在具体的评价对象上,有对产教融合绩效评价的研究(周春光等,2021),以及对产教融合质量评价(高慧、赵蒙成,2018)的研究,选择的指标包括作为产教融合利益主体的学生、教师、学校、企业等参与者的智力、情感、态度、价值观、满意度等;有对产教融合进行综合评价的研究,包括资源(人力资源、财力资源和物质资源)、机制(利益激励机制、管理保障机制和评价机制)和成果(社会服务、经济贡献和学生发展)3个维度的9个指标(岑霭芬,2020);有对高等职业教育"双高计划"背景下高职院校产教融合质量评价(吕路平、童国通,2020)的研究,包括产教融合规划、产教融合组织实施和产教融合效果3个维度的11个指标。在研究方法上,既有对产教融合质量评价的质性研究(高慧、赵蒙成,2018),也有用主成分分析法和熵值法进行产教融合程度综合评价的研究(霍丽娟,2020),还有运用德尔菲法和层次分析法进行产教融合目标达成度评价的研究（沈绮云、欧阳河、欧阳育良，2021）。综观现有文献，针对产教融合目标达成度评价的研究极少。

为了确定产教融合目标到底是什么，本研究进行了大量的文献分析，最终以《国务院办公厅关于深化产教融合的若干意见》（国办发〔2017〕95号）作为依据，对文件描述的深化产教融合的目标所包括的具体内容，进行关键要素提取，并将其最终确定为产教融合目标达成度测评指标体系的一级指标（沈绮云、欧阳河、欧阳育良，2021）。

三、测评指标体系构建的价值取向和研究思路

价值取向和研究方法是制约产教融合目标达成度测评研究科学性和合理性的重要因素。价值观一旦形成，就会渗入人们的一切价值活动，是人们进行价值评价、选择、创造的导向和依据（李景源、孙伟平，2007），因此研究人员的价值观决定了其研究的合伦理性。研究方法及工具作为开展研究的具体方式、标尺和手段，决定了研究的科学性和有效性。

产教融合目标达成度测评指标体系的构建，应该遵循科学性、有效性、客观性和可测量性四个基本原则。具体来说，科学性，即指标体系必须从研究对象的特点出发进行寻找；有效性，即指标体系的构建必须有明确的测量目的、确定的测量对象，对指标的选择和编制必须遵循问卷编制的基本原则，确保指标的定义明确，指标的测量结果可靠；客观性，即在指标体系构建过程中必须尽量避免主观评价指标，尽可能减少人为因素对指标体系的影响；可测量性，即指标体系的构建应考虑到指标数据可通过测量获得。

在具体的产教融合目标达成度测评指标的选择上，本研究认为要遵循成果导向原则。也就是说，产教融合目标达成度测评中的产教融合成果应指向产教融合是否服务于社会经济发展、满足社会人才需求和促进人才培养。然而，在文献研究中发现学界对产教融合的投入研究较多，对产教融合的效果研究相对较少。本研究认为，产教融合的成果包括三个方面，即社会服务、经济贡献和学生发展。因而，基于成果导向原则，产教融合目标达成度测评指标体系应根据产教融合在中观和微观层面的达成情况进行设计，即指标体系的构建要基于生产实践活动与教育教学活动的融合。其中，生产实践活动是指企业真实的生产活动、生产任务或某个生产环节，教育教学活动是指职业院校真实的教育教学活动，尤其是实践教学活动。

产教融合目标达成度测评指标体系的构建，需要解决测量评价的科学性、合理性和有效性问题，因而，问题导向是产教融合目标达成度测评指标体系构建的起点。本研究的基本思路是，从产教融合组织要达到的目标开始，从问题入手，即第一步是着重思考产教融合组织要达成什么目标，从而确定产教融合目标达成度是什么。在这个步骤中主要运用的是文献分析法，在对多个国家的相关政策文件进行比较后，确定从《国务院办公厅关于深化产教融合的若干意见》（国办发〔2017〕95号）入手，寻找有关产教融合目标的文字描述，并从中提炼出本研究所需要的产教融合目标。第二步是深入分析该文件中有关产教融合目标的阐述，继续探索产教融合目标达成度应该包括哪些必要的指标，从而构建产教融合目标达成度测评指标体系的结构。在这个过程中主要运用头脑风暴法进行多次讨论，找寻恰当的表述，以确定相应的指标；运用德尔菲法和层次分析法进行指标的选择、补充、确定，以及权重的确定。第三步是解决产教融合目标达成度应该怎么测量的问题，即先确定产教融合目标达成度测评指标的内涵，再研究产教融合目标达成度怎么测量。在产教融合目标达成度测评指标体系的构建过程中主要运用了问卷调查法等实证研究方法，其构建思路如图5-1所示。

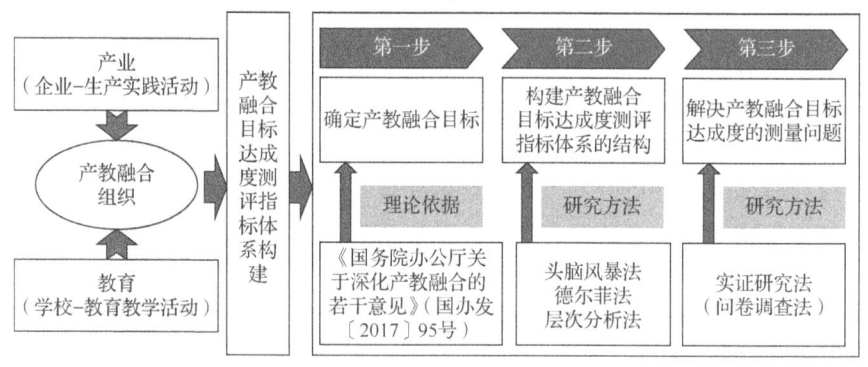

图 5-1　产教融合目标达成度测评指标体系的构建思路

第二节 产教融合目标达成度测评指标体系的编制

按照上节所述价值取向与研究思路，本研究先以《国务院办公厅关于深化产教融合的若干意见》（国办发〔2017〕95号）为重要依据，结合文献研究成果，从多个维度初步筛选出若干指标，采用头脑风暴法对这些指标进行研讨并获得框架性的测评指标体系；然后，启动专家咨询对其进行修正，建立层次结构模型并赋予指标权重；最后，对编制的测评指标体系进行审视与反思。

一、产教融合目标达成度测评指标体系构建的依据

（一）理论依据

分析现有产教融合相关文献可以发现，有基于利益相关者理论对产教融合的研究，如在利益相关者视域下对人才培养的研究（何姝颖，2024），以及在利益相关者理论基础上的产教融合绩效研究（张煜炯等，2024）等；有基于共生理论对地方高校产教融合成熟度评价的研究（张璋、周新旺、曾播思，2023），以及基于共生理论的产教融合共生体的研究（周益斌、肖纲领，2023）等；有基于多源流理论对产教融合政策演变的研究（周芷莹、冉云芳、石伟平，2023）；有基于复杂社会系统理论对产教融合政策改革的研究（刘康平、李飞、胡芳仁，2024）等。此外，还有基于场域理论对产教融合权力结构的研究（易招娣、衡孝庆，2023）。无论是哪种研究理论，无不切中产教融合的根本，无不聚焦于产教融合的根本目标——实现职业教育高质量发展。

本研究以利益相关者理论为基础，结合共生理论，进行产教融合目标达成度的研究。在产教融合过程中，涉及的利益相关者，即利益主体，无外乎职业院校、企业（行业）、政府和受教育者（学生）这几个方面，有学者将受教育者（学生）纳入职业院校，因此，本研究认为产教融合利益主体包括学校（高校、职业院校）、企业（行业）和政府三方，他们通过产教融合建立了合作或共生关系，构成了产教融合组织。在产教融合组织内部，各利益主体协商建立产教融合体制机制，促进产教融合各

项任务的开展，维持产教融合组织的运行。在产教融合过程中，政府追求的是社会效益，学校追求的是文化效益，企业追求的是经济效益（见图 5-2）。

产教融合组织有多种形式，任何形式的产教融合组织，都应该建立相应的体制机制，以协调各利益主体之间的关系，满足它们各自的利益诉求。产教融合组织开展产教融合工作的效果受到内外部环境因素的影响。其中，外部环境涉及自然、社会、政治、经济和文化五个方面；内部环境包括产教融合各利益主体自身的体制机制、对产教融合的态度、产教融合组织所建立的体制机制，以及产教融合组织形态、组织机制等。产教融合效果包括产教融合各利益主体的满意度、产教融合在经济、技术、人才、社会影响等各方面的产出等。产教融合效果直接影响到产业链、教育链、创新链和人才链的"四链"融合效果及各利益主体间组织形式的稳定性和开放性。产教融合效果好，各利益主体间的组织形式就会稳定，且开放性弱，各利益主体的利益诉求满足度高，产教融合满意度高。产教融合效果好，则产教融合目标达成度高。

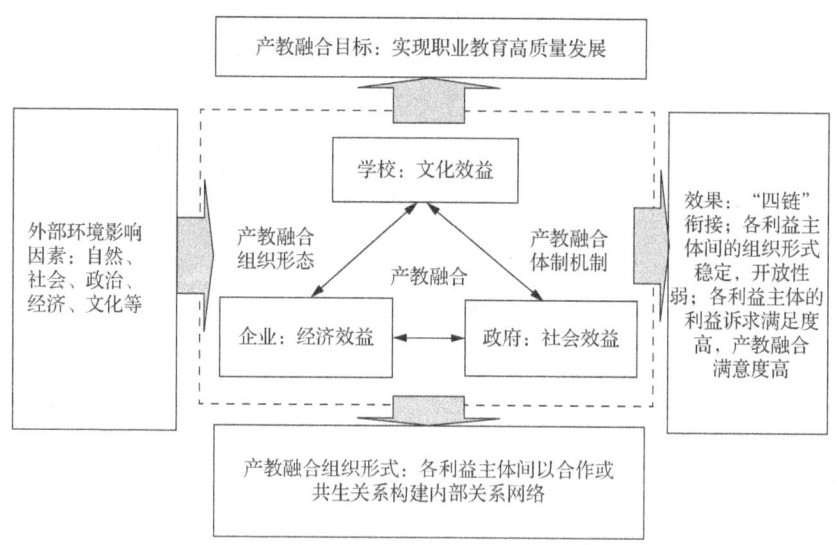

图 5-2 产教融合组织各利益主体间的关系

（二）政策依据

产教融合最终要达到实现职业教育高质量发展的目标，那什么样的产教融合才能够达到"高质量发展"的目标呢？本研究以《国务院办公厅关于深化产教融合的若干意见》（国办发〔2017〕95号）作为政策依据，探寻产教融合的具体目标。

本研究依据《国务院办公厅关于深化产教融合的若干意见》所提出的深化产教融合的主要目标进行要点采择，归纳提炼出5个要点，并从每个要点中提取关键要素。从"提高行业企业参与办学程度"提取出财物投入、人员投入和文化投入3个要素；从"健全多元化办学体制"提取出办学形式、治理结构、运行机制3个要素；从"需求导向的校企协同育人模式"提取出校企协同、人才培养、典型成果3个要素；从"人才教育供给与产业需求重大结构性矛盾解决和对经济发展"提取出人才供给量、人才质量和办学成效3个要素；从"职业教育和高等职业教育对产业升级的贡献"提取出直接产出、社会影响和技术创新3个要素。

同时，对以上要素继续进行科学性、有效性、客观性和可测量性评价，筛选出不符合的要素，最终留下财物投入、人员投入、办学形式、校企协同、人才培养、人才质量、技术创新7个关键要素。随后，根据以上7个关键要素，编制具体指标作为二级指标，根据测量的需要确定每个关键要素所包含的指标数量，指标的编制遵循可靠性和有效性原则。

二、产教融合目标达成度测评指标体系的构建方法

本研究的任务是构建产教融合目标达成度测评指标体系，研究方法包括文献分析法、头脑风暴法、德尔菲法和层次分析法，下面将详细介绍后两种方法。

（一）德尔菲法

1. 操作步骤

德尔菲法的效果取决于专家阵容的设计、专家的遴选、咨询问题的设计、咨询目的的呈现、咨询态度的可接受度、咨询信息的分析等。本研究严格按照德尔菲法的操作步骤（见表5-1）进行操作。在运用德尔菲

法之前，本研究先以《国务院办公厅关于深化产教融合的若干意见》为依据，充分进行头脑风暴，经过几轮讨论之后，确定了产教融合目标达成度测评指标体系的基本框架并将其作为进行专家咨询的初稿；然后开展专家咨询，确定了最终的产教融合达成度测评指标体系。

表 5-1 德尔菲法的操作步骤

步骤	任务	内容/条件/要求
准备工作	制定专家咨询问卷	成员要求：（1）高级职称或从事职业教育 10 年以上；（2）有主持或参与产教融合重大课题经验；（3）可参与多轮头脑风暴研究
第一步	遴选咨询专家	六条遴选条件：（1）有产教融合课题主持经验；（2）有发表高质量产教融合学术论文经验；（3）有从事产教融合实际工作或管理经验；（4）自愿参与并能保证至少两轮专家咨询工作；（5）有高级职称；（6）满足职业教育工作年限要求
第二步	专家咨询过程	对指标的必要性和重要性进行咨询，要求提出修改或增删指标的意见；对指标权重进行 9 级评价打分咨询
第三步	统计专家积极系数	每次咨询问卷的回收率代表专家积极系数
第四步	统计专家可靠性	以专家权威系数 Cr 代表统计专家可靠性，Cr 越接近 1，表示参加调查的专家权威程度越高，专家咨询结果的可靠性越高（吴建新等，2014）
第五步	计算专家意见协调程度	专家意见协调程度用变异系数（CV，各指标的标准差/平均值）和肯德尔协调系数 W 表示。变异系数越小，说明专家对某项意见越趋于一致（张菊，2014）
第六步	设定指标筛选标准	以重要性赋值的均值大于 3.5、$CV<0.25$ 为指标筛选标准

2. 咨询结果

根据表 5-1 中的条件，本研究组建了包括具有高级职称者 6 人、中级职称者 1 人的研究团队。其中，具有正高级职称的 2 人均有 30 年以上职业教育及研究经验，具有副高级职称的 4 人和具有中级职称的 1 人均有 10 年以上职业教育工作经验。

根据表 5-1 中的条件，本研究邀请了职业教育领域的 18 位知名专家、学者。其中参与第一轮咨询的专家包括：正高级职称专家 7 人、副高级职称专家 7 人、中级职称（博士）专家 1 人。其中，具有 10 年以内职业教育工作经验的有 3 人，具有 11～20 年职业教育工作经验的有 6 人，具有 21～30 年职业教育工作经验的有 2 人，具有 31 年及以上职业教育工作经验的有 4 人。参与第二轮专家咨询的专家包括：正高级职称专家 8 人、副高级职称专家 7 人、中级职称（博士）专家 1 人。其中，具有 10 年以内职业教育工作经验的有 3 人，具有 11～20 年职业教育工作经验的有 5 人，具有 21～30 年职业教育工作经验的有 5 人，具有 31 年及以上职业教育工作经验的有 3 人。参与第三轮专家咨询的专家包括：正高级职称专家 5 人、副高级职称专家 5 人、中级职称（博士）专家 1 人。其中，具有 10 年以内职业教育工作经验的有 3 人，具有 11～20 年职业教育工作经验的有 3 人，具有 21～30 年职业教育工作经验的有 1 人，具有 31 年及以上职业教育工作经验的有 4 人。

第一轮专家咨询共发放 18 份问卷，回收有效问卷 15 份，有效问卷回收率为 83.3%；第二轮专家咨询共发放 18 份问卷，回收有效问卷 16 份，有效问卷回收率为 88.9%；第三轮专家咨询共发放 12 份问卷，回收有效问卷 11 份，有效问卷回收率为 91.7%。三次问卷的回收率均大于 70%，说明专家积极性高（杨玲玲等，2012）。

考虑到参与第二轮专家咨询的专家人数最多，因此根据第二轮专家咨询结果计算专家权威系数 Cr。专家权威系数 Cr = （专家判断依据系数 Ca + 专家对问题的熟悉程度 Cs）÷ 2。Cr 值越接近 1，表明专家权威程度越高，专家咨询结果的可靠性越高（吴建新等，2014）。专家判断依据系数 Ca 是根据实践经验、逻辑推理、对国内外的了解和直觉这四个因素对专家判断的影响程度进行专家自评，四个因素的影响程度分为三级，分别是"影响大""影响一般"和"影响小"，赋分的标准在四个因素上有所不同。"实践经验"三个级别的赋分分别为："影响大"赋分 0.5，"影响一般"赋分 0.4，"影响小"赋分 0.3。"逻辑推理"三个级别的赋分分别为："影响大"赋分 0.3，"影响一般"赋分 0.2，"影响小"赋分 0.1。"对国内外的了解"和"直觉"这两个因素的三个级别的赋分均为 0.1。专家对问题的熟悉程度 Cs 的赋分标准为："很熟悉"赋分 1.0，"比较熟悉"赋分 0.75，"一般熟悉"赋分 0.5，"不太熟悉"赋分 0.25，"很不熟悉"赋分 0。本研究根据第二轮专家咨询结果计算出的专家权威系数 Cr 的值介于 0.7～1.0 之间，均值为 0.885，符合 $Cr \geq 0.7$ 的可接受程度要求。

本研究采用肯德尔协调系数 W 和各指标的变异系数 CV 来判定专家意见是否一致。在第一轮专家咨询结果中，15 个专家的协调系数 W 为 0.271，偏低，且有 3 个指标的 CV 值大于 0.25，不符合 CV 值必须小于或等于 0.25 的要求。据此，对指标体系进行修正，删除了这 3 个 CV 值大于 0.25 的指标，并吸纳专家意见，增加了 9 个指标。本研究同时对所有指标的语言表述进行了修正，形成了包含 24 个指标的新专家咨询问卷，并开展第二轮专家咨询。

第二轮专家咨询结果显示，肯德尔协调系数 W 为 0.423，介于 0.4～0.5 之间，结果可用；χ^2 值为 155.616，P 值为 0.000。可见，专家意见基本趋于一致。

（二）层次分析法

1. 方法概述

层次分析法（Analytic Hierarchy Process，AHP）是一种综合定性与定量分析的多指标、多准则的评价方法（耿正霖等，2024）。层次分析法作为多属性决策的一种常用方法（解江、吴诗辉，2020），其操作是以总目标、准则、候选者构建一个可分析的层次模型，各层之间互不影响，最终可根据不同因素对所有候选者进行单独评价，求解出所有候选者相对于总目标的权值大小（周文康，2021）。层次分析法的基本原理是由决策者对不同指标进行两两比较，构建一个判断矩阵，通过对判断矩阵进行分析得出不同指标的权重。

本研究中的层次分析法采用 9 级评分，评分原则是请专家对所有指标的重要性进行两两比较，得出各要素的相对重要性，列出两两比较矩阵并计算两两比较矩阵的一致性指标 CR。如果 $CR<0.1$，则认为判断矩阵的层次排序具有满意的一致性（叶腾飞、张兵，2021）。

2. 操作步骤

第一步，建立产教融合目标达成度测评指标体系的层次结构模型。本研究运用迈实 AHP 层次分析法软件，根据产教融合目标达成度测评指标体系，建立了产教融合目标达成度测评指标的层次结构模型，该模型包括四层结构，其中，第一层为目标层"产教融合目标达成度"，第二层为一级指标，第三层为二级指标，第四层为三级指标。

第二步，构建判断矩阵，生成产教融合目标达成度测评指标体系常规调查表。以1~9为标度对指标进行两两比较评分。其中，1、3、5、7、9分别表示第 i 个指标与第 j 个指标相比同样重要、稍微重要、比较重要、非常重要、绝对重要；1/3、1/5、1/7、1/9表示第 i 个指标与第 j 个指标相比稍微不重要、比较不重要、非常不重要、绝对不重要；2、4、6、8、1/2、1/4、1/6、1/8分别表示重要程度介于1~3、3~5、5~7、7~9、1~1/3、1/3~1/5、1/5~1/7、1/7~1/9。

第三步，开展专家调查。本研究将调查表以电子邮件形式发送给12位咨询专家，包括职业教育领域正高级职称专家5人、副高级职称专家5人、中级职称（博士）专家1人。其中，具有10年以内职业教育工作经验的有3人，具有11~20年职业教育工作经验的有3人，具有21~30年职业教育工作经验的有1人，具有31年及以上职业教育工作经验的有4人。本次调查共发放12份问卷，回收有效问卷11份。将11份问卷导入迈实AHP层次分析法软件，得到产教融合目标达成度测评指标权重结果。

三、产教融合目标达成度测评指标的编制

（一）编制指标初稿

在文献研究的基础上，本研究根据《国务院办公厅关于深化产教融合的若干意见》的表述"深化产教融合的主要目标是，逐步提高行业企业参与办学程度，健全多元化办学体制，全面推行校企协同育人，用10年左右时间，教育和产业统筹融合、良性互动的发展格局总体形成，需求导向的人才培养模式健全完善，人才教育供给与产业需求重大结构性矛盾基本解决，职业教育、高等教育对经济发展和产业升级的贡献显著增强"，梳理出5个基本维度并将其作为一级指标。

编制指标的基本原则是科学性、有效性、客观性和可测量性，基本价值取向是测评指标要体现出产教融合服务社会、促进学生发展、做出

经济贡献，产教融合目标达成度指标的基本视角是中观和微观视角。基于这些基本规范，问卷编制团队经过多次头脑风暴，结合文献研究的结果，进行多次修改完善，并从指标的内容反映、语言表述、严谨措辞等方面进行了深入探究，最终形成了产教融合目标达成度测评指标体系专家咨询问卷初稿。初稿共包括5个一级指标、7个二级指标和18个三级指标（见表5-2）。

表5-2 产教融合目标达成度测评指标体系专家咨询问卷初稿

指标结构	数量	指标表示的内容
一级指标	5个	行业、企业的办学参与度；多元化办学体制健全度；校企协同育人模式形成度；人才供给与产业需求结构性矛盾基本解决率；高等职业教育对经济发展和产业升级的贡献度
二级指标	7个	财物投入；人员投入；办学形式；校企协同；人才培养；人才质量；技术创新
三级指标	18个	产教融合型组织投入的资产总值、产教融合型组织投入的生均经费；行业、企业投入产教融合的人力资源占比；股份制、混合所有制、学校-企业双主体办学；产教融合型组织承担实践教学任务占比，"1+X"证书试点学生人数占比，现代学徒制试点学生人数占比，"双元制"试点学生人数占比，"订单班"试点学生人数占比；产教融合型组织培养的学生总数；学生的对口就业率，用人单位对毕业生的满意度，学生对课程教学的满意度；合作研发的项目经费总额，合作研发的专利数量，合作研发的专利获得的收益

（二）确定指标

1. 专家咨询结果

针对专家咨询结果，本研究以同时满足专家评分均值大于0.35，变异系数小于或等于0.25两项指标（龚雪，2015）作为指标筛选依据。经过第一轮专家咨询，确定了产教融合目标达成度测评指标体系的一级指标5个、二级指标7个，同时删除3个三级指标并增加9个三级指标。经过第二轮专家咨询，鉴于专家意见基本一致，确定了24个可采纳的三级指标。

经过两轮专家咨询，24个三级指标按照专家评分均值大于0.35且对应的变异系数小于 0.25 的标准均可保留。在第二轮专家咨询中，有专家认为，产与教或校与企的性质不同，它们的合作或融合，需要通过建立相关的组织来搭建合作平台，所以建议增加"组织保障"这个一级指标，增加"治理组织"这个二级指标，并增加 3 个三级指标，包括"成立理事会或董事会""成立专业教学指导委员会""成立行业联盟"。由此，产教融合目标达成度测评指标体系确定为包括 6 个一级指标、8 个二级指标，27 个三级指标，至此，产教融合目标达成度测评指标体系构建完成。

2. 建立层次结构模型

在两轮专家咨询的基础上，本研究以"产教融合目标达成度"为决策目标，以"组织保障""行业、企业对职业教育投入""多元化办学体制""校企协同育人""产教融合教育效果""对区域经济发展和产业升级的贡献"6 个一级指标和"治理组织""财物投入""人员投入""办学形式""校企协同""人才培养""人才质量""技术创新"8 个二级指标为中间层节点，以 27 个三级指标为底层元素，用迈实 AHP 层次分析法软件构建出产教融合目标达成度测评指标体系的层次结构模型（见图 5-3）。

3. 分析指标体系权重

将专家咨询结果导入迈实 AHP 层次分析法软件，计算原始权重矩阵，结果显示矩阵有残缺。软件自动修正后，用权重矩阵计算，产教融合目标达成度→对区域经济发展和产业升级的贡献→技术创新，$\lambda_{max} = 4.0001$，$CR = 0$，$CI = 0$。$CR < 0.001$，显示专家评价一致性较好，导出中间层节点——一级指标和二级指标的权重值（见表 5-3）和底层元素——三级指标的权重值（见表 5-4）。至此，通过德尔菲法和层次分析法完成了产教融合目标达成度测评指标体系的构建。

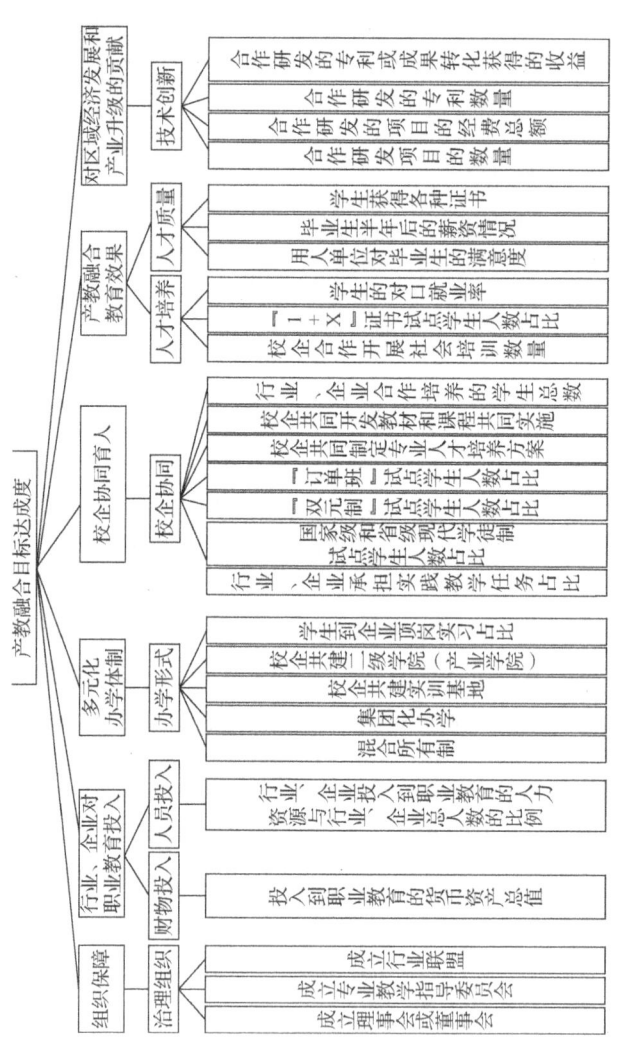

图 5-3 产教融合目标达成度测评指标体系的层次结构模型

表 5-3 中间层节点——一级指标和二级指标的权重值

指标	全局权重	同级权重	上级
组织保障	0.2485	0.2485	产教融合目标达成度
行业、企业对职业教育投入	0.2242	0.2242	
多元化办学体制	0.2049	0.2049	
校企协同育人	0.1501	0.1501	
产教融合教育效果	0.1041	0.1041	
对区域经济发展和产业升级的贡献	0.0682	0.0682	
治理组织	0.2485	1	组织保障
财物投入	0.1489	0.6642	行业、企业对职业教育投入
人员投入	0.0753	0.3358	
办学形式	0.2049	1	多元化办学体制
校企协同	0.1501	1	校企协同育人
人才培养	0.0602	0.5781	产教融合教育效果
人才质量	0.0439	0.4219	
技术创新	0.0682	1	对区域经济发展和产业升级的贡献

表 5-4 底层元素——三级指标的权重值

指标	全局权重	同级权重	上级
成立理事会或董事会	0.1162	0.4677	治理组织
成立专业教学指导委员会	0.0842	0.3390	
成立行业联盟	0.0480	0.1933	
投入到职业教育的货币资产总值	0.1489	1	财物投入
行业、企业投入到职业教育的人力资源与行业、企业总人数的比例	0.0753	1	人员投入
混合所有制	0.0627	0.3057	办学形式
集团化办学	0.0357	0.1740	
校企共建实训基地	0.0364	0.1776	
校企共建二级学院（产业学院）	0.0388	0.1892	
学生到企业顶岗实习占比	0.0315	0.1535	
行业、企业承担实践教学任务占比	0.0447	0.2977	校企协同
国家级和省级现代学徒制试点学生人数占比	0.0241	0.1607	
"双元制"试点学生人数占比	0.0211	0.1406	
"订单班"试点学生人数占比	0.0136	0.0909	

续表

指　　标	全局权重	同级权重	上　　级
校企共同制定专业人才培养方案	0.0175	0.1163	校企协同
校企共同开发教材和课程共同实施	0.0175	0.1168	
行业、企业合作培养的学生总数	0.0115	0.0769	
校企合作开展社会培训数量	0.0298	0.4959	人才培养
"1+X"证书试点学生人数占比	0.0129	0.2145	
学生的对口就业率	0.0174	0.2896	
用人单位对毕业生的满意度	0.0232	0.5272	人才质量
毕业生半年后的薪资情况	0.0127	0.2887	
学生获得各种证书	0.0081	0.1841	
合作研发项目的数量	0.0157	0.2301	技术创新
合作研发的项目的经费总额	0.0239	0.3497	
合作研发的专利数量	0.0139	0.2043	
合作研发的专利或成果转化获得的收益	0.0147	0.2159	

第三节　产教融合目标达成度现状调查及反思

本研究通过对产教融合目标达成现状和产教融合效果的调查间接呈现被调查学校的产教融合目标达成度。研究的基本假设是：产教融合目标达成现状较好的学校，其产教融合目标达成度较高；产教融合目标达成现状不佳的学校，其产教融合目标达成度较低。本研究以先前编制的产教融合目标达成度测评指标体系为框架，编制产教融合目标达成现状调查问卷，以高职院校为对象，开展产教融合目标达成现状的实证调查，并基于调查结果进行评价。

一、研究方法

（一）调查对象

按照方便取样原则，本研究选取了多个地区的 30 所高职院校进行调查。选择调查对象的基本原则有 3 个：一是分布广泛，覆盖全国，具体包括东北、华北、华中、华东、华南和西南 6 个地区；二是学校具有代表性，如高水平高职学校和专业建设计划（简称"双高计划"）建设单位；

三是被调查学校与本研究团队主要成员之间有良好的合作关系。根据这些原则，本研究选取了分布在6个地区12个省份的30所高职院校，具体分布为：华南地区（广东、广西）16所；东北地区（黑龙江）1所；华北地区（河北、内蒙古）2所；华东地区（江苏、浙江、江西）4所；华中地区（湖南、湖北、河南）5所；西南地区（贵州）2所。

在30所高职院校中，有27所公办院校（占90%），3所私立院校；有11所"双高计划"建设单位（占36.7%），19所非"双高计划"建设单位。

（二）调查的可靠性

考虑到调查的便利性，本研究选用在线方式（问卷星小程序）进行调查。为了保证调查的顺利进行，也为了便于答题人作答，本研究进行了以下设计。一是选择与本单位有合作且合作关系较好的高职院校；二是对于问卷答题人，尽量选择被调查学校产教融合、校企合作职能部门的负责人来填写，或者由被调查学校的校领导指定的产教融合工作直接负责人来填写问卷，以确保所填写数据的准确性和可靠性；三是为保证答题人准确填写问卷，在一些调查问题的设计上，优先考虑高职院校现有数据平台已有的数据，以及可以直接从《麦可思毕业生培养质量跟踪评价报告》中获得的数据，并在调查问卷中备注好数据来源，以确保答题人填写的数据准确可靠。

从调查结果来看，所有样本的答题人对问卷内容熟悉程度的平均得分为2.4分（满分为4分），说明答题人对问卷内容的熟悉程度非常高。以上设计，从组织和技术两个层面有效保证了本次调查结果的真实性、准确性和可靠性，有效提高了调查的信度。

（三）调查工具

本研究对产教融合目标达成现状的调查采用自编问卷的方式。自编问卷的蓝本为研究团队所编制的产教融合目标达成度测评指标体系。调查分为3个部分：第一部分是被调查学校和答题人的基本信息；第二部分是产教融合目标达成现状；第三部分是关于产教融合的效果。

在编制产教融合目标达成现状这部分调查问题的过程中，本研究对产教融合目标达成度测评指标进行了深入分析，并对可测量的指标进行问卷题项转换,以编制调查问卷。经过头脑风暴,将产教融合目标达成度测评指标体系中的 27 个三级指标进行语义分析,将其要义表述为问卷题项。最终发现其中 3 个指标不便于调查,因而一共产生了 24 个调查要点(见表 5-5)。基于这 24 个调查要点编制题项,形成产教融合目标达成现状调查问卷。

表 5-5 产教融合目标达成现状的调查要点

序号	产教融合目标达成度评价	调查要点
1	组织保障	是否成立理事会或董事会、成立专业教学指导委员会或成立行业联盟
2	行业、企业对职业教育投入	近三年,合作企业投入到学校有关办学的资金及设施设备(含学校有使用权的实物投入)生均资产值;合作企业提供的兼职教师数与学校专任教师数之比
3	多元化办学体制	成立或参与的产教融合组织类型;学校在职教集团中的地位;建立的校企共建二级学院(产业学院)能够容纳学生的总人数与全日制在校生人数之比;校企共建实训基地可同时接收本校实习学生人数与全日制在校生人数之比;合作企业接收顶岗实习学生数与全日制在校生人数之比
4	校企协同育人	国家级和省级现代学徒制试点专业数与学校举办专业数之比;"订单班"试点学生数与全日制在校生人数之比;校企共同开发课程数是多少;合作企业接收毕业生就业人数与应届毕业生总人数之比
5	产教融合教育效果	专任教师人均开展社会服务培训人数;"1+X"证书试点学生数与全日制在校生人数之比;学生的平均就业率和对口就业率;用人单位对毕业生的满意度平均值;毕业生半年后的薪资收入平均值
6	对区域经济发展和产业升级的贡献	近三年,专任教师人均与企业合作的横向项目数量;专任教师人均横向项目的到账经费(万元);专任教师人均与企业合作的发明专利数量;专任教师人均企业联合授权的实用新型专利数量;为企业服务年收入(万元)

为了进一步了解产教融合目标达成度现状,本研究设计了关于产教融合效果的调查,以验证产教融合目标的达成程度。问卷中编制了 8 个关于产教融合效果的题目,采用李克特五级量表评分。另设 1 个问题调

查答题人对问卷内容的熟悉程度，该问题采用四级评分法。

二、调查结果

（一）产教融合效果总体较好

目标困难度越低，满意度越高，但成绩越低；目标困难度越高，成绩越高，但满意度越低（杨秀君，2004）。本研究认为，在产教融合过程中，各方作用发挥得越好，产教融合效果越好，产教融合目标达成度越高。在调查产教融合效果的 8 个题目中，最高得分是 4.40 分（"校企共建实训基地对提高人才培养质量所发挥的作用"），最低得分是 3.83 分（"产教融合的效果"），共有 5 个题目平均得分大于 4.00 分。从产教融合效果的整体得分来看，被调查学校（30 所高职院校）的产教融合目标达成度总体较好。

从调查结果（见表 5-6）可知，是否属于"双高计划"建设单位及产教融合的组织形态对产教融合效果的影响均不显著，30 所被调查学校的产教融合现状显示，产教融合是有利于高职院校人才培养、教师发展、学校发展和行业、企业技术创新的，这些学校的产教融合组织在提高人才培养质量、就业质量方面发挥了重要作用。

表 5-6 被调查学校的产教融合效果（$N=30$）

单位：分

项　　目	最小值	最大值	平均值
1. 校企共建实训基地对提高人才培养质量所发挥的作用	3	5	4.40
2. 产教融合的发展对提高学校影响力的作用	3	5	4.30
3. 产教融合组织（如产业学院）的建立对提高人才培养质量的作用	3	5	4.27
4. 产教融合的发展对提高毕业生就业率所发挥的作用	1	5	4.17
5. 产教融合在人才培养中发挥的作用	1	5	4.03
6. 产教融合对推动行业、企业技术创新所发挥的作用	2	5	3.97
7. 产教融合的发展对教师成长的作用	2	5	3.90
8. 产教融合的效果	1	5	3.83

（二）行业、企业对职业教育的投入不均衡

对行业、企业在职业教育的投入度方面的调查包括两个问题：一是近三年，合作企业投入到学校有关办学的生均资产值；二是近三年，合作企业提供的兼职教师数与学校专任教师数之比。调查结果显示，有四成被调查学校，合作企业投入到学校有关办学的生均资产值在1000元到10000元之间，如图5-4所示。但是，合作企业投入到高职院校的产教融合资产总值很不均衡。

调查结果显示，有两个被调查学校从合作企业处获得的总资产超过1亿元。这两个学校中，一所是公办高职院校，且是非"双高计划"建设单位，其所获合作企业投入的生均资产值为115384.62元；另一所是民办高职院校，其所获合作企业投入的生均资产值为10000元。其他被调查学校获得的合作企业投入到有关办学的生均资产值分布如图5-4所示。

对近三年合作企业提供的兼职教师数与学校专任教师数之比的调查结果显示，共有18所被调查学校所获得的合作企业兼职教师数与学校专任教师数之比在0～40%（含）；有5所被调查学校所获得的合作企业兼职教师数与学校专任教师数之比大于100%，如图5-5所示。

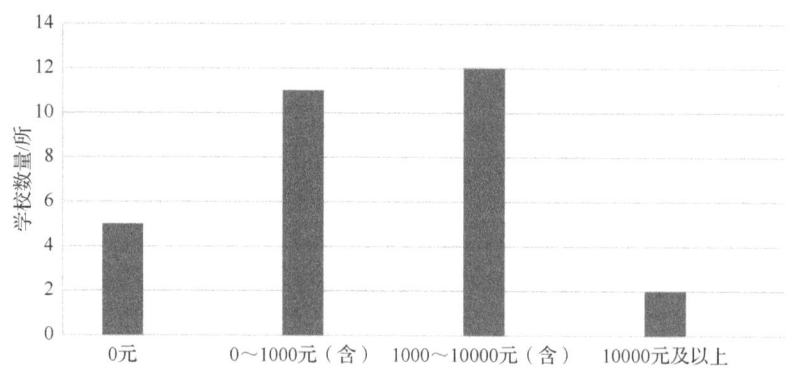

图5-4 合作企业投入到有关办学的生均资产值分布

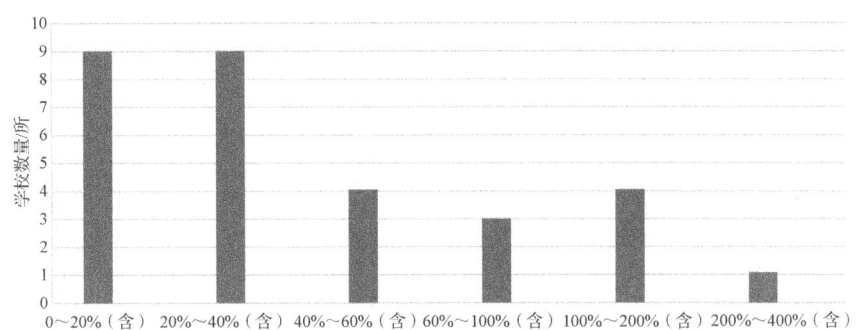

图 5-5　合作企业提供兼职教师的情况

（三）多元化办学体制普遍形成

1. 高职院校产教融合组织形态以产业学院为主

本研究对高职院校产教融合组织形态的调查是通过多选题"贵校参与了什么类型的产教融合组织"来进行的，包括产业学院、职教集团、产教联盟、企业协会、行业联盟、大学科技园、混合所有制二级学院、其他产教融合组织和未加入任何产教融合组织9个选项。调查结果显示，被调查的30所高职院校中，没有学校选择"未加入任何产教融合组织"，即所有被调查的高职院校都成立或参与了不同形态的产教融合组织，由此可见，高职院校已经普遍形成了多元化办学体制。在被调查学校中，成立产业学院的有27所，参与职教集团的有26所（其中23所是牵头单位），建立大学科技园的有9所，建立混合所有制二级学院的有6所（见图 5-6）。基于以上调查结果可知，高职院校的产教融合组织形态主要是产业学院和职教集团，而成立大学科技园和混合所有制二级学院的高职院校数量较少。另外，在26所加入职教集团的高职院校中，有23所在职教集团中是牵头单位，说明高职院校在职教集团中的地位较高。

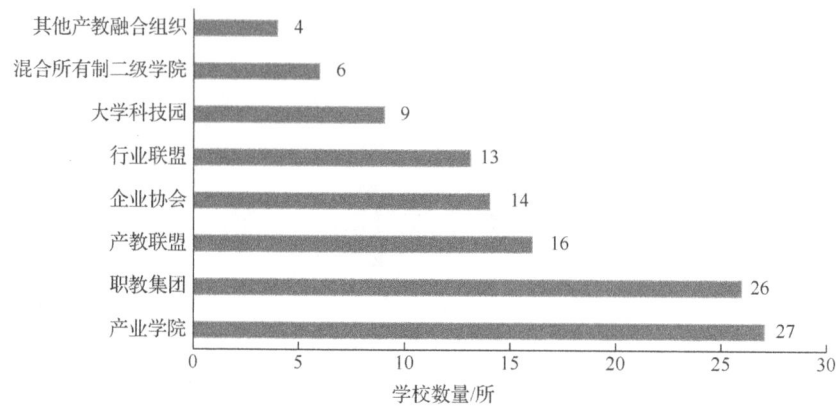

图 5-6 产教融合组织形态分布情况

2. 合作企业培养学生的占比逐年提高

校企合作和产教融合要解决的一个重要问题就是学生的顶岗实习和就业问题,如果产教融合的合作企业能接收较多的顶岗实习学生,则被认为校企合作、产教融合效果较好。本研究也对此问题进行了调查,结果(见图5-7)显示,合作企业接收顶岗实习学生人数占比在 0~10%(含)和 10%~20%(含)的学校各有 11 所;有 8 所学校的合作企业接收顶岗实习学生人数占比在 20%~30%(含),且这一比例较往年有所提高。对合作企业接收毕业生就业人数占比的调查结果显示,有 20 所学校的合作企业接收毕业生就业人数占比在 0~10%(含),有 9 所学校的合作企业接收毕业生就业人数占比在 10%~20%(含),有 1 所学校的合作企业接收毕业生就业人数占比为零。

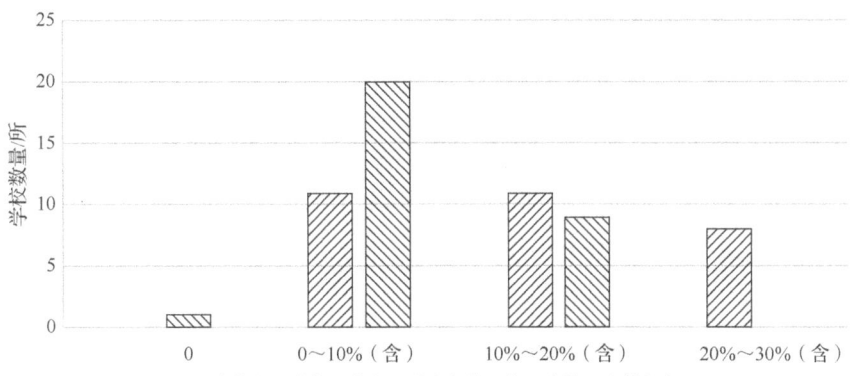

图 5-7　合作企业接收顶岗实习学生情况及接收毕业生就业情况

（四）校企协同育人格局已然形成

1. 有八成高职院校开展国家级和省级现代学徒制试点工作

现代学徒制是校企合作进行人才培养的重要形式，也是产教深度融合的一个重要标志。被调查学校开展现代学徒制的专业数越多，意味着产教融合越深入。本研究通过被调查学校开设国家级和省级现代学徒制专业数与办学总专业数之比来了解产教融合在人才培养方面的情况。调查结果显示，国家级和省级现代学徒制专业数占比在 0~20%（含）的学校有 16 所（占 53.3%），占比在 20%~50%（含）的学校有 8 所（占 26.6%），没有开展此项工作的学校有 3 所，如表 5-7 所示。

表 5-7　三种形式校企协同育人现状调查（N=30）

比值范围	国家级和省级现代学徒制专业数占比		"订单班"试点学生数占比		"1+X"证书试点学生数占比	
	学校数	百分比/(%)	学校数	百分比/(%)	学校数	百分比/(%)
0	3	10	0	0	0	0
0~20%（含）	16	53.3	28	93.3	19	63.3
20%~50%（含）	8	26.7	1	3.3	7	23.3
50%~100%（含）	0	0	1	3.3	1	3.3
缺失值	3	10	0	0	3	10

2. 超九成高职院校开设"订单班"试点工作

本研究认为,"订单班"的举办情况也是考察校企是否开展深度产教融合的重要指标,"订单班"试点学生数占学校全日制在校生总数的比例越高,产教融合越深入。调查显示,30所被调查学校均开展了"订单班"试点工作(见表5-7)。其中,"订单班"试点学生数占比在0~20%(含)的学校有28所,占比在20%~50%(含)以及在50%~100%(含)的学校各有1所。

3. 超八成高职院校开展"1+X"证书试点工作

对"1+X"证书试点工作的调查显示,在27个开展了该项试点工作的被调查学校中,"1+X"证书试点学生数占比(即"1+X"证书试点学生数占学校全日制在校生总数的比例)在0~20%(含)的有19所,占比在20%~50%(含)的有7所,占比在50%~100%(含)的有1所,如表5-7所示。该项调查存在3个缺失值,可能是因为有3所学校没有开展此项工作,或者漏填数据。

4. 全部被调查高职院校都有与合作企业共同开发的课程

共同进行人才培养是产教融合的重要任务之一。"产"与"教"在人才共育方面的深度融合,体现在共同制定人才培养方案、共同建设实训基地、共同编写教材、共同开发课程等方面。对高职院校与产教融合合作企业共同开发的课程的调查显示,30所高职院校均与合作企业开展了共同开发课程的工作。这些高职院校与合作企业共开发课程4150门,平均每个学校与企业合作开发约138门课程。与合作企业共同开发的课程数量在100门以内的学校有13所(占43.33%),在101~200门(含200门)的有11所(占36.67%),在300门以上的一共有5所(占16.67%),如图5-8所示。

5. 高职院校与合作企业联合培养学生已成常态

对行业、企业合作培养学生情况的调查显示(见图5-9),30所高职院校均通过校企共建的实训基地,开展了与合作企业联合培养学生的工作;有26所学校通过产业学院形式开展了与合作企业联合培养学生的工作。其中,校企共建实训基地容纳的学生数占学校全日制在校生总数的比例在0~20%(含)和在20%~50%(含)的学校各有13所,在50%~100%(含)的学校有3所,在100%~200%(含)的学校有1所。产业学院容纳的学生数占学校全日制在校生总数的比例在0~20%(含)的学校有18所,在20%~50%(含)的学校有5所,在50%~100%(含)的学校有2所。

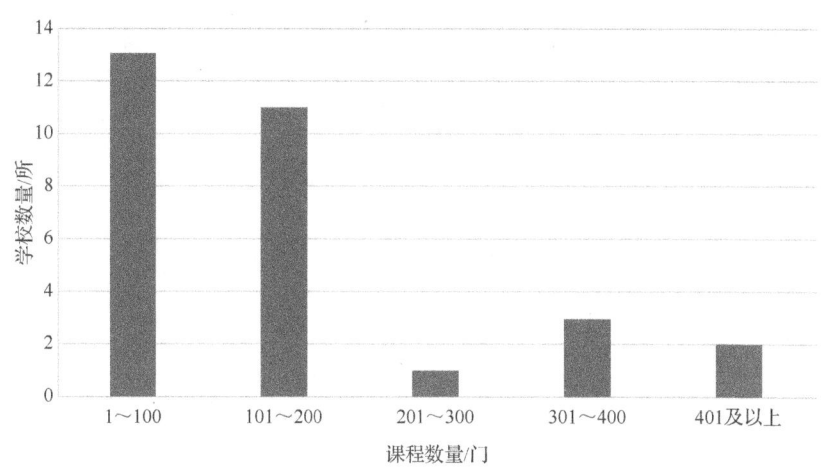

图 5-8 学校与合作企业共同开发课程情况

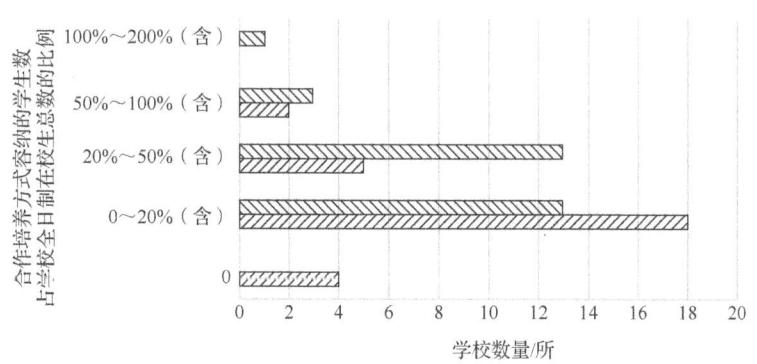

图 5-9 学校与行业、企业合作培养学生情况

(五)人才供给与产业需求结构性矛盾依然存在

1. 超九成的高职院校开展了为企业培训员工服务

对为企业年培训员工数(人天)的调查结果显示,在 30 所高职院校中,有 29 所(96.77%)开展了为企业培训员工的工作。其中,专任教师为企业培训员工数在 0~50(含)人天的学校有 23 所,专任教师为企业培训员工数在 200~300(含)人天的学校有 3 所,专任教师为企业培训员工数在 50~100(含)人天、100~200(含)人天和 300~600(含)人天的学校各 1 所,如图 5-10 所示。

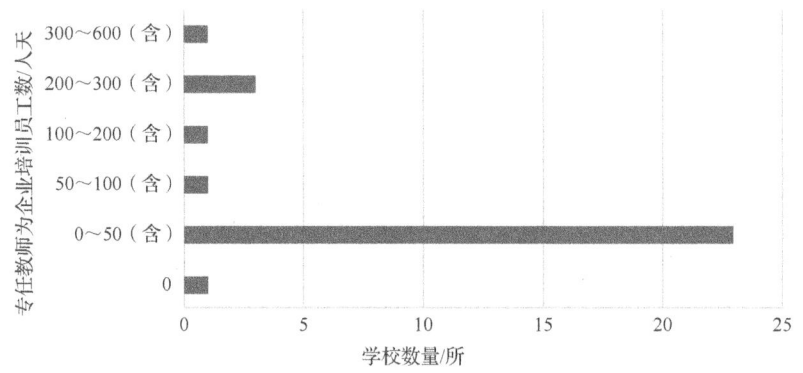

图 5-10 高职院校为企业培训员工情况

2. 毕业生平均就业率、专业对口就业比例等指标之间呈显著正相关关系

对 30 所高职院校 2021 届毕业生平均就业率、专业对口就业比例、就业满意度平均值和毕业半年后的月收入(薪资)平均值进行调查,并对这四项指标进行皮尔逊相关性分析,结果显示,2021 届毕业生平均就业率、专业对口就业比例、就业满意度平均值和毕业半年后的月收入(薪资)平均值这四项指标之间存在显著的正相关关系。其中,2021 届毕业生平均就业率和毕业半年后的月收入(薪资)平均值之间的相关系数为 0.567,专业对口就业比例和毕业半年后的月收入(薪资)平均值之间的相关系数为 0.514,平均就业率和专业对口就业比例之间的相关系数为 0.470,平均就业率和就业满意度平均值之间的相关系数为 0.410,专业对

口就业比例和就业满意度平均值之间的相关系数为 0.384，就业满意度平均值和毕业半年后的月收入（薪资）平均值之间的相关系数为 0.369。

（六）对区域经济发展和产业升级的贡献有待提高

1. 高职院校专任教师人均与企业合作横向项目数量和专利数量不多

企业开展产教融合的一个期望是合作院校能够提供技术创新服务。与此有关的产教融合项目包括高职院校与企业合作开展横向项目攻克技术难题，或者合作开展技术创新攻关，合作成果的多寡代表着高职院校对区域经济发展和技术升级、产业转型升级的贡献能力，也代表着职业院校师生的社会服务能力。

对专任教师人均与企业合作开展横向项目数量的调查结果显示，在 30 所高职院校中，专任教师人均项目数量为零的学校有 3 所，专任教师人均项目数量在 0~0.5（含）的学校有 25 所（占 83.33%），专任教师人均项目数量在 0.5~1（含）的学校有 2 所。可见，高职院校与企业合作的横向项目中，专任教师人均项目数量不多，如图 5-11 所示。

对专任教师人均与企业合作开发技术创新项目数量的调查结果显示，在 30 所高职院校中，专任教师人均项目数量为零的学校有 15 所，专任教师人均项目数量在 0~0.5（含）的学校有 15 所。

对专任教师人均与企业联合开发实用新型专利数量的调查结果显示，在 30 所高职院校中，专任教师人均专利数量为零的有 9 所（占 30%），在 0.5~1（含）的有 6 所（占 20%），在 1~10（含）的有 7 所（占 23.33%），在 10~100（含）的有 7 所，在 100~200 的有 1 所。

以上调查结果显示，高职院校与企业合作开展的横向项目数量以及与企业合作开发的技术创新项目数量校际间差异较大。

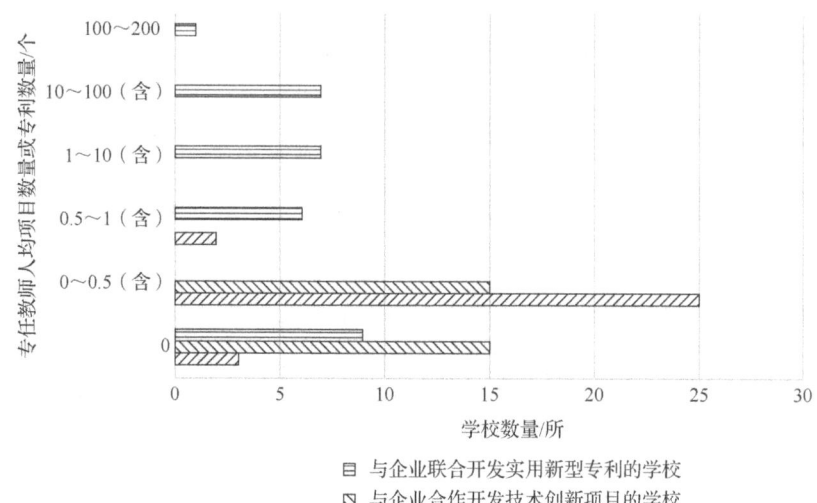

图 5-11　高职院校与企业合作项目分布情况

2. 高职院校为企业服务年资金到账数量尚可

产教融合可以为企业带来的收益包括节约成本、获得需要的技术技能型人才、技术创新和社会声誉提升等；产教融合可以为高职院校带来的收益包括节约实训财物投入、学生实习更便利、育人质量提升、为区域经济发展做出贡献等。由于高职院校与企业合作开展产教融合项目会获得一些经济效益，因此本研究调查了两个问题：高职院校专任教师为企业提供技术创新服务所获得的人均年收入（以专任教师人均为企业服务年收入指标衡量），专任教师与企业合作横向项目所获得的人均年到账资金（以专任教师人均横向项目到账经费指标衡量）。

对这两项指标的调查结果显示，在 30 所高职院校中，专任教师人均为企业服务年收入为零的学校有 3 所（占 10%），专任教师人均横向项目到账经费为零的学校有 2 所（占 6.77%）。专任教师人均为企业服务年收入在 0～1（含）万元的学校有 14 所（占 46.7%），在 1 万～10（含）万元的学校有 11 所（占 36.6%），在 10 万～20 万元的学校有 2 所。专任教师人均横向项目到账经费在 0～1（含）万元的学校有 10 所（占 33.3%），在 1 万～10（含）万元的学校有 16 所（占 53.3%），在 10 万～20 万元的学校有 2 所，如图 5-12 所示。

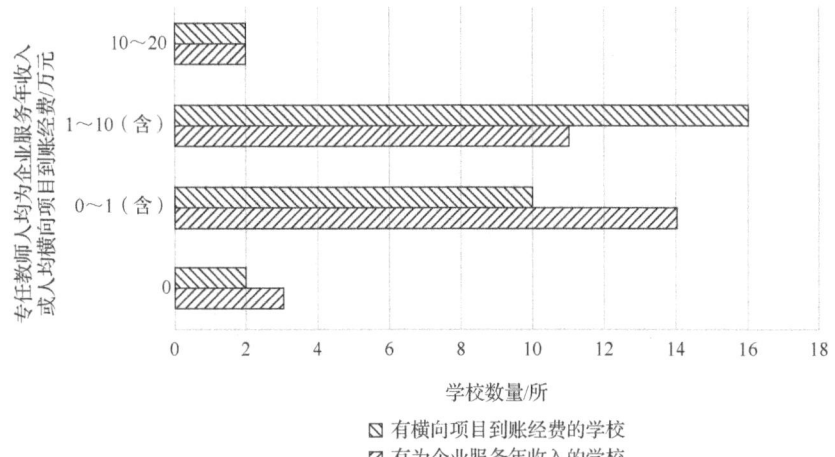

图 5-12 职业院校为企业服务年资金情况

（七）组织保障供给度基本满足需要

本研究中的 30 所被调查学校均成立了专业教学指导委员会，其中有 13 所（占 43.33%）加入了行业联盟。考虑到本研究中设置了专门的治理结构优化研究板块，因此此处没有对是否成立理事会或董事会进行调查。

三、调查反思

（一）调查有代表性，但样本量较小

为提高调查数据的信度，本研究精心设计抽样原则并选取了具有代表性的 30 所高职院校，既涵盖了公立学校和私立学校的样本，也包括了"双高计划"建设单位和非"双高计划"建设单位，覆盖了全国六大行政区域的 12 个省份，样本具有代表性。但由于本研究采用的是方便抽样方法，样本总量相对于全国的高职院校总数而言相对较小。另外，本次调查的样本是高职院校，没有包括企业，所以数据来源也不全面，今后相关研究可以弥补此项不足。总的来说，本研究完成了对产教融合目标达成度现状的调查任务，可以为相关研究提供借鉴。

（二）产教融合目标达成度在不同目标上有显著差异

产教融合目标达成度测评指标体系共包括 6 个一级指标，其中有 5

个指标的目标达成度存在显著差异,它们是行业、企业对职业教育投入、多元化办学体制、校企协同育人、产教融合教育效果、对区域经济发展和产业升级的贡献。其中,多元化办学体制、校企协同育人和产教融合教育效果这3个指标的目标达成度较好,而行业、企业对职业教育投入及对区域经济发展和产业升级的贡献这2个指标的目标达成度一般。

从对专任教师人均与企业合作开展横向项目数量的调查结果可以发现,高职院校在服务企业技术创新方面的能力不足,这也是产教融合呈现出"校热企冷"的原因之一。由于高职院校服务行业、企业的能力有限,为企业带来的技术创新动力不足,无法为企业解决"燃眉之急",因此企业参与产教融合的热情会逐渐消退。从这一点来看,要提高产教融合目标达成度,高职院校需要切实提高服务行业、企业的技术开发和创新能力,加强与行业、企业的横向项目合作,提高教师的技术攻关水平和技术服务能力。

产教融合在5个一级指标的目标达成度上的差异,说明现行产教融合仍然处于高职院校努力进行自身改革或响应号召的阶段,不仅行业、企业缺乏担纲主体作用,而且高职院校对产教融合之于社会、产业、经济的巨大促进和协同作用认识不足,对自身发展能力的认识不全面、不到位。有些高职院校把人才培养简单地定位为"向课堂要质量",而忽视了将人才培养与产业发展的新业态、新趋势、新需求相联系,一味地"闭门造车"只会导致教学活动与生产过程脱节,导致教育链与产业链的衔接弱化,这样的发展显然与职业教育现代化不相匹配。部分高职院校在一些制度安排上忽视产教融合,忽略对产教融合的研究,甚至撤掉科研岗位和产教融合管理岗位等,这都在一定程度上阻碍了产教融合的深入发展和进阶提升,也会间接导致教师的技术创新能力和社会服务能力下降,最终难免严重削弱高职院校的产教融合工作力度,降低产教融合能力,使产教融合处于高职院校"一厢情愿"的"自娱自乐"境况,与目标理论中的目标导向理论、目标设置理论、成就目标理论等提倡的观点相背离。

(三)产教融合目标达成度的校际差异较大

本研究的调查结果显示,在多个指标上,所调查的30所高职院校呈现出较大的校际差异,究其原因,主要有3点。一是被调查学校的分布地区较为广泛，从黑龙江到广东，从贵州到浙江、江苏。地区间差异是造成校际差异的一个主要原因。二是各个学校的办学理念及办学历史、管理理念和管理模式等存在较多不同之处，对产教融合的认识水平不一样，因此各个学校的产教融合行动策略差异较大。三是公立学校和私立学校的体制机制不同。

研究发现，高职院校是否属于"双高计划"建设单位对产教融合目标达成度影响不显著。只有在个别指标上，"双高计划"建设单位有一定优势。个别高职院校在一些指标上存在缺项（某指标值为零或者存在"缺失值"）。个别院校在行业、企业对职业教育投入，多元化办学体制，校企协同育人，产教融合教育效果，对区域经济发展和产业升级的贡献这5个一级指标上的数据都处于"低位"，与其他院校的数据差异较大。也有个别院校虽然不是"双高计划"建设单位，但上述5个指标的数据都处于"高位"，甚至超过一些"双高计划"建设单位。还有一种情况是，即使同为非"双高计划"建设单位，不同学校的产教融合目标达成度现状也存在较大差异，有个别非"双高计划"建设单位的产教融合目标达成度现状"很好"。

研究还发现，高职院校是否建立了产教融合组织，对毕业生平均就业率、专业对口就业比例、就业满意度平均值和毕业半年后的月收入（薪资）平均值的影响均不显著。

（四）校企双方对产教融合的认知和行为反应差异较大

企业和学校作为产教融合的两个主体，在对产教融合的认知水平、期待和目标、行为反应等方面存在显著差异。相比较而言，企业作为实施产教融合的一个行为主体，其对产教融合的期待和目标与学校存在天然的差异，这导致企业对产教融合的认识与学校是不一样的。心理学理论表明，个体对一些人与事的态度包含了认知、情感和行为三个成分，认知、情感和行为三者之间是相互影响的。因此，企业作为一个组织，其主要管理者或直接参与产教融合各项具体工作的人员对待与学校各项合作的态度，可能会影响他们参与产教融合的行为；而企业与学校已经合作开展的产教融合项目所产生的成效，也会影响企业人员及企业管理者继续参与产教融合的态度和行为。

从研究团队所在地区来看，中小微企业参与产教融合的积极性较高，他们期盼通过与高职院校合作进行技术创新，从而降低生产成本。但是通过校企合作和产教融合的开展，企业发现一些高职院校并不能完全满足自己的需要和愿景，这是一部分企业参与产教融合的积极性和主动性发生改变的原因之一，也就是产教融合从"企热"变为"企冷"的主要原因之一。

  总体而言，出于人才培养的需要和节约办学成本的需要，学校对校企合作和产教融合非常积极主动，其所开展的产教融合形式也较为多样化，尤其是在校企协同育人模式上，高职院校通常能主动作为，积极探索，在教学目标设置、教学内容改革、教学策略优化，以及教学模式创新等方面，都做出了较为深入的探索实践。但是，要进一步促进教育链与产业链的衔接，高职院校还要更积极主动作为。例如，高职院校要思考并探索将教学活动与产业紧密衔接的方式方法，更新教学内容，紧扣行业发展趋势，在专业设置与调整、课程设置及教学改革等方面进行大胆创新与实践。在人才培养方面，高职院校更要聚焦于"培养什么人"这一问题，深入开展研究和探索。在数智化时代，高职院校应聚焦于培养什么样的新型劳动者、如何培养新型劳动者等问题，并展开深入研究。如何紧扣新质生产力发展需要，进行人才培养改革，是高职院校需要思考的重要问题。例如，如何通过教学内容的改革和教学手段的创新，聚焦于培养更适应新质生产力发展背景的新型劳动者，聚焦于培养具有高阶认知能力、高阶思维能力和创新创造能力的高素质技术技能型人才，是一条可以深入探索的产教融合育人新方向。

  第四条调查反思只是对学校与企业，或者说是教育与产业之间两个重要主体情况的总体分析，由于本研究并未深入分析学校和企业这两个主体的态度和行为对于具体的产教融合目标达成度的直接影响，也就不能得出是否具有相关度的结论，这些内容有待后续深入研究。

第六章　产教融合组织形态及其治理结构比较和案例分析

截至 2022 年 2 月,在中国知网数据库中以"产教融合"为主题词检索得到的文献近 1.48 万篇。其中,在 2017 年 12 月《国务院办公厅关于深化产教融合的若干意见》发布后发表的文献为 1.28 万篇。从词义上看,产教融合即产业和教育两个系统的交融,或者说是学校与企业两种组织机构深度合作甚至融为一体。本研究认为,政策层面的产教融合是促进教育链、人才链与产业链、创新链有机衔接的制度设计,是协同实现适应产业链、创新链所需人才的培养目标,合力解决教育链、人才链和产业链、创新链中的技术、流程、原理等关键问题的过程及状态(聂劲松、胡筠、万伟平,2021);学术层面的产教融合打造的是"共同体""融合体"这种新的"组织形态"。2019 年 9 月,国家发展改革委等六部门联合发布《国家产教融合建设试点实施方案》,提出开展产教融合型城市、产教融合型企业、产教融合型行业 3 类试点工作。随即,贵州、上海、湖北、广东、广西 5 个省份相继发布了产教融合试点实施方案,并将试点对象拓展至产教融合联盟、产教融合型高校、产教融合示范基地、产教融合工程项目等。2023 年 7 月,《教育部办公厅关于加快推进现代职业教育体系建设改革重点任务的通知》提出打造市域产教联合体、打造行业产教融合共同体、建设区域产教融合实践中心等。从广义上看,《国家产教融合建设试点实施方案》中建设的产教融合园区、产教融合集团(联盟)、产教融合实训基地、产教融合创新平台等组织,以及当前得到普遍发展的产业学院、职教集团,都被认为是类型化的产教融合组织形态。当然,从产教融合到产教融合组织形态及其治理,是出外及内、从系统工程到组织运行、从宏观到中微观的过程,而且国内外不同地区、不同院校与企业的产教融合组织形态及其治理结构,甚至同一产教融合组织形态的治理结构都存在差异,因而专辟一章进行治理结构的系统性比较,并就具体的实践案例加以探讨是必要的。

第一节　国内产教融合组织形态及其治理结构的系统比较

在前面章节已简要论述现行产教融合组织形态、产教融合组织形态治理结构的基础上，本节采用比较研究的范式，着重分析产教融合型企业、产教融合型行业、产业学院、职教集团等主要的产教融合组织形态及其治理结构，具体涉及缘起、演变、成效等方面。

一、产教融合型企业及其治理结构

产教融合型企业是新型产教融合组织形态之一。2019年，国家发展改革委、教育部印发《建设产教融合型企业实施办法（试行）》，指出"产教融合型企业是指深度参与产教融合、校企合作，在职业院校、高等学校办学和深化改革中发挥重要主体作用，行为规范、成效显著，创造较大社会价值，对提升技术技能人才培养质量，增强吸引力和竞争力，具有较强带动引领示范效应的企业"。在学术界，产教融合型企业被认为是将商品生产经营与相关联的人才培养培训功能融为一体的企业（欧阳河、戴春桃，2019）。企业是产教融合型企业的本质属性。产教融合型企业要依法举办或参与举办职业教育、高等教育，其建设培育以人才培养为目的，包括发挥企业办学主体作用，深度参与教育，提升职工培训的质量与水平。作为满足提升技术技能人才培养质量要求的产教融合型企业，在内部组织结构和治理模式遵循企业组织内在规律的同时，必须对组织形式进行改造和创新，使其能够支撑教育和培训的属性，从而承担社会责任和获取政府支持。《建设产教融合型企业实施办法（试行）》明确了产教融合型企业建设培育的三种方式：一是在建设职业院校或高等学校时，企业作为独立或重要举办者，或者企业参与组建行业性或区域性产教融合集团，这种方式是企业把资本、技术、设备、管理、文化等要素直接植入教育领域，构建独立于企业自身组织形态的产教融合体，从而产生新的组织形态；二是以企业大学等形式面向社会开展技术技能培训，而这种方式大多不会改变企业内部组织架构，多以部门化形式下设一个组织机构，承担相应人才培养职能；三是参与学校日常教育教学活动，如通过与学校共同制定教学标准、开发课程与教材、联合建立工作室与产教融合实训基地，或以订单班、"1+X"证书等形式参与学校教学活动等，当然，这种方式并不改变企业组织形态，需要企业运用技术、管理、资源等方面的优势，支撑人才培养质量提升、职业教育类型化转变等。

基于产教融合型企业生产经营与教育培训的双重属性定位，如果要实现可持续的功能发挥，在其组织运行过程中就要合理构建成本分摊机制、利益共享机制和产权收益机制，积极发挥重要主体作用，从而真正实现人才、智力、技术、资本、管理等资源要素的聚集整合。曹靖（2020）指出，产教融合型企业需要着重做好两个方面。一方面，要完善企业治理结构。现代企业治理结构的本质是基于信托责任形成的公司所有权与经营权相互制衡的一种结构性制度，所有者和经营者之间的权力与责任主要通过制衡机制进行合理分配。因此，产教融合型企业要依据自身服务区域、所在行业领域选择恰当的演化路径，也就是要优化两层内部制衡关系：一是公司的股东大会、董事会、监事会三个主体的分权及制衡关系；二是董事会经营决策权与总经理的经营执行权之间的分权及制衡关系。产教融合型企业需要在提升市场竞争力、专业服务能力、资源整合能力的过程中平衡经济价值与社会价值目标。另一方面，要关注企业成长的面向，不断强化组织内外部利益相关者对产教融合型企业行为的理解和认同。内部股东和经营者在深度参与教育的发展目标上具有共同愿景，对主动加大人力资本投资等举措需达成一致。在外部要素中，尤其是政策层面，《建设产教融合型企业实施办法（试行）》规定给予产教融合型企业"'金融+财政+土地+信用'的组合式激励，并按规定落实相关税收政策"，这一规定是确保支持举措落地的利益保障机制。随着产教融合型企业认定数量的不断增加，各项地方配套政策相继出台落地，外部利益相关者的支持将进一步强化。不难看出，正在试点及推行中的产教融合型企业制度，其出发点在于将人才培养培训的社会责任以制度化方式植入企业，且已经涉及产教融合组织形态及其治理机制等的整体设计。

二、产教融合型行业及其治理结构

从已有的政策文件和学术研究成果来看，关于产教融合型行业的具体界定和研究尚处于探索阶段。国家发展改革委、教育部等六部门印发的《国家产教融合建设试点实施方案》，首次提到产教融合型行业。该方案要求"依托区域优势主导产业或特色产业集群，推进重点行业、重点领域深化产教融合，强化行业主管部门和行业组织在产教融合改革中的协调推动和公共服务职能，打造一批引领产教融合改革的标杆行业"，涉及的主体包括行业主管部门和行业组织，落脚点在协调推动和公共服务。从组织方式和运行模式来看，在实践中产教融合型行业的建设培育和运行主要依托行业协会。因此，本研究认为产教融合型行业是指由具有行业协会职能的组织机构实质性承担产教融合推进事务，形成了产教融合支持制度及其他配套措施，业内众多活动直接或间接与教育链、人才链发生关联，业内企业大多成为产教融合型企业的行业。这类行业在产教融合改革中的基本职能是发挥平台引导、支撑和协调作用。行业组织根据行业主管部门的要求，牵头开展对创新型人才、技能与技术人才的需求进行科学的预测和发布；整合优势资源，组织协调龙头企业参与产教融合；制定行业技能大师进入高职院校的入职任教标准；通过职能转移、授权委托等方式，参与学校学科专业建设规划、专业人才培养标准的制定，以及教育教学和质量评价工作，并承担技能鉴定、新技术推广、新产品鉴定等工作。

行业协会是由同一行业中相互竞争的企业，或者同一区域中跨行业的企业或企业团体（自愿或被强制吸纳）组成的非营利性社团组织，其目的在于依据国家法律和协会内部的规约，协调会员的个体行为，以促进行业或区域经济整体健康发展（余晖，2002）。行业协会本质上属于市场经济组织，是市场主体为了节省交易成本而进行的相关契约安排，其宗旨是监督和规范行业朝着正常、可持续的方向发展，协助企业单位实现最大盈利，协调社会公众利益。通常认为，行业协会的内部治理不同于企业，它更多地表现为以非正式制度规定、道德约束为主，治理强度较弱的治理模式，即"弱行政性治理"。就其与政府的关系而言，又倾向于表现为"行政管控型"治理模式，这种治理模式与国内的制度及行业协会的产生背景、组织结构、组织性质直接相关。但目前的诸多研究和实践表明，行业协会普遍存在机构设立不健全、缺乏内部监督机制和民主决策程序等问题。实际上，完善内部治理结构一直是行业协会发展和优化的重点。徐蔚杰提出，行业协会的治理模式可由"行政管控型"向"法人治理型"转变，进而促使行业协会在协调企业与政府之间关系的过程中，从"纵向隶属关系"向"横向伙伴关系"转变。本研究认为，"法人治理型"治理模式符合产教融合型行业建设和运行背景下行业协会治理结构转变的实际需要。

由于行业组织具有强大的资源聚合作用和协调指导功能，产教融合型行业一方面应持续加强对相应行业整体发展情况的科学研判能力，前瞻性地预测技术变革背景下行业人才需求的变化趋势，整合教育资源，应对人才培养培训适应性挑战；另一方面，应面向高校（含高职院校）传导行业标准，搭建适用于人才培养的行业共享型实训培训基地和校企人才双向流动通道，提升综合服务水平。在内部治理结构上，既应进一步明确权力机构、决策机构、执行机构以及监督机构的分工，使之互相协作，构建法人治理结构；又要突出产教融合，充分运用市场机制，联合高校、科研机构等组建产教融合集团（联盟），从而实现捆绑式、集群式发展。

三、产业学院及其治理结构

产业学院主要是指高校在深化产教融合、校企合作过程中，充分利用社会资源，联合企业、行业、地方政府等主体，基于专业人才培养的共同目标，协同组建的产教融合组织体。以产业需求为逻辑起点的产业学院，其使命与追求是开展人才培养工作，服务产业的发展。产业学院的人才培养聚焦产业发展，针对全产业链的各环节培养适合产业发展的技能人才，为产业提供应用型人才，使产业链、教育链与创新链、人才链有机衔接在一起，进而解决产业需求与人才培养不适应、产业结构与人才结构不匹配的问题。在实践中，产业学院往往表现为政治逻辑、市场逻辑、学术逻辑三重逻辑的整合形态，是在市场逻辑与学术逻辑主导下的一种高级形式的产教融合。本研究认为，在诸多产教融合体中，产业学院是典型的产教融合组织形态。因此，本章还将以产业学院为例，重点阐释产教融合组织形态治理结构的演变。研究表明，高职院校产业学院是各参与主体建立科学的治理结构和系统，形成利益共同体乃至校企命运共同体的应然状态。李可欣（2022）认为，产业学院是由各利益相关者为实现社会效益最大化而共同协作组成的非营利性组织，具有混合所有制属性。产业学院采用的是利益共享的模式，追求的是多元共治、科学善治、民主法治。它站在利益共享的角度，采用分权制衡、建章立制的方式，通过依法治校、组织再购的形式优化治理结构，使其从"共治"走向"善治"。产业学院的治理结构通常表现为党委领导下的校长负责制,其采用董事会制度,在党委常委会和董事会间建立联系,进而形成决策、执行、监督等治理框架。其中,通过权力下移的形式,行业、企业以及其他基层利益相关者能获取一些行政权力,并且学术委员会、学术代表大会、教职工代表大会、工会能更多地参与治理。林仕彬、林文锋(2021)认为,从组织治理的角度来看,不同的组织形态会形成不一样的治理结构,从而形成不同的治理模式。当前,基于参与主体所承担的主要角色,中国产业学院的实践大体形成了两种模式:由单一主体主导的内部治理模式和由多主体协同运行的外部治理模式。内部治理模式是指学校或企业单独举办产业学院,并将其纳入组织内部治理体系,该模式的优势在于组织目标明确、产权明晰、行政隶属关系明确,上级组织能有效地监控与制约下级组织。外部治理模式基本采用理事会或董事会制度。在实践中,治理权力主要掌握在产业学院具体管理者的手中,学校对产业学院的管理权限有限,决策权力分散,通常依靠外部监控机制来进行监督与约束。其特征表现为主体多元性,契约精神较强、各方利益关联密切。各主体采用合同或协议的形式办学,建立由多元主体组成的理事会或董事会,并制定相关章程等。

从实践案例来看,广州市教育局与广州开发区政府协作建设的开发区科学城产业学院治理组织依据章程设置四类院长岗位、三个教学与生产工作组,建设四种实训与服务基地,实施独立的人、财、物管理。其运作模式是让企业人员成为学校人才培养的主体,直接实施专业建设和学校教育(从计划、招生、培养到考核的全过程),通过政府指导和市场调节,以产业学院章程为根本构建校企利益共同体,形成稳定互惠的协同育人运行机制。中山职业技术学院的产业学院是探索董事会或理事会治理结构的典型代表,其较早依托"镇校企"深度融合的办学模式构建了镇政府、学校、企业、社会组织等多元主体参与的专业镇产业学院,解决了传统产业学院合作动力不足、合作模式松散、治理结构不完善等突出问题。中山市的产业布局具有地域特色,表现为"一镇一品一业",中山职业技术学院根据镇区产业设立产业学院,服务中小微企业的技术创新以及镇区产业的转型升级。中山职业技术学院首先对产业学院的组织属性进行了明确,根据镇区产业经济发展的需求优化产业学院的专业设置,及时调整产业学院的组织管理体系,并制定相应的激励制度,以推动产业学院高质量发展。中山职业技术学院的产业学院拥有产业、教育双重属性，具有混合所有制特征，由学校二级学院演化而来，是融合多种资本、多元主体的实体。在管理上，它实行"一校两制"，独立进行市场化运行，人、财、物相对独立，是产教融合命运共同体的一种表现形态。这些产业学院具有组织机构设置的权力，以平台、项目为依托进行管理，相对而言比较独立，采用柔性组织管理形式，人员可以交叉流动。柔性组织管理使得产业学院可以根据现实需要进行组织变更，这种管理形式比较重视横向的协调与沟通，项目式、临时性管理比较多，但同时保留了部分必要的正式组织结构。以中山职业技术学院的沙溪纺织服装学院为例，其积极引进技术研发与服务机构，如中山市中纺联纺织品检测中心等，建立大学生创新创业教学基地、产学研教学实践基地，建设各种工作室，如企业工作室、教师工作室等。众多的行业、企业和科研机构进入产业学院，产业学院得以聘请了一些兼职教师，这种产教融合模式达到了校企共建专业、共享资源、共育人才的效果。

中山职业技术学院根据实际需要，在产业学院管理中实行董事会或理事会领导下的院长负责制，产业学院的日常运作与管理由产业学院的院长负责。董事会或理事会的成员既有来自镇区政府、学校的人员，也有来自行业、企业的人员，形成了多元利益主体结构。董事会或理事会作为决策机构，负责产业学院重大事宜的决策，如产业学院的发展规划、办学定位、规章制度、院长聘任、专业设置等。例如，中山职业技术学院小榄学院的董事会成员就是多元化的，其成员来自政府、行业、企业等，常务副主席、常务董事等重要职位均由企业人员担任，董事会负责制定产业学院未来发展规划等事项，院长对产业学院的日常教学、经费使用、人员配备等拥有自主权。

四、职教集团及其治理结构

2015年6月，《教育部关于深入推进职业教育集团化办学的意见》指出，"鼓励多元主体组建职业教育集团，深化职业教育办学体制机制改革，推进现代职业教育体系建设"。2018年2月，教育部等六部门印发的《职业学校校企合作促进办法》明确提出，"职业学校主管部门应当会同有关部门、行业组织，鼓励和支持职业学校与相关企业以组建职业教育集团等方式，建立长期、稳定合作关系""职业教育集团应当以章程或者多方协议等方式，约定集团成员之间合作的方式、内容以及权利义务关系等事项"。2021年10月，中共中央办公厅、国务院办公厅印发《关于推动现代职业教育高质量发展的意见》，该意见提出，职业教育要"拓展校企合作形式内容""鼓励行业龙头企业主导建立全国性、行业性职教集团，推进实体化运作"。2022年修订的《中华人民共和国职业教育法》指出，"职业学校、职业培训机构可以通过与行业组织、企业、事业单位等共同举办职业教育机构、组建职业教育集团、开展订单培养等多种形式进行合作"。从国家政策层面来看，职教集团是行业组织、企业、职业学校依法牵头组建的多元投资主体深度参与职业教育的产教融合体，其目标是推进职业教育办学机制改革，促进优质资源共享、多方合作发展。崔发周（2016）认为，职教集团从本质属性上看就是一种将利益相关者和教学相关因素协调起来的社会化组织。职教集团的功能不是成员单位功能的简单叠加，而是将原来的局部功能加以整合、放大或转化。

在实践层面上，职教集团主要有三种组织形式。一是校校联合。这种是以国家示范院校或骨干院校为牵头单位，联合多所院校一起组建的职教集团。从学段上看，既有中等职业教育，也有高等职业教育；从类型上看，既有职业教育，也有普通教育、成人教育。在这种职教集团中，各成员在统一的领导下联系比较紧密，但又具有相对独立性，能实现资源共享。二是校企联合。这种职教集团的组成成员包含学校、行业、企业等，其中，学校是集团的主体，行业、企业通过教育投资等形式为学校教育提供相应的服务，集团内部实行动态式、开放式管理。这种形式符合"形成政府主导，依靠企业，充分发挥行业作用、社会力量参与的多元化办学格局"这一政策精神。三是合并重组。这是一种实质性合并方式，各主体放弃独立法人资格，以联合办学的形式加入职教集团，其优势体现在实现了地域与空间、人才、内部管理的互补，进而达到共融、共同发展的效果。

关于职教集团的内部治理，在学术层面讨论较多。董兆伟、侯维芝、梁艳青（2006）提出，可以参照公司的管理模式建立职教集团的管理体制，但职教集团并不具有法人资格，因而它的决策机构（股东会）、管理层机构（董事会）、监督机构（监事会）的职能应与公司有所区别；职业教育的集团化发展，要打破原来的管理体制，实现董事会领导下的成员单位法人代表负责制。马成荣（2005）提出，要建立职教集团董事会、理事会，形成整个集团的领导和决策机构；此外还要建立保证集团质量标准统一实施的执行机构。他还提出了职教集团组织结构再造的目标：一是管理层级的扁平化；二是内部组织的团体化；三是组织关系的网络化；四是组织结构的柔性化。楚金华（2016）认为，在实践过程中，由于职教集团采用基于产权和契约的传统组织治理模式，因此出现了企业缺乏兴趣、学校处于弱势等现象，致使中国目前尚未出现具有高融合度的职教集团。他认为可以把云平台作为中国"互联网+"职教集团的一种新型治理模式，以应对上述问题。这种治理模式实质上是将职教集团构造成一个云组织，用"云"的结构来整合用户"分布式"的资源，以满足用户需求。这种治理模式以市场为主导进行建设与运营，实现资源在线化以及共享共治；以用户需求为导向，弱化合作主体规模的作用，参与方在平台上都能找到合作利益点，进而实现职教集团可持续的健康合作发展。楚金华称这种治理模式为"大平台+小前端"治理模式。在这种模式下，去中心化效果明显，参与方的组织规模已不重要，平台中独立运作的组织实体之间是一种协同价值网络的关系。

聂劲松、胡筠和万伟平（2021）认为，自20世纪中下叶以来，经过长期实践，国内产教融合组织历经了校中厂（场）、厂中校、职教集团、大学科技园、大师工作室、现代学徒制、产业学院、行业学院、校企协同创新中心、政产学研用产业创新战略联盟，以及当前试点建设的产教融合型企业、产教融合型行业等发展阶段。这些组织形态的服务面向多元，职能配置和主要业务更多在于协同育人；组织架构和形态特征既有共同倾向，也有较多不同；合作主体的组合不尽一致，其中有近60%没有建立或形成多元混合产权结构。由于产业学院、产教融合型企业等为企业和学校提供了无限的可能，因此集成化产教融合组织形态或组织体将成为未来产教融合的基本形态。而且，就产教之间的关系结构而言，未来的产教融合不再只是借助产业（企业）来完成教育的事情，更多地将会出现产业的事情放在学校场景中实现的情况（聂劲松、胡筠、万伟平，2021）。

研究团队在2020年开展的一项关于"产教融合组织形态及其治理结构现状与问题"的问卷调查显示，国内的产教融合组织从治理结构看，除产教融合型企业外，基本属于非法人治理结构；从组织形态看，基本属于实体型，但也存在一些虚拟型或虚实兼有的组织形态；从主体联结方式看，除职教集团、产教融合型企业中个别的有股权型联结外，基本为契约型。

第二节 国外产教融合组织形态及其治理结构的比较和启示

发达国家积极推动产教融合，探索适合自身特点的产教融合组织形态及治理结构，较好地支撑了国家经济发展对高技术技能人才的需求。文献研究表明，国外产教融合模式多样，有美国"合作教育"、英国"三明治"教育、德国"双元制"、澳大利亚 TAFE、新加坡"教学工厂"等各具特色的产教融合模式，这些对我国职业院校构建具有中国特色的现代职业教育体系和治理模式有很好的借鉴价值。鉴于此，下面将分别对这些国家的产教融合组织形态及其治理结构进行梳理和分析。

一、国外典型的产教融合组织形态及其治理结构

在第三章简要阐述了世界上一些国家的主要产教融合组织形态（包括组织形式或组织机制）的基础上，本节侧重于从这些产教融合组织形态的发生、发展及治理结构等方面入手，对其治理问题展开进一步的描述和分析，以期确保研究的完整性、详尽性。

（一）美国"合作教育"模式及其治理

美国的产教融合主要表现为"合作教育"，其主要目的是缩小工科专业学生理论与现实之间的距离，促进学生能力与企业现实需要无缝衔接。最早主要是一些名牌大学以技术合作为导向推进产教融合。美国"合作教育"的突出特点是科学研究和教育教学的应用性强，将科研创新成果转化为具体教学项目，培养了大量的技术人才，形成了极负盛名的硅谷、波士顿128公路等科技园区或工业-大学合作研究中心组织形态（陈波，2021）。比如，麻省理工学院基于强大的学术科研实力，开展创业式实践教学，支持学生在参与创业实践的过程中学习和创新，促进创新成果产生和转化，涌现出一大批科技创业项目和成功的创业公司。加州大学伯克利分校基于现有实体机构的利益，形成了校企协同研发、校政科研攻

关、校政企互利互惠、学校与产业集群资源互换四种模式，这些模式在具体实践中都呈现出多元主体协同参与的特点（胡德鑫、纪璇，2021）。在美国联邦政府的政策推动下，社区学院与企业合作开展技能应用教育，推动了产教融合的发展。美国社区学院以"项目群"为依托，深化校企合作，促进经济发展（朱小军，2020），如奥巴马政府推出"美国学徒制"白宫峰会、建立"学徒-社区学院联合体"，由财政资助建立联邦公私合营伙伴关系；实施"制造业者协会授权职业技能认证体系"项目，建设制造业创新中心和制造业共同体，打造全国性的制造业创新和发展协作网络。在与企业的合作过程中，社区学院形成了以新泽西考德威尔学院为代表的院校本位型，以"UPS-大都会学院"为代表的企业本位型，以洛克希德·马丁公司学徒制与合作教育为代表的自愿合作型三种模式。当然，美国"合作教育"的目标归根到底还是培养符合企业需求的专业人才（胡璐，2021）。

在治理层面，美国政府为"合作教育"模式提供资金扶持、政策支持、法律法规保障。比如，1982 年出台的《职业训练合作法》，授予地方政府和企业进行培训的权力，地方政府和企业每年可据此获得联邦政府的培训经费资助。1994 年出台的《从学校到工作机会法》，对校企合作行为给予了严格的法律保护，在加大政府专项经费投入等方面提出明确要求。2006 年出台的《卡尔·柏金斯生涯与技术改进法》，鼓励校企合作，将职业技能培训由学生阶段延伸至就业阶段。同时，美国还成立了全国合作教育委员会、美国合作教育协会等在全国范围内推动合作教育的各类组织。社区学院普遍实施董事会制度，对经费预算、办学规划、内外联络及日常运营等施加影响。社区学院普遍设立小企业服务中心，在推动校企合作、产教融合方面发挥着很好的桥梁纽带作用。

（二）英国"三明治"教育模式及其治理

"三明治"教育形式，作为英国校企深度合作与产教结合的显著标志，其实质是一种典型的"师徒式"教育。该模式在政府的积极引导下，得到行业协会的鼎力支持，并依托于校企双方的共同建设，形成了多元主体协同合作的产学研一体化架构。这种模式是对在校学习和企业实习的"工读交替"制教育模式的形象比喻，通常表现为"实践-理论-实践"或"理论-实践-理论"的形式。近年来，政府主导的"三明治"模式呈现出雇主参与不足、体制僵化等问题。2012年，英国发布《理查德学徒制评论》，关注学徒与雇主的关系，以期推动英国现代学徒制向以雇主为主导的方向转变。

英国于2015年发布《英国学徒制：2020年发展愿景》，对学徒培训的持续时间、培训形式、培训成果提出明确要求，对雇主在学徒制中的主导地位及雇主利益等方面给予更多政策支持（吴雪枫，2021），通过学徒协议、质量检测等方式强化学徒培训的质量。近年来，英国政府不断提升学徒制的地位，鼓励各阶层适龄人群参加学徒制培训，持续提升学徒的培养质量和层次，推动企业雇主主导、多元参与的学徒制管理模式。"三明治"教育模式和新学徒制模式都是为适应雇主市场需求而做出的调整安排，体现了企业在人才培养中的重要地位。

总体上讲，英国在深化产教融合过程中呈现出以下特点。一是政府发挥重要作用，为产教融合提供经费投入、组织协调、政策支持及法律保护等多重保障。比如，英国早在1966年颁布的《工业训练法》就要求产业部门应当承担起职业培训的义务，让所有就业者都接受培训，并要求因此受益的企业分担培训费用等（王羽菲、祁占勇，2020）。二是强化行业组织管理，成立行业技能开发署，设立行业技能委员会，促进职业教育、培训与企业人力资源需求相衔接。三是构建国家职业资格体系，在全国范围内制定统一的职业资格等级标准，设立统一的职业资格证书颁发机构，使职业资格评价更加公平规范，职业证书更加可靠有效。

（三）德国"双元制"模式及其治理

"双元制"是德国校企合作、产教融合的品牌和标签，它全面贯彻"做中学"和"以学生为中心"的教学思想，着力培养学生的职业能力和实践能力（陈波，2021）。这一模式培养了一大批高素质的技术技能人才，一度为"德国制造"奠定了坚实的人才基础，为德国经济发展及其成为"欧洲发动机"做出了巨大贡献。"双元制"是一种将学校学习与企业工作有效融合的模式，是学校和企业共同承担教育培训任务的工学结合方式。在这种模式下，学校主要承担学生职业领域的理论指导、通识教育及专业理论知识的教学任务，企业主要为学生实习实践提供平台和专业设备，这为学校节省了大量的设备投入成本。同时，企业通过向学校派出实践经验丰富的专业人才担任兼职教师，提升学生的实践动手能力。

在德国"双元制"模式下，学生可以快速掌握扎实的理论基础和专业知识，学会企业一线生产工艺和流程，熟悉行业、企业最新的技术装备，不断提升实践动手能力，实现学校到企业的无缝衔接。

"双元制"教育的典型特征是双重主体育人、双重身份交替和双重场景学习。"双元制"以企业为育人主体，协同学校共同承担育人任务，从而形成育人的双重主体结构。受教育者既是学校学生，又是企业学徒，拥有双重身份：在学校按照联邦教学大纲接受通识教育，进行专业理论学习；在企业按照联邦培训条例接受专业技能训练；在获得学校的毕业证书和教育部门的职业资格证书后可直接到企业工作。受教育者按照培养计划在企业和学校两个不同场景下学习，在企业实践学习时可获得企业支付的学徒津贴。该模式由企业主导，确保了职业学校输送的人才能高度契合企业需求，企业也能获得上岗即上手的高水平技术技能人才，受教育者也能获得务实管用的技能并实现就业，从而实现多方共赢。

"双元制"模式的推行离不开两个支撑要素。一是系统完善的法律保障体系。德国从1897年出台《手工业者保护法》开始，就赋予了企业作为职业教育主体之一的地位；德国于1969年颁布的《职业教育法》，明确了联邦政府、州政府及其相关部门、行业组织、工会等在职业教育和培训中的职责分工，要求各方共同完成育人使命（蔡翔华，2020）。二是完善的质量标准和职业标准。德国接受职业教育的学生，在企业学徒期满后，可通过参加考试获得相应资质证书。职业资质与职业标准紧密相关，在德国劳动力评价、流动、就业等方面起着决定性作用。因此，德国职业教育体系严格按照职业标准制定人才培养目标、设置课程体系和质量标准等，确保"职业性"得到充分彰显。

（四）澳大利亚TAFE模式及其治理

技术和继续教育（Technical And Further Education，TAFE）是由澳大利亚政府直接领导并组织实施的。它是澳大利亚联邦政府和各州政府为促进学校人才培养与企业需求无缝衔接而共同投资建设并管理的教育系统。TAFE基于统一的国家职业资格框架和证书制度，通过与行业深度合作，由各行业、企业专家组成行业技能委员会，负责开发培训包和制定职业能力标准。TAFE强调与行业紧密联系，逐渐发展成以行业为主导、产学研一体化的职业教育模式。TAFE通过在联邦及各州层面设立产业培训理事会，由其担任培训顾问，进一步搭建起产业、教育管理部门及 TAFE 学院之间联系互通的桥梁。在这种模式下，政校行企联系紧密，课程设置和教学内容紧贴行业、企业实际，实用性强。

经过多年发展，TAFE 教育已成为集职业培训、职业资格认证、继续教育等于一体的综合职业教育培训体系。作为 TAFE 教育实施的载体，TAFE 学院在组织保障体系、学分体系和师资建设等方面独具特色（柯雅婷，2014）。一是 TAFE 学院构建了由政府、行业与学校组成的"三位一体"组织保障体系。其中，政府为行业技能委员会和 TAFE 学院提供政策和资金保障；行业主导职业教育培训包的开发等工作，培训包由政府通过市场化手段购入，并由 TAFE 学院组织实施。二是 TAFE 学院实施学分制，管理灵活。TAFE 学院按照累积学分的多少颁发结业证书、职业资格证书或学历证书；同时，TAFE 学院还建立了灵活的学分互认机制，既可通过协议与所在州普通高校实现学分互认，也可在不同的 TAFE 学院之间实现学分互认。TAFE 学院灵活的学分制管理体系，实现了职业教育和普通教育、高等教育相互贯通，学校教育与在职培训相衔接，也因此形成了基于终身教育理念的职业教育制度。三是 TAFE 学院十分重视师资队伍的实践能力，以保障教学内容的实用性。TAFE 学院的教师一般要求有较丰富的行业、企业经验，TAFE 学院聘请了大量具有丰富经验的企业技术人员担任兼职教师，着力打造专兼结合、优势互补的师资队伍。四是借助独立第三方评估机制来保障培训质量。澳大利亚设立了独立于教育部的高等教育质量标准署，由其具体负责对包含 TAFE 学院在内的教育机构进行全方位的质量监督、控制与审查（李响初，2021）。

（五）新加坡"教学工厂"模式及其治理

新加坡政府既重视大学精英教育，也重视普通劳动者劳动技能的提升，注重强化职业技术教育和技能训练。在职业教育领域，其比较典型的做法就是通过实施"教学工厂"模式，提升技能人才的培养水平和效率（高亚凡，2018）。"教学工厂"就是通过搭建类似企业的真实工作环境、场景和设备，并将企业的现实问题、真实项目引入课堂，让学生在教师的引导下完成项目任务，从而切实提升学生动手操作能力和解决实际问题的能力。"教学工厂"模式通过创设真实的生产环境，将现代企业生产经营环境融入学校教学活动，通过有效激励引企入教、引产入学，体现了项目化教学改革的思想，是产教融合的典型做法。

"教学工厂"的教学计划是按照宽基础、分方向的原则，结合企业发展需要制定的。在课程安排上，第一年一般为基础课，主要是向学生传授基础理论和基本知识；第二年为专业课，主要是进行专业基础技能训练；第三年为专项项目课程和企业实习，学生分组交替进行。第三年的专项项目课程的项目一般由学校从某个或某几个生产厂家处承揽，与其联合开发成教学和技能训练项目，让学生在教师或师傅的指导下进行训练和实际生产操作。当然，这些项目可以由学校统一安排，也可以由学生自主选题，关键是要能充分运用学生所学知识，实现对学生综合技能的训练。从实践来看，"教学工厂"基于问题的解决和项目任务的完成来驱动学习和训练，必然会打破学科本位课程的边界，强化学科交叉和产教融合。同时，在"教学工厂"的项目实施过程中，需要行业、企业的专家和学校教师共同开发项目和组织实施，使项目开发过程与教学过程紧密结合，使项目兼具教育性、实践性和科学性，使产教融合和科教融汇相得益彰。唯有如此，方能更好地培养学生的创新意识和解决实际问题的能力，使教师及时掌握行业、企业前沿技术，保持课堂教学内容的先进性，帮助企业解决生产经营中的现实问题或从师生共创的成果中获得新的启示，从而实现多方互利共赢。

二、国外产教融合组织形态治理的综合评价与主要启示

产教融合是系统工程，在具体实施过程中由于各国教育体系、产教生态不同，又呈现出不同的组织形态与治理结构。随着《国家职业教育改革实施方案》《教育部　财政部关于实施中国特色高水平高职学校和专业建设计划的意见》《关于深化现代职业教育体系建设改革的意见》等一系列推进新时代职业教育改革与高质量发展的重磅文件的出台，产教融合成为关键词、着力点。综观国外产教融合组织形态及其治理结构生成或设置实践，有以下几点值得学习借鉴。

（一）创新构建产教融合组织形态

通过梳理可以发现，各国根据自身实际探索实践了多种产教融合组织形态，这些产教融合组织形态大体可以分为三种类型。一是企业主导型。其典型代表是德国的"双元制"，即坚持企业培训为主、学校为辅。

当然，美国以大型企业为主导的产教合作模式也非常典型，如以"UPS-大都会学院"为代表的企业本位型模式，类似中国当前产业学院建设探索中的一种企业主导形态。二是校企并重型。其典型代表是英国的"三明治"教育、美国的洛克希德·马丁公司学徒制与合作教育。三是学校主导型。其典型代表是澳大利亚的 TAFE 学院、新加坡的"教学工厂"，这种类型的产教融合组织形态坚持以学校为主导，吸引企业资源和项目参与。当然，不管是哪种组织形态，学生的学徒身份或准学徒身份是普遍特征，同时，产业、企业界的作用得到彰显，且呈现出进一步向企业方倾斜的态势。比如，《英国学徒制：2020 年发展愿景》提出建立学徒制学院，强化雇主在其中的主导地位（吴雪枫，2021）。世界银行在 1991 年有关职业技术教育培训的文件中也提出了职业技术教育发展战略，即将"学校本位的职业技术教育"变为"企业本位的职业技术教育与培训"。该文件强调，随着市场经济的进一步发展，市场化的力量将在未来教育中发挥更大作用，政府直接作为职业教育与培训提供者的角色将逐步淡化，兴办职业教育的职责将逐步由政府转向企业。事实上，我们从 2022 年 12 月中共中央办公厅、国务院办公厅印发的《关于深化现代职业教育体系建设改革的意见》中不难看出，不管是打造市域产教联合体、行业产教融合共同体，还是开放型区域产教融合实践中心，都凸显了多元主体协同育人的重要性，尤其是企业在现代职业教育体系建设中的重要作用。

（二）完善产教融合制度激励

在产教融合过程中，虽然各国政府在顶层设计、财政投入、协调组织、立法推进、制度激励等方面可能有差异，但无一例外都扮演了重要角色。一是各国都有相对完善的产教融合相关法律法规和制度体系，能够对产教融合有关事项进行规范，如参与责任、工作机制、主体资质、职业资格、考核评价、质量监测等，为产教融合政策的落实提供了充分的制度保障。比如，很早就出台的美国的《职业训练合作法》、英国的《工业训练法》、德国的《职业教育法》等，都对企业参与产教融合的权利和义务进行了明确。二是各国都不同程度地制定了财政扶持政策及奖励企业开展产教融合的措施。比如，澳大利亚政府通过市场化手段购入行业主导开发的培训包，以此帮助 TAFE 学院建设发展；新加坡政府与企业合作共建培训中心，由新加坡政府提供经费支持和土地资源保障，合作企业则提供师资、软件和教材等行业资源；德国政府通过财政手段调控专业结构，使之与产业结构相匹配，其财政支持力度与职业教育产出及经济社会效益挂钩，同时对招收学徒的企业提供奖金激励（李俊、李东书，2019）；奥地利政府通过补助金计划来促使企业等社会组织积极招收学徒，参与职业技术教育和培训等。

（三）建立产教融合促进机构

与产教融合组织形态不同，产教融合促进机构并非现实的产教融合组织体。从各国产教融合的发展历程来看，为保障产教融合组织有效运转，各国通常会结合本国的产教融合组织形态，设立相应的专门机构，以推进产教融合工作。比如，美国成立推动"合作教育"的各类组织，包括美国合作教育协会、全国合作教育委员会等，其社区学院普遍设立小企业服务中心等；英国成立了行业技能开发署，支持各行业设立行业协会，为职业教育与培训提供指导和服务。德国行业协会深度参与职业教育和培训，甚至亲自办学，如成立于2005年的汉堡职业学院就是由汉堡手工业行会等行业协会举办的；德国的工会组织、各州政府与文教部长联席会议、联邦职教所等各类机构在支持和促进职业教育和培训方面的作用显著（逯长春，2019）。

（四）强化产教融合培养质量保障

各国在实施产教融合、推动人才培养的过程中高度重视质量保障体系的建设，将其作为考察产教融合效果的重要一环。美国于2018年发布《加强21世纪生涯与技术教育法案》，要求地方产业领袖参与生涯与技术教育项目从州到地区层面的开发过程与绩效目标设定工作，并据此建立更为适宜的合作联动机制。德国的职业资质在劳动力就业市场中起着决定性的作用，从而也对职业教育体系的培养质量标准提出了严格的要求。英国建立了全国统一的职业资格等级标准，该标准由行业协会、行业专家和教育领域专家共同参与制定，保证了标准与企业岗位的实际需求相吻合（陈波，2021）。澳大利亚设置了独立于教育部的高等教育质量标准署，在各州也设立了专门的第三方评估机构，对包含TAFE学院的教育机构进行全方位质量监督、控制与审查。

(五)将项目合作视为产教融合重要机制

技术技能型人才的培养离不开真实的生产环境和企业项目,工程应用型人才和研究型人才的培养则需要基于真实的科研项目。因此,各类教学、科研、生产项目的合作及合作平台的打造,成为产教融合深化发展的重要内容。美国的"合作教育"离不开"项目群"的支持,广泛建立的制造业创新中心和制造业共同体,助推了遍布全美的制造业创新与发展协作网络的构建(朱小军,2020)。新加坡的"教学工厂"通过企业派出的工程师与学校教师共同带领学生凝练课程项目,使教学过程与项目开发有机结合,通过生产性全真实训和模块化、项目化教学,帮助学生亲临企业真实环境,了解生产线工艺流程,培养学生的创新意识和解决复杂工程问题的能力,助力企业项目的创新性解决。此外,日本通过"产学官"模式,打破学校和企业之间的交流壁垒,以项目为纽带,将学校专业人才培养与企业产品研发、技术发展相结合,实现共同合作、技术交流等目标,推动企业创新发展,更好地服务于企业的生产(胡璐,2021)。

第三节 产业学院治理结构探索与案例分析

产业学院作为产教融合的一种组织形态,是高校用于提高人才培养质量、强化社会服务的新型组织体,具有教学、科研、服务等多重功能。部分高校在产业学院的治理方面积累了一些经验,不过目前仍处于治理的初级阶段,还在探索更加合理的治理结构,需要解决的难题还较多。

一、产业学院治理结构的探索

产业学院治理结构是指产业学院的治理主体、层级、机制、对象及其他要素之间的关系。在"十一五"时期,就有高校与企业合作建设产业学院。进入"十三五"时期,苏州工学院、东莞理工学院、武夷学院等部分应用型本科院校在"新工科"的指引下,建立了一批具有产学研结合性质的产业学院(周红利、吴升刚,2021)。这些应用型本科院校在建设产业学院之前,就已经设计好产业学院的框架和模型,并在建设中形成了自己的治理理念和经验。

高职院校也同时对产业学院进行了探索。从2012年开始,广东的中山职业技术学院与地方镇政府及企业合作,建立了南区电梯学院、沙溪纺织服装学院、小榄学院、古镇灯饰学院、大涌红木家居学院等多个产业学院。这些产业学院探索出了"镇校企"多元投资体制、合作方权益分配制度、产业学院理事会制度、产业学院院长负责制、产业学院管理制度、产业学院内部机构设置等。其中,合作方权益分配制度主要包括产业学院项目奖励办法、食堂管理办法、经费管理办法、教师管理办法、资产管理办法等;内部机构设置主要是指人员配置,各产业学院根据实际情况自行设置。古镇灯饰学院和南区电梯学院设置了理事长、院长、常务副院长等职位,并下设综合管理办公室、专业教研室、校企合作组、学生管理组等部门;小榄学院设置了董事会,院长和常务副院长,以及教学办、校企合作办、继续教育办等部门。

"十三五"时期,珠三角、长三角等地区高校的产业学院发展迅速,尤其是广东、浙江两个省份,其产业学院数量繁多、类型丰富,影响力覆盖全国。据统计,截至2020年,广东省高职院校已建成产业学院200余所,覆盖20多个产业领域(蒋新革,2020)。2021年,浙江省确定21个产业学院为省级重点支持现代产业学院。从组织类型及特征来看,现行产业学院是一个典型的利益相关者组织(蒋新革,2020),汇聚融合了创新链、产业链和教育链,呈现出跨界融合的特点(王姣姣、柯政彦,2021)。产业学院,按照空间区域集聚度可分为集成式、连锁式与多点集成式三种形式(徐秋儿,2007);按照合作对象可分为校企综合型、校企订单型、校行合作型、校地合作型、校会联合型(李宝银、汤凤莲、郑细鸣,2015);按照建设方式可分为资源共享型、共同发展型和产业引领型(朱为鸿、彭云飞,2018)。调查发现,截至2022年10月,在广东省的33所民办高校中,已有16所建立了产业学院,占比超过50%。其中,本科院校6所,高职高专院校10所。

在这些民办高校的产业学院中,影响力较大的有两个。一是广东白云学院的装配式建筑产业学院,它由学校的建筑学院和企业通过校企共建方式创办。该学院通过校企合作,开展技术研发,为社会培养相关领域领先的技术人才。二是潮汕职业技术学院的建设产业学院,它依托大师工作室,采用公司化教育教学人才培养模式,由经济管理学院院长兼任产业学院院长，与企业以项目形式合作，采用公司化管理方式，独立运营，自负盈亏。

总体而言，广东省民办高校建立的产业学院大多是为贯彻落实国家深化产教融合、推动现代职业教育高质量发展等政策要求而开展的现代产业学院探索，起步相对较晚，但具有高标准、高起点建设的后发优势。这些产业学院基本上是基于校企共建共管的理念，设置了理事会、董事会等，这与全国的情况相似。

二、产业学院治理结构的案例分析

2019年，中共十九届四中全会审议通过《中共中央关于坚持和完善中国特色社会主义制度 推进国家治理体系和治理能力现代化若干重大问题的决定》，将治理现代化作为国家重大战略之一。国家治理现代化包含了国家各项事业、各个领域、各个区域、各个圈层、各个组织机构的治理现代化。对产业学院治理结构的研究，可以视为治理现代化中的一个具体实例。

对中山职业技术学院的5个产业学院的治理结构进行分析，可以发现全部产业学院都是由中山职业技术学院和产业学院所在地镇政府以及相关行业协会签订协议共建的。在协议中，各方对产业学院的建设目标和任务提出了明确要求，涉及培养当地特色产业所需技术人才、攻关行业共性技术、研发产业企业急需技术、培训现有产业工人等内容（见表6-1）。

表6-1 中山职业技术学院5个产业学院共建协议中的关键信息

产业学院名称	首期时间	产业学院的建设任务
沙溪纺织服装学院	2012.12—2022.08	建成教育培训、技术研发、管理服务"三位一体"的实用技能型人才培训基地，与中山市沙溪理工学校合作开设专业；与当地企业开展服装产业振兴及关键性技术合作研究；联合申报科技项目；为当地承担或开展多种培训等
古镇灯饰学院	2012.12—2022.12	建成教育培训、技术研发、管理服务"三位一体"的实用技能型人才培训基地，设置与本地产业和市场联系紧密的专业；在机械生产制造、电气控制及自动化、灯饰造型设计及创新方面开展合作研究；共同承担灯饰产业关键性技术研究；设立研究机构；为当地承担或开展多种培训等

续表

产业学院名称	首期时间	产业学院的建设任务
南区电梯学院	2012.12—2022.12	建成教育培训、技术研发、管理服务"三位一体"的实用技能型人才培训基地，设置电梯维护与管理专业、焊接技术与自动化专业、电梯工程技术专业；共同承担电梯产业关键性技术研究；建设服务平台和研究机构；开展多种培训等
小榄学院	2014.01—2033.12	建成教育培训、技术研发、社会服务"三位一体"的实用技能型人才培训基地，在当地开展学历教育和订单式人才培养；设置与甲方产业和市场联系紧密的专业；设置研究生教育、成人本专科教育培训教学点；开展关键性技术研发；承担甲方委托的课题（项目）；设立研究机构和职工培训基地等
大涌红木家居学院	2017.01—2027.09	建成教育培训考证、设计研发技术提供、营销服务管理"三位一体"的实用技能型人才培养与培训基地，开展合作研究；为当地承担多种培训；专业设置、科技研发等与大涌经济与社会发展规划接轨等

在共建产业学院的前三年，签署共建协议的各方的投资都已到位，产业学院硬件方面的建设非常完善，理事会领导下的院长负责制运行也顺畅。但三年后乃至几年后，由于在共建协议中明确的行业共性技术攻关、产业企业急需技术研发、对现有产业工人培训等任务没有有效推进，效果不明显甚至未达标，除学校之外，其他主体参与的积极性下降，甚至干脆退出，最终产业学院的治理主体只剩学校一方。

从源头来看，产业学院治理结构出现问题，主要在于产业学院运行过程与其生成初始的思想基础、建设目的和内在逻辑之间存在矛盾。如果产业学院中某一方主体的诉求没有得到满足，或者期待的建设目的没有实现，如政府的行业共性技术攻关、行业协会的工人培训等目标任务没有完成，就将使某个或者某些共治主体利益受损，从而导致其对产业学院产生认同危机，最后可能使产业学院运行陷入困境。

从制度层面来看，产业学院治理结构出现问题，主要在于产业学院的各方主体具有不同的特点和属性，这些不同会导致产业学院治理制度的制定、落实、运行等出现问题。产业学院是学校与政府、行业、企业等主体共同举办的多功能复合型组织体，其组织属性、组织形态、运行方式等与学校存在一定的差异。即使在产业学院建立前，学校与镇政府、行业、企业按照平等协商的原则签订了与产权有关的契约，但由于对产业学院本身的产权缺乏清晰的界定（陈小中，2022），产业学院董事会制中的行业、企业全程参与的制度难以在产业学院落地。对产业学院的治理，只能采用兼顾企业市场组织和学校科层组织的混合治理结构（蔡瑞林、徐伟，2018），这就导致院长负责制的产业学院还停留在做好教学以及专业建设的阶段，而共建协议中的其他目标任务难以得到有效推动和落实。

第七章 产教融合组织形态及其治理结构的优化策略

优化旨在进行更优的调整，达成更优的处理，既可以是"去其糟粕，取其精华"的过程，也可以是"扬长避短、弃弱保强"的技术，还可以是日趋更优的状态。对产教融合组织形态及其治理结构的优化研究，应该能提出相应的优化目标与优化策略，具体涉及优化愿景、优化框架、优化路径、优化机制等。实际上，这里的优化既包括对产教融合组织形态的优化设计，又包括对不同类型产教融合组织形态的相应治理结构的完善与升级。因而，本章将围绕产教融合组织形态及其治理结构优化的目标愿景、产教融合组织形态及其治理结构的优化方案、产教融合组织形态及其治理结构优化的政策建议等内容而展开，其间也会对具体的产教融合组织形态治理结构的优化路径进行分析。

第一节 产教融合组织形态及其治理结构优化的目标愿景

近十多年，以多元互动、共建共管共享为主要特点的产教融合组织形态已越来越深地融入经济转型和产业升级。科技进步在各个方面都发挥了重要作用，同时，政府追求的目标是实现公众利益最大化（王诗宗，2010）。企业的治理架构是企业与企业内部各利益相关者所构成的一种互相制约的关系，旨在促使企业为利益相关者创造价值。而从经济角度来看，企业的治理架构则是将各种属性的交易按照一定的方式与市场、组织或中介机构进行协调，从而降低交易费用（贺书霞、冀涛，2021）。高校教育集团的法人治理架构，既要确保高校教育集团的决策权与自主性，又要推动高校教育集团的发展，确保学校的公平与公正。因此，本研究拟从"合作治理"视角出发，探索产教融合协同创新的分享与整合发展模型，完善产教融合的组织架构，推动产教融合一体化、可持续发展，强化产教融合协同效应。

一、多中心供给的主体角色

多中心供给是指多元主体共同发力于组织体的治理，形成多个异质资源供给中心，每个主体负责一种类型的资源供给。已有研究表明，产教融合型（或共同体）"合作治理"的主体是政府、学校和企业；在"合作治理"系统中，各主体扮演着不同的角色（贺书霞、冀涛，2021）。第一，在"合作治理"系统中，政府扮演着主导角色，起着主导和引导的作用；政府要在各种利益关系的博弈中持续调整自己，加强监管和服务功能，使自己成为各方的"代言人"和实际服务组织。第二，以学校为基础，构建产学研一体化社区。作为"合作治理"系统的组织者与执行者，学校应打破传统的教育行政制度，在教学与社会两个层面上实现积极的改革与转变。第三，"合作治理"系统的物质保障方，包括各参与主体和其他社会组织。企业是产学研合作的主要参与者，应保障其参与的权利。在产学研合作中应采取多种手段矫正政府、学校、企业的专断行为和独占行为。第四，相关参与主体可以为产学研合作的发展提供多元化的公共服务、绩效评估和资源保障。在"合作治理"系统中，相关参与主体作为参与者、服务者和监督者，应该被赋予不同的角色。第五，高校师生利益的获取是校企"合作治理"的起点与归宿。这就要求对有关的制度进行改革和完善，使协作参与和决策体系更加规范化，同时还可以借助公众的力量来营造一种氛围，提高产教融合各参与主体的主体意识、法治意识和协作能力。

毫无疑问，产教融合组织形态中的每个主体都拥有特定资源的供给权利，承担相应责任义务，且不会受到各种制度的阻滞和文化习俗、群体偏见的干扰，能顺畅表达各自的意志且不影响他者的表达，这必定是产教融合组织形态及其治理结构的美好愿景或优化状态。在2023年4月于重庆举行的中国高等教育博览会上，中国石油大学（北京）原校长吴小林在《以高层次产教融合促进教育科技人才一体化》的演讲中提到，学科专业的重点是结构转型和跨界融合，在人才培养和科学研究上应转变协同不足的现状，朝着更加有组织性的一体化方向发展，办学上应扭转单一主体局面，转变为多元主体参与的格局，服务上要从适应升级为支撑引领。她认为现行高校内部治理还存在"有组织"程度不足的问题，比如课题人的困惑长期存在；主动、互动不够，存在类似"死胡同"的困境；社会服务职能扩展不足，将教学科研的优势当作最重要的社会服务；三个职能耦合不够，存在体制机制障碍，尚未形成良性互动和理想的创新生态等。她提出应重构内部体系，包括目标重构、理念重构、路径重构、治理重构等，同时应从深度和阶次两个维度，建构新的组织形态、活动形态、技术形态、心理形态，让师生、企业研发人员感受到合作价值，以高水平产教融合打通内部大循环，形成校企、校地协同创新、协同育人、良性互动、合作共赢的外部大循环，最终使大学融入科技革命和产业革命之中，服务构建新发展格局，走出一条建设中国特色、世界一流大学的新路。可以说，这既是一个大学领导者对现今大学教育短板和产教融合的认知，也是对未来产教融合形态及其治理结构变革的寄望，其中的主体角色愿景明显。

二、"命运共同体"的治理理念

"命运共同体"是"合作治理"的核心思想，涵盖合作共赢、共同发展、一体化等理念；可持续发展的理念是相互尊重、平等相待、相互包容、交流互鉴、协调发展（丁煌、朱宝林，2016）。可见，"命运共同体"是实现"共享价值""制度安排"和"行动合理性"的支柱。第一，它强调了新的价值观，即互利共生、合作共赢。在产教融合的决策管理和多元主体融合发展进程中，基于利益相关者的民主参与，实现了一致的决策和共同的利益最大化，推动了各个利益相关者从合作、分享发展到构建经济、社会、安全的命运共同体。第二，它推动公平公正的体制观念在社会中的内化。通过建立校企合作社区的民主谈判制度，强化企业内部的民主谈判在企业社区价值塑造与内化方面的作用。第三，它要求在多元主体的社会交往中，主动进行包容的行动，遏制多元主体的"排外""强势"等现象。产教融合社区的建设要求有一个共同的价值目标，一个统一的认知标准，一个合作的环境。在这个过程中，政府和学校不再是单独的个体，它们可以和其他管理机构相互补充、共同监管、共同激励、共同追求利益。毋庸置疑，一个具有相同理念的产教融合社区或其他产教融合组织形态，是一个由多种利益相关者组成的、具有相同理念的命运共同体。产学研一体化是我国高等职业教育改革发展的必然趋势。

三、多元协同的治理逻辑

产教融合应以调动多元利益相关者的参与积极性为核心驱动,以提升资源整合效率为实施路径,最终实现治理效能优化目标。产教融合组织形态本质上是构建网络化协作平台,通过主体间的交互形成"文化交融-资源共享-信息互通"的生态系统,既保持各主体特色优势,又通过动态协作实现优势互补。这种机制强调主体关系的交互发展,既包含显性资源的开放共享,又促进隐性经验在协作中的互鉴转化。多元主体通过经验互补形成持续创新动能,最终实现产教融合系统的协同进化(孙国强,2003)。第一,多方合作,推动了企业的融合。产教融合组织模式的构建与维持既取决于组织体所掌控的资源,也取决于组织体能否进行利益整合,和谐、互补与共享构成了组织体运作的基本前提,只有通过组织共建、文化共建、体制共建等方式,才能实现各主体间的协作与整合(贺书霞,2013)。第二,多个智能体之间的协作可以提高智能体的合理性,提高智能体的整体水平。以产教融合的组织形式的共同价值观为指导,可以提升各参与方的认识理性。应在此基础上,以产教融合发展的相关制度法规为依据,建立起相应的现实准则和社会准则,加强对产教融合的管理模式的制定和实施,保证各参与方在政策制定上达成一致意见并具备实施政策的能力。第三,加强"合作治理"的多个参与方的协作,实现互联分享。产教融合的组织形式能够通过目标一致、规范互惠以及相互信赖减少投机行为。多个参与方之间的交互,有助于提高参与方的资源积累效果,提升参与方的资源价值,从而推动参与方之间的合作,进而提高整体的凝聚力。由此可见,应通过国家政策支持、地方特色产业集聚、民主共治体系建设等多种途径,形成主体关系和谐、互补匹配、互动共享的"合作治理"系统,以保证特殊的产业集群结构的整体有效性,缓解主体在异质性身份认同与价值观方面的矛盾,从而达到教育、产业的深层次交融。

四、多方协同下供需有效对接的治理机制

产教融合组织形态及其治理结构优化的目标愿景是健全治理机制,重点实现多元主体协同下的供需有效对接。一是构建多方参与的组织架构。从学校内部看,要做好办学资源的整合与共享,破除因举办体制多

元而带来的条块分割与资源分散局面。从学校外部看，要不断加强政策创新和保障，以混合所有制等方式充分发挥企业作为重要主体深度参与的作用。比如，在产教融合框架设计中，可以将多元主体协同参与专业群建设、课程教学形态及方式选择等方面的决策及实施，作为制度安排确立起来，协同打造区域产业链与学校专业群之间的对接合作平台，促进教学链与产业链的深度融合。这是实现供需有效对接的治理基础和前提。二是拓展资源集聚渠道和途径。资源集聚是各种产教融合组织形态及其治理结构存在的价值体现之一。无论是解决供需"两张皮"问题，还是促进产业链、教育链与人才链、创新链有效衔接，产教融合都以解决二元或多元主体之间的具体问题为直接目标，而这些具体问题都需要足够的特定资源来支持。在产教融合组织形态和治理模式不断创新的基础上，应完善职业教育集团化办学的治理机制。积极探索以产权为纽带在各成员单位之间形成稳固的利益共同体关系，是拓展资源集聚渠道和途径的一种好选择。三是构建面向学校和行业、企业的信息服务机制和平台。进入智慧社会，信息服务对于产教融合组织形态及其治理结构的优化意义重大。这种信息服务是双向的，比如企业为学校提供用工需求、技术升级和设备改造中的攻关要求、技术标准等方面的信息；学校为企业提供培养培训资质、科技协同攻关能力等方面的信息。然而，这种双向的信息服务也需要可靠的机制和平台，比如可以通过一系列举措促成各方互信。此外，由于同行竞争者是积极参与还是搭便车，是影响企业动力的最主要因素，因此在构建信息服务机制和平台时要采取相应策略来提高企业尤其是重点企业的参与度（吴一鸣，2018）。

第二节 产教融合组织形态及其治理结构的优化方案

进入 21 世纪以来，随着众多高等院校、中等职业院校产教融合的组织形态、组织机制及组织形式的日趋丰富，其中的一些（如产业学院）已由主要行使人才培养功能的关系体，逐渐发展为多功能的集合体，且实质上成了落实产教融合、校企合作、协同育人和产业升级任务的载体（徐国凯、张恩光，2021）。然而，这些产教融合组织形态及其本身的治理结构仍然存在不适应、难以达成目标、运行不畅等问题，因此需要进行优化。本节尝试以产业学院为例分析产教融合组织形态治理结构的优化路径，并以此为基础提出产业学院、职教集团、产教融合联盟、产教融合型企业四类有代表性的产教融合组织形态的治理结构优化方案。

一、产教融合组织形态治理结构的优化路径

以产业学院为例，其治理的核心在于通过社会需求牵引、制度环境支撑、自身缺陷弥补三个维度的协同，构建管理架构。在产业学院治理模式形成的过程中，现有模式借鉴与内生创新呈现交互作用，其深层动因取决于既有管理体系的挑战程度及可移植经验的价值密度。该治理模式的有效运行需要具备三重支撑：适宜的体制环境作为培育土壤，强有力的外部推动与内生动力体系构成驱动双轮，三者共同作用于治理效能提升。

（一）优化体制环境和外在激励

产业学院的治理体制改革需要一个较好的体制条件，一个强有力的外在推力。正如中国乡村治理系统的重构，不仅需要对其进行根本性的重构，更需要关注其所蕴含的多种经济与社会因素，使其与治理主体融合（姬超，2018）。强调治理的开放性、治理主体的多元化，以及经济基础与整体社会环境的结合，是治理体制优化与完善的重点。产业学院治理系统的结构优化所需的制度环境包括宏观、中观和微观三个层次的制度环境，涉及经济、社会、科学、文化等方面的发展趋势和重要政策制度的变化，以及高等教育（包括高职）与企业发展方面的政策制度变化。因此，如何对产业学院进行有效的管理，取决于宏观环境对其的作用、外部因素对其的作用，以及内部的制度环境状况。

在当今的大变革背景下，我国的政治、经济、社会、科学、文化等领域发生了错综复杂的变革，促使高校与企业在教育链、产业链与人才链、创新链之间的联系模式上进行了多元的制度创新。产业学院是连接这四链的一个关键载体，其治理系统的构建基于高校和企业双方的利益，更易于从产业学院主办人及各利益相关者的交互作用入手，因而弥补了利益相关者直接参与产业学院治理的制度缺口。这些变革还推动了多种管理方式与结构层次的形成，如董事会制、协同攻关制等。

中共十八届三中全会通过了《中共中央关于全面深化改革若干重大

问题的决定》，首次把产教融合、校企合作写入党中央的重要政策。2014年，《国务院关于加快发展现代职业教育的决定》提出，要加强产学研结合，鼓励企业举办或参与举办职业教育。2015年，《中国制造2025》提出，要健全多元化的人才培育机制，构建"政、学、研、用"一体化的制造业创新体制，构建政府、企业、高校、科研机构的战略联盟。2015年，《国务院关于印发统筹推进世界一流大学和一流学科建设总体方案的通知》（国发〔2015〕64号）明确提出了加强高等学校在支撑国家创新驱动发展战略、服务经济社会发展等方面的作用。2015年，中共中央、国务院印发了《关于深化国有企业改革的指导意见》，明确了要进一步完善公司治理机制。2020年，为推进现代产业学院建设工作，教育部办公厅、工业和信息化部办公厅印发了《现代产业学院建设指南（试行）》。很明显，从加强产教融合和校企合作到企业成为重要办学主体，到成立政产学研用产业创新战略联盟和推动高校创新资源，再到开展产业学院试点工作，这些都是产教融合相关政策不断制定和执行的过程，都将对我国产业学院治理结构的优化起到积极的促进作用。

（二）理想模式借鉴和现有模式示范

理想模式的借鉴与现有模式的示范的价值与意义，在于破解高校制度运行中的漂移与脱轨困境。若能参考理想模式与现有模式，高校的治理决策便很难偏离理性轨道。事实上，以国家政策及学者提供的关于产业学院的管理体制要求或者模式为参考，将会是一个比较好的选择。2020年教育部办公厅、工业和信息化部办公厅印发的《现代产业学院建设指南(试行)》，在进一步健全学校治理机制方面，明确了强化学校、政府、企业等多方合作，建立健全的办学机构，探索建立理事会、管委会等治理方式，赋予人权、事权和财权，构建科学高效、保障有力的制度体系，优化创新资源分配方式，增强"自我造血"能力。这种治理模式最大的优势是把学校与企业之间的合作关系向下延伸，并直接延伸到企业经营的整个流程中去。它要求完善董事会、管委会的制度架构和治理体系，并在此基础上提出了构建产学研一体化的"人权""事权"和"财权"三个层次的管理体制。校企应联合制定产学研合作机制。在理论研究层面，比较主流的看法是实行董事会主导下的校长负责制，构建多元化的治理架构及相应的制度。产业学院内部治理结构的优化实质上就是对产业学院治理因素和关系的调整,而产业学院的内部治理表现为"三链融合"的治理或"四链多接触"的治理,因此,产业学院的基础架构由组织管理制度体系、机构体系、运行机制组成,主要涉及治理主体、治理机制、共同目标及公共空间等因素(聂挺、聂劲松,2022)。基于已有的研究成果,本研究认为,"三链合一""四链多点"治理模式下的"校长负责制"与"三链多接"治理模式下的权力运作模式存在较大差别,应明晰产业学院是一种多职能、多层次的复杂组织体。当然,从理论层面看,最优政策指导与理论指导是契合的,部分政策还体现出前瞻性。

现有的产业学院治理模式,在理论上可以通过对海量文献的分析和大范围的调研来寻找。但是,由于现有产业学院的实施形式、发展形态和治理模式多样,并且会不断涌现出新的更高层次的产业学院,因此很难找到一个能够引领行业发展的典范。在现有的产业学院治理结构中,较为完备的董事会(行政)事务委员会是贯穿产业学院内外部的完整架构,目前可以作为一个示范,其最优的成果就是使内部与外部都能保持良好的结构。

(三)自身补缺生成和内生动力推进

弥补产业学院的管理制度缺陷,完善高校及其产业学院的治理机制,是改善高校产业学院管理制度架构的有效途径,对于解决产业学院管理制度架构堵塞与断裂的问题,具有十分重要的价值与意义。所谓自我修正,就是指产业学院管理制度架构必须遵循规则、科学合理。正如一些学者所指出的,高校的经济治理结构是对高校资产进行决策、控制和监督的组织形式,它以一种合乎经济学规则的方法来对高校进行管理,是对高校的一种有效管理(陈启荣,2014)。作为一种全新的高等教育发展方式和人才培养机构,产业学院治理系统的构建需要与我国当前的教育改革方向相吻合,也就是要提升高等教育的适应能力,直接或者间接地推动高等教育发展,在产权上建立起高校和企业之间的一体化关系。在推动更多行业组织和企业参与高等教育的混合所有制改革的同时,充分调动产教融合的"双(多)主体"的内在力量,解决目前产教融合实践中出现的"校热企凉"等问题,拓展产教融合的深度、广度和宽度,更好地为行业和企业"量身定制"人才,促进高等教育的高质量发展,促进整个教育链、产业链和人才链、创新链的融合。这样,就有了更多的空间来对高校产业学院的管理制度进行优化。

下面以广州商学院为例，具体说明自身补缺生成和内生动力推进路径。一是自身补缺生成，即对产业学院管理制度架构的适应性与协调性进行强化。产业学院治理结构的问题主要表现为治理结构松散，存在实质性缺失；治理结构简单导致治理僵化呆板；产权划分不清，治理权力不清晰，治理结构不清晰；执行机制、传导机制尚不完善。广州商学院在实际工作中，通过对学校党组织与党政联席会议制度的研究，明确了两者的责任界限，健全了学校的组织与管理制度，解决了学校党建工作中党组织领导作用不能很好发挥的问题，改善了学校内部的信息传导机制。面对"校企联动"的困境，广州商学院根据产业学院"多主体协作""多职能"的管理需求，通过健全学校治理结构，加强了产业学院的内部管理，提升了其管理水平，更好地突出企业全程参与、产业学院独立运行的治理特点，避免了有关管理体制和机制运行陷入停滞、断裂的困境。二是内生动力推进，即建立以制度为基础，以企业管理为核心的内在驱动机制。产业学院是高校的重要基层单位，也是实现人才培养、科研与社会服务的"前哨"和载体，其管理必须积极地与国家治理体系和治理能力现代化相结合。广州商学院为解决产学研"信息流"不畅通、混合所有制学院体制不够深入、产学研分离等问题，充分听取师生意见（以保障师生的正当合法利益），经过专业人士的验证，按照最好的模式和现有的实践，对产业学院的制度进行了进一步的改进和完善，极大地调动了产业学院内部参与管理整合的力量，并兼顾了各种利益。

当然，上述两条路径虽然不同，但它们是相互联系的。此外，高校的管理架构形态也将直接影响区域乃至全国高等教育、企业的体制创新。例如，探讨大学与企业联合主导下的工业院校纵向经营制度改革。产业学院虽然具有独立法人地位，但也可以是由高校与企业联合领导的具有教育性、经济性和社会性的组织机构实体。构建以人才链、创新链为先导的产业学院治理模式，搭建与之相适应的教育链与产业链系统架构，探讨智能社会背景下产业学院的新型治理结构，有助于加快我国产业学院管理制度建设进程。

二、以产业学院为代表的产教融合组织形态治理结构优化方案

产业学院治理结构的优化既是一个理论问题,又是一个实践问题。尽管有些产业学院已经探索了诸如理(董)事会、混合所有制等治理机制及产权制度,但这些探索往往因似是而非或半真半假而流于形式(聂挺、聂劲松,2022)。当前,我国产业学院内部与外部关系比较混乱,相关主体权责不清,发展机制不健全;缺乏有效的运作与协作机制,致使其在产业园区内成了一座"孤岛"。这在很大程度上体现出目前我国的产业学院仍然处在一种现实的困境当中,同时也显示出我国产业学院内在管理模式的复杂性。因此,必须以相关理论创新研究成果为基础,对企业管理因素和企业间的相互联系进行科学、理性的调整,在企业的内部管理系统中取得突破,从而获得良好的管理效果,实现产教的优质融合。

(一)基础分析:产业学院的治理圈、治理机制与公共治理空间

首先,从外部和内部两个层面对治理圈的变化进行分析。治理框架,包括治理主体与关系、治理层级与运作、组织架构与功能等,其中既包含权力运作与非权力互动两类关系形态,也涵盖利益关联与非利益关联的多元联结方式。当产业学院作为核心载体推进"三链"或"四链"融合时,其治理圈呈现出特殊的多用途聚合特征——参与主体中既包含产业学院本体成员,也涵盖母体组织及其他关联主体的外延网络,它们共同构成以产业学院为枢纽的跨组织治理生态。因此,产业学院,与治理圈外的其他成员,除科层制的关系之外,还存在着互相支撑且互相平衡的、并行的关系,这种关系具有市场性与经济性。这对于解决我国产业学院在实际发展中面临的困境,改善其"淡化"和"虚无缥缈"等问题,具有十分重要的意义。

其次,从治理机制的组合调整或单个创新进行分析。产业学院的内部管理机制主要涉及学校、企业、政府和社会各方面的利益关系,岗位的竞争性等,这些都在某种意义上与治理结构相联系。比如,激励和限制,涉及内部机构设置和授权,人员构成和权力分配,奖惩制度的架构设计;监管和平衡,则涉及内部机构设置和授权,审批流程和环节,以及督查制度的构建和执行。治理机制的组合调整抑或集成创新,不仅包含了不同情境下的产业学院整体治理结构的重构,还包含了来自高校、

企业、政府、社会等多个层面的协同管理机制的整合。在实现创新的过程中，可以从内外两个维度同时或先后切入。单一创新是指在不改变整体组织架构的情况下，对某一特定的机制进行独立创新。职位竞争机制和委托-代理机制可以成为个体机制创新的适宜目标，而在单独的个体创新中，最常用的是激励约束机制和主体链接沟通机制。

最后，从社会管理的内在目标和公共管理空间完善的角度进行分析。产业学院的内部治理问题纷繁复杂，但就其本身来说，最重要的就是让教师和学生参与顶岗实践、科技合作创新和社会服务。另外，还要思考在培育人的同时，如何更好地为地区和企业、产业提供服务。因此，设法促进多功能集合的运行实体的形成并维护其良好运转，事实上是产业学院内在管理目标中的首要任务，也是其内部治理的一条主线。包括公共空间搭建在内的其他建设，都为这一主线服务。公共空间是为实现多功能集聚运作实体的目标而进行的一套制度安排，它为产业学院共建、共管、共享的多元参与方提供了一个可以进行充分沟通、表达自身需要和意见的场所、平台、机遇（聂挺、聂劲松，2022）。

（二）优化策略：利益共享理论视阈下产业学院治理结构的完善

基于上述分析，下面以利益共享理论的观点为视角，重点探讨以分权制衡为切入点、以利益共享为立足点、以组织再构为落脚点的方式，来实现治理结构的优化，进而使产业学院由"共治"走向"善治"。

1. 以分权制衡为切入点，抓实产业学院多元主体的权力保障

以"三权分立"为主要特点的治理模式，旨在破解"三权分离"问题。该模式以"多元"为核心，构建多元主体间的协作关系（这是其最根本的出发点），并在此基础上建立起共建共治的治理结构。为此，我们需要对内部权力进行合理的配置，做到将横向制衡和纵向分权结合起来（李可欣，2022）。在横向制衡方面，可以基于党委领导下的校长负责制，建立一个决策、执行和监督相结合的治理框架，增设董事会（由政府、学校和行业、企业四方办学主体选出代表组成）作为决策主体。同时，还应该基于常务委员会与董事会的关系，确立"两方准入"的体制，使其成为一个"决策的同心环"。在此基础上，建立由校内外专职和兼职人员组成的以监事会为中心的监管组织。值得关注的是，在学校层面，党

委系统和行政系统应进一步明确各自在共同推进产业学院治理结构现代化过程中的责、权、利。在纵向分权方面，应注意权力的分散，给予产业学院更大的自主发展空间。同时，将政府的管理权下放到行业、企业以及其他基层的利益相关者，建立学术委员会、教师代表大会和学术会议、工会等组织，并给予其在治理上更大的发言权。

2. 以利益共享为立足点，夯实产业学院多元主体的利益保障

平衡产业学院各相关主体之间的利益诉求，是实现内部治理结构优化的立足点。产业学院只有完成从"政校中心"到"行企中心"的转型，才能正确化解各类矛盾，实现利益共享和多元善治。要进一步完善利益表达机制，满足产业学院决策中多元主体的利益诉求，使产业学院形成一个利益共同体，从而使政府、学校、行业、企业都成为利益分享者。同时，应坚持"利润分享"原则，确定合理的利润分配指数及权重，使学校与企业的效益达到平衡；促进各种资源的有效融合，使之形成良好的循环，从而解决教育公益性与企业营利性之间的冲突。产业学院从传统意义上的"主体中心"转向了"客体中心"。产业学院作为一个兼具科技与学术双重属性的机构，在对其进行优化的过程中，要遵循教育与经济学的基本原则，将"利益重心"从"管理主体"转移到"管理对象"上，更加重视教师与学生的利益表达与利益诉求，畅通师生参与治理的渠道，让师生共享权益成为治理的归宿。

3. 以组织再构为落脚点，压实产业学院多元主体的组织保障

产业学院作为开放合作的新型实体，其治理体系的革新应深入贯彻开放理念，以此为创新核心，突破传统的等级管理模式，构建更为灵活的扁平化架构。这种变革旨在简化决策路径，提升治理效率，让每个利益相关者——政府、学校、行业、企业和师生，都能在平等且核心的位置上发挥关键作用，他们的利益和价值将因此得到更全面的考量。首先，需要对政府机制进行精简和现代化，消除冗余管理层级，推动内部管理模式向"矩阵型"转型，合并或撤销功能重叠的部门，以减少推诿和效率损失。同时，清晰界定常设机构与临时机构的角色和职责，通过协商机制解决潜在冲突，确保资源和权益公平分配，提高公众的参与度，以适应快速变化的市场和教育环境。其次，产业学院需强化内部学术自主

性，设立专门的学术委员会和教学委员会，明确行政与学术事务的分野，确保学术决策不受行政干扰。这样，学术权力与行政权力就可以相互制约，降低行政主导的影响，充分尊重学术自由的精神，从而激活产业学院治理的创新动力。这种结构改革将有效提升产业学院的灵活性和适应性，使其在复杂环境中保持高效运作。

三、以职教集团为代表的产教融合组织形态治理结构优化方案

职教集团是产教融合的重要载体，也是职业院校实施产教融合协同育人的重要形式，常常作为职业院校与行业、企业紧密合作的纽带。2015年，《教育部关于深入推进职业教育集团化办学的意见》（教职成〔2015〕4号）明确指出，开展集团化办学是推进现代职业教育体系建设，系统培养技术技能人才，完善职业教育人才多样化成长渠道的重要载体，是深化产教融合、校企合作，激发职业教育办学活力，促进优质资源开放共享的重大举措（黄海珍，2021）。职教集团的治理优化有其特定背景及策略。

（一）基础分析：职教集团及其治理的一般性描述

职教集团治理就是为了建立多元的治理模式，协调不同主体之间的利益关系，促进职教集团健康发展而进行的一套制度设计。职教集团有多种组建模式，与之对应的机构也有所不同，目前职教集团主要设置了理事会或董事会、执行机构、监督机构、反馈机构等机构，这些机构分工合作。由于行政控制型治理依然占据着主导地位（这样的粗放集权式的管理方式并不适合集团的整体治理和精细治理），因此，优化的关键应该是实行扁平化管理，以扩大管理幅度、减少管理层级、精简组织结构、提高管理效率等，从而克服垂直组织架构存在的弊端。

从治理的视角来看，职教集团的参与者可归为政府、职业院校及企业三大阵营，它们共同构成集团治理的核心要素（孙健、王明伦，2010）。因此，提升职教集团治理效能需遵循以下关键准则。第一，强调合作与效率。通过优化内部管理，降低成员间的交易成本，促进协作，提升整体竞争力；强化成员间的沟通与联动，确保在人才培养、校企联合和产教融合等议题上达成共识，进而强化集团的执行力。第二，坚持利益均等原则。这意味着要通过公平的制度和协调机制，确保每个参与方在人才培养过程中的社会效益和经济效益达到平衡，实现多方共赢。这不仅

依赖于政府的行政调控,还要求整个治理体系和谐运作。第三,注重适应性和前瞻性。职教集团的治理应与其自身的法律属性、发展目标、联结模式、运营导向以及成员角色相匹配。在教育实践中,应兼顾各方的社会效益和经济效益,激发集团内部的合作动力(王艳萍,2018)。为了实现这一点,治理机制必须能够鼓励所有成员积极参与,明确各方的角色与权力,保障它们在集团事务中的决策权,并确保利益分配的公平与互利。通过构建共享的利益体系,所有参与职教集团的实体都能从中获益,进而形成紧密的合作关系。职教集团作为多元化的合作平台,要提升其治理质量和发展水平,需要革新治理思维、完善组织架构,并探索创新的治理模式,以适应当前制度环境的要求。

事实上,健全的组织体制是制约职教集团内部成员行为的基础,是保证职教集团健康发展的关键因素,是防止随意性和主观性管理的重要途径。因此,在构建内部组织体系时,一是要考虑到各方主体的合理的利益诉求,保证它们主动参与,听取它们的意见。二是要注重制定程序的规范性和合法性,确保各方主体拥有平等的参与权利和发言权。三是要明确各个职能部门和各方主体的责任和义务,保证体系结构的合理性。四是要重视制度规范的可操作性,提高其执行性,同时强化相关利益者的主体意识。

(二)优化方案:构建"多边协商、多元共赢、制度先行"的组织机制

1. 多边协商:确立政府主导下的多元利益相关者共商的组织结构

实践表明,组织形态结构要素与治理体系结构要素在一定程度上存在转化现象。从职教集团的运行困境来看,政府与市场是推进职教集团发展不可或缺的"两只手",应各就各位、各司其职。在职教集团建设过程中,政府发挥着主导作用(戴世明、方一鸣,2021)。因此,地方政府应充分认识到职教集团在区域经济社会发展中的战略地位,推动职业教育与地方产业深度融合。职教集团作为一个组织形态,应在政府主导下完善运行规则,同时与政府部门和行业组织建立"线上+线下"常态化对接机制,健全科学民主决策制度,形成多元发展合力。

职教集团是一个多元化的利益主体结构,建立以政府为主导、以多方利益相关者为核心的共商的组织架构和相应机制,是职教集团良性运

作和可持续发展的根本。应充分发挥职教集团的优势，推动校企合作培养人才，加强教师队伍建设、员工培养、科技研究和开发等，应使职教集团的组织结构多样化，强化对集团成员的管理（黄海珍，2021），使职教集团能够充分地代表学校、行业、企业、地方政府等各方的利益，确保其做出的决定符合成员单位的需求。在此基础上，应选择具有服务意识、敬业精神和人格魅力的人员担任带头人，加强对职教集团资源的有效整合力度，提高其服务经济社会发展的能力。

为了提高职教集团的治理水平，可以考虑以下策略。第一，在选拔决策团队时，应优先考虑那些对职业教育有浓厚兴趣、熟悉职业院校及教育规律的人员，以增强职业教育工作的专业化程度。第二，要健全职教集团的内部结构，设立如专业建设委员会、秘书处之类的专职部门，以确保能提供专业的决策咨询。第三，鼓励集团内的各成员进行职业教育、职业学院运营以及人才培育相关培训活动，增进其对职业教育的理解，使其更有效地参与到产教结合和校企协作之中。

2. 多元共赢：营造形成"事业共同体"的人文环境

将职教集团逐步打造为集团成员的"事业共同体"，将是实现职教集团可持续发展，扩大职教集团影响力的重要途径。职教集团所要创造的"事业"，就是提高职业教育办学质量，培养更多合格人才，推动职业教育发展（许涛，2011）。而要打造"事业共同体"，就要有可以让成员专注于事业并进行互动的人文环境。第一，集团的成员单位，不管是牵头院校、其他院校，还是企业、行业等部门，都要秉持促进职业教育发展的理念，围绕提升职业教育教学质量，共同制定发展规划。所有的参与者，从观念到行为都要以集团的发展为基本目的，这是打造"事业共同体"的基石。第二，要营造有利于成员单位事业发展的环境。尽管职教集团的成员是自愿参与的，但职教集团是所有成员的共同事业，它的发展状态与发展方向，将会是影响每个成员事业发展的重要因素。第三，职教集团应当作为各成员联系和互动的桥梁。职教集团的出现，使其内部各成员间的联系更加密切，并在许多方面互相影响。通过这种方式，职教集团将成为成员的"事业共同体"，并逐渐成为一种具有重大意义的社会力量，其在提升职业教育办学质量、促进产教融合整体发展方面发挥着举足轻重的作用。

3. 制度先行：健全并落实以集团章程为核心的制度体系

要充分发挥职教集团的功能，必须建立健全集团的各项规章制度。建设职教集团，首先要抓好集团章程及配套的规章制度的建设，从制度上构建完善的民主决策机制，对集团成员的人员组成、职责划分等进行详细的规定，并从制度上明确相关规定，以保证集团职责明确、统筹有力、有机衔接、高效运转。与此同时，集团要定期针对各项规章制度进行宣传培训，使这些规章制度成为集团内成员遵循的最根本准则，从而保证职教集团有序运转、松紧有度、遇事有策、处事有方，只有这样，职教集团才能切实具备高质量、可持续发展的制度优势。

四、以产教融合联盟为代表的产教融合组织形态治理结构优化方案

产教融合联盟既是一个跨空间、跨组织类型、跨组织性质、跨组织文化的多维网络系统，也是一个直接与间接关系、主要与次要关系、深层次与相对疏离关系并存的多层次嵌套网络系统。在产教融合过程中，政府、企业、学校、中介机构等各主体间松散的组织形态，促使产教融合联盟产生。然而，产教融合联盟成员间的诸多差异及诸多关系的并存导致了融合过程的复杂性（缪学梅，2022），也容易产生联盟成员参与度不高、缺乏科学的治理技术、缺乏多维度治理平台等问题，从而导致联盟的治理体系及治理能力普遍不足。因而，庞大的产教融合联盟需要凝聚力，需要构建能实现有效治理的体系结构及机制，从而向2022年12月中共中央办公厅、国务院办公厅印发的《关于深化现代职业教育体系建设改革的意见》中所提出的"打造市域产教联合体"方向演进。

（一）基础分析：产教融合联盟治理结构及机制运行中的问题

一是联盟成员参与度不高。这就涉及产教融合联盟治理结构方面的问题。2017年出台的《国务院办公厅关于深化产教融合的若干意见》，促使产教融合摆脱初期的浮躁、困惑、企业参与不足、缺乏良好规划、流于形式等状态，进入一个新的发展阶段。目前，产教融合通过深入开展实习实训基地建设、"双师"互动培养、人才培养创新等工作，已步入纵深发展的新时代。然而，虽然目前大多数高校都已经意识到了产教融合的重要意义，也进行了多种类型的校企合作，但部分学校仅仅停留在签

订合作协议的阶段，实习和实训仍在校园内进行，企业的主体地位没有得到充分体现，企业导师在人才培养中的作用发挥不足，导致产教融合仍存在诸多问题。尽管在国家政策的强力推动下，校企双方合作意愿不一致、"校热企冷"的状况得到了一定程度的缓解，但是当前还缺乏激励企业真正行动起来、主动与学校进行合作的动力机制，尚未找到解决问题的准确切入点。另外，中小企业不受学校待见，大企业和龙头企业倾向于与知名本科高校进行合作等问题也普遍存在。除学校和企业两大主体之外，其他联盟成员，如行业协会、中介机构等，参与治理的积极性并不高，尚未形成一个多元、平等、协同治理的大格局，联盟的各个成员还是一个个"信息孤岛"，它们只是各取所需，并未形成一个命运共同体。

二是缺乏科学的治理技术。产教融合联盟的作用主要体现在签订合作协议、组织行业论坛、共享资源等方面，它本身是一个结构松散的组织，是由众多参与者构成的一个集合（首珩、张翠英、刘硕，2019）。由于治理制度简陋粗糙，治理能力良莠不齐，缺乏量化标准，治理方法单一，治理措施不完善，治理监管不到位等，当前我国大多数产教融合联盟仍采用"传统人治"的管理方式。联盟内部各主体之间缺乏约束，信息不透明，联盟治理还局限于章程制定、联盟定期开会等浅层次的层面，很难开展深层次的治理活动，因而难以有效提升联盟治理水平。为此，本研究提出构建跨界合作的新思路，通过有效的产业信息采集、人才供需信息快速传递和多方资源整合，解决跨界合作中存在的信息不透明、治理过程中数据难以获取、监督难度大等问题。

三是缺乏多维度治理平台。目前，产教融合主要表现为校企协作，政府、行业协会和中介机构的参与度不高。大多数校企合作局限于互换教师资源和创建实习基地。具有行业特色的产教融合联盟比较少，普遍缺少联盟信息管理、实习实训基地管理、协作沟通及资源共享和成果转化等多元化管理平台。多元化管理平台将有助于联盟全面了解各环节状况，实现智能治理。例如，将各类服务业务集成到统一的网络平台上，实现集中管理和控制，使各管理系统能获取、利用相关信息和数据，并将这些信息和数据进行整合、提炼、分析，转化为有价值的资讯，这有助于更好地应用行业发展、招生就业、师资、人才培养等方面的信息，以及专业建设、实训基地建设等方面的数据。

(二)优化方案:运用多维治理平台+区块链技术,形成跨界治理共同体

产教融合联盟具有涵盖政府、企业、学校、中介机构等多元主体的天然特性,这决定了联盟的治理是一种跨界治理,具有一定的治理难度。因此,只有正视跨界治理的现实问题,运用多维治理平台+区块链技术,构建教育教学与产业发展的协同互动机制,形成跨界治理共同体,才能真正去除各成员间的藩篱。

1. 搭建多维治理平台和治理制度体系

产教融合联盟多维治理平台是协同产教融合各参与主体在人、财、物、信息等多个维度实现共建、共管、共享的组织架构,如联盟信息中心、联盟人才中心、联盟管理处等。产教融合联盟治理制度体系是保障产教融合联盟有序、有效运行的一系列制度安排,包括学分管理制度、师资管理制度、资源共享制度、激励制度等一系列紧密衔接、相互关联的制度(缪学梅、施敏、王红香,2021)。当产教融合联盟能够运用各种制度强化校企合作时,它就具有了较强的治理能力。科学、健全的治理体系是提高联盟治理能力的基础,而现代化治理能力又是促进治理体系有效运行的保证。建立一套完善的联盟内部制度规范,构建多维治理平台,是解决我国产教融合联盟传统治理模式中的"松散""缺乏信任""不协调",以及数据获取困难、监管困难等问题的根本途径。

2. 构建区块链赋能产教融合联盟的治理机制

在推进产教融合的过程中,信息技术扮演着至关重要的角色。新一代科技,如物联网、大数据、人工智能、区块链等,正驱动着实体世界与虚拟世界的无缝对接(缪学梅,2021)。特别是区块链技术的应用,为产教融合联盟的治理提供了崭新的视角。产教融合联盟本质上是由多个互信且具有管理权限的节点组成的网络,每个节点负责记录并维护公共信息,这与区块链的透明性、不可篡改性和可追踪性相契合,这些特性有助于解决传统治理中的信任难题、校企合作监控难题以及融合成果评估问题。区块链技术的特性启发我们设计出一套动态的治理框架:通过激励机制,激发联盟成员的积极性;通过运行机制,确保资源的有效利

用和成员的协同合作；通过协同机制，增强内外部动力，推动专业人才的培育共享、设施资源的整合和联动平台的建设。同时，联盟治理的制度和资源保障措施，如组织架构、规章制度及资源支持，都是实现"数字化智能治理"目标的重要支柱，能够持续提升治理效能。

五、以产教融合型企业为代表的产教融合组织形态治理结构优化方案

作为中国为深化产教融合，更大更好发挥企业主体作用而正在试点推进建设的一种产教融合平台或机制，甚至是一种新的组织体，产教融合型企业是多重社会资本结构和多元行动者合力塑造的产物，是实现教育链、产业链与人才链、创新链有机衔接，不断推动中国产教融合、校企合作发展的新形式，其治理结构优化主要应重视以下几个方面。

（一）基础分析：产教融合型企业治理的主要力量

从治理主体及外部空间来看，产教融合型企业治理结构的优化不仅依赖于企业、学校各自代表的产业和教育，而且得益于行业组织、政府的深度参与。一是发挥学校的支持作用。学校的参与和支持是产教融合型企业合法化的前提。只有在产教协同合作、学校教育提质培优与行业企业转型升级同频共振的情况下，产教融合型企业建设才有可能得到各方认同。二是发挥企业的主体作用。产教融合型企业仍然属于企业，并不偏离企业属性，不同的是产教融合型企业更加重视加强与职业院校、行业组织、政府的沟通，以促进产教要素精准对接，争取有利于企业发展的政策支持，提高企业的竞争力和影响力。这就要求企业在政府和行业组织的指导下，做好人、财、物等资源的管理与协调，主动精准对接职业院校诉求，促进教育资源转化，形成"产学研用训"全方位融合的命运共同体。三是发挥行业组织的指导作用。行业组织的关键作用是搭建企业与职业院校资源共享的信息平台，提高校企资源的匹配度（霍丽娟，2020），它还能吸引更多有培养潜质的优质企业参与产教融合。正因如此，结合已有研究成果，本研究认为产教融合型企业的治理结构优化应着重在构筑产教融合治理网络空间，以及形成"四链融合"的职教命运共同体等方面发力。

(二)优化方案:从主体协同到链条融合

1. 构筑"政校行企"产教融合治理网络空间

构筑价值取向一致的利益链条和多主体利益交集的"多中心"治理网络空间是现代职业教育治理改革的价值选择(朱文富、董香君,2021),也是产教融合型企业治理结构优化的基本路径。2017年12月,《国务院办公厅关于深化产教融合的若干意见》明确指出,要逐步提高行业企业参与办学程度,健全多元办学体制,形成政府、企业、学校、行业、社会协同推进的工作格局。在这种格局下,政府、职业院校、企业及行业组织(如行业协会)各自具有不同的资源禀赋特点与利益诉求,有必要通过合理的利益分配与紧密协作,依据特定原则约定各方行动,构建多方位、多角度、多中心的产教融合型企业治理体系,实现政府推动、学校支持的"共同愿景",达成产学研合作的共同目标。这也是对现代职业教育办学方式进行的一种创新与探索,旨在突破过去单一学校的路径依赖,更好地构建技能人才的"硬性通道"。

2. 围绕产业链的"四链融合"构建职教命运共同体

加强政府、公共部门、私营企业和第三方部门间的合作关系及跨部门协作,已成为推动国家及超国家层面融合和劳动市场融合的关键策略。在职业教育的生态化治理结构建设中,产业与教育的融合应当以校企合作、协同育人为导向,从企业的单一管理模式转向多元利益相关者的协同共生模式,遵循"共同意识-价值共识-合作规范"的路径,自发建立"教育链-产业链-创新链-人才链"四链交织的职业教育共同体(王晓洋,2022)。具体实施上,首先要构建框架。共同体被视为基本的生存方式,如今,人们比以往任何时候都更致力于构建、恢复、寻找和研究共同体(贾旻、王迎春,2020)。因此,需要打破传统的严格组织边界和职能划分,形成"权力均衡、资源共享、利益关联、风险共担"的跨界治理模式,强化不同行动者之间的依赖关系和目标一致性,打造政府引导、学校和企业三方互动的多层、立体产教融合实践共同体,实现各利益主体间的"跨界协作、协商治理、共生共利"的"有机团结"。其次,确立共同愿景至关重要。共同体的诞生源于共享的信念、目标和意识,而非地理位置。因此，需要将产教融合型企业纳入共享价值观和利益链的责任网络，持续加强企业主体与其他利益主体的多边对话和理性交流，激励它们在"合法参与"和"冲突调解"中塑造"共同愿景"，提升对职业教育主体地位强化、校企合作育人和多元化办学机制改革等职业教育改革举措的认同，推动职业教育高质量发展。最后，要形成秩序。产教融合型企业的构建，要贯彻平等、自由、互利理念的"合约"，明晰各方"生态位"，在明确各方利益诉求、资源与功能、权力与责任的前提下，就以政府、学校、企业为核心的"合作秩序"达成共识，从而达成政府、学校、企业三方的产教融合。

第三节 产教融合组织形态及其治理结构优化的政策建议

产教融合组织形态及其治理结构优化是一项需要教育界、产业界、政府、其他社会力量等多方主体参与的系统工程，任何一方不积极，都会阻碍产教融合政策的稳步推行，使相关制度安排流于形式。产业和教育具有不同的属性，二者的交融属于两个不同系统的多元主体的交融，这就需要政府加强统筹指导，从组织、制度、监督管理和经费保障等角度出发，提供相应的政策支持。

一、优化产教融合政策执行环境

（一）健全制度保障机制

一是健全产教融合政策执行制度保障机制。依据法律规范教育行为是教育中永恒的主题，产教融合政策执行时有法可依是现实要求。深化产教融合的提出，使进一步完善职业教育产教融合政策成为一个热点问题。尽管国家层面已出台一系列产教融合相关政策，但是，由于地区经济、教育发展存在差异，而地方政府在产教融合的发展中占据主导地位（林欣、钟夏平，2021），因此，地方政府应当以全国性的政策为指导，制定出符合当地发展实际的产教融合政策，并从经济等方面制定相应的支持政策，为当地的"产教融合"发展提供体制保障。

二是要健全产教融合的实施监管体系。具体来说，应加大高校产学研结合的力度，积极探索建立高校产学研结合政策实施的法律保障机制，以法律的形式明确各参与方的权利和义务，对于在政策实施过程中发现的违法问题要追究责任；应设立一个独立的监管组织，负责学校与企业之间的利益与权益分配及在协作中的利益共享与风险共担，建立健全监管队伍和监管体系，实现对职业教育与产业融合发展的全过程监管；应构建产教融合战略实施的信息披露体系，既要保证产教融合发展过程中的信息披露，又要保证产教融合发展中的公平与公正，促进产业结构调整与优化，确保各阶层对决策了解。此外，还应对实施进展、实施效果等数据进行公示，从而为下一步产教融合相关政策的制定和实施提供参考。

三是建立产教融合的政策实施评估体系。应建立政策实施评估机构，对政策实施结果进行评估和考量，以体现实施成效。由于实施过程中存在着诸多主体且各主体有不同的利益诉求，因此需要对政策实施过程进行有效的评价。基于此，应引入第三方组织，建立科学的评估指标体系。产教融合政策的实施是一个由学生、学校、企业和政府共同参与的系统工程，应针对各利益相关者的特性，构建全面的评估指标体系，建立定量的评估指数，这样才能更好地开展评估工作，更好地体现评估成果。

（二）加大政策经费支持力度

应强化政策与资金的双重驱动，确保产教融合政策顺畅实施。

首先，强化政策引导。我国出台的一系列产教融合政策均包含财政扶持要素，例如，《建设产教融合型企业实施办法（试行）》中的"金融+财政+土地+信用"组合式激励策略，旨在通过财政支持激发社会对职业教育的热情（肖化移、胡希，2022）。地方政府在经费保障体系中发挥的作用至关重要，它们需要结合区域经济与教育实际情况，设计切实可行的配套财政保障措施。

其次，构建多元化的资金来源渠道。目前，我国职业教育经费主要由国家、社会和个人出资构成，公立学校的运营资金主要依赖国家拨款。鉴于教育资源整体投入相对有限，无法充分满足产教融合的需求，应鼓励并优化社会资本的投资环境，构建以企业为主体，政府、非营利组织和个人共同参与的多元投资模式。

最后，确立长期稳定的投资机制。鉴于产教融合的教育性质，其技能人才培养的周期较长，短期回报不易显现。因此，政府必须确保对产教融合的持续投入，同时建立完善的经费管理制度，确保资金使用的合理性与效率，最大化资金的利用价值。

（三）营造文化舆论环境

由于受传统文化观念束缚，社会对技术技能人才的重视程度并未充分显现，这成为制约我国技术技能人才成长的瓶颈。为了重塑对职业教育的认知并提升其价值认同，我们需要深化教育与产业的融合，推动相关政策和环境的优化。企业应当扮演积极的角色，提供资金支持和创新的评价体系（如根据技术等级设定薪酬结构），强调技术技能人才的实际贡献及其经济潜力。政府部门应打破传统的界限，确保技能人才和学历人才在就业、创业机会上的平等，提升技能人才的社会认同感，激发他们的创新活力。同时，政府应加大职业教育的公共宣传力度，利用现代媒体的力量，广泛传播职业教育的成功案例和显著成效，揭示技能人才的广阔发展前景和实际价值，从而重塑社会对职业教育的认知，提升职业教育的公信力和接受度。

二、完善产教融合组织机制

组织机构的革新着重于制度和管理层面的创新。2017年，中共中央办公厅、国务院办公厅印发了《关于深化教育体制机制改革的意见》，强调了提升职业教育质量的体制创新，以及推进校企深度合作的教学模式改革。该意见倡导行业和企业深度参与教育，全程参与人才培养过程，以确保职业教育能紧密契合社会经济的需求。这体现了国家对于解决职业教育活力不足、质量不高问题的战略意图，核心是制度创新和政策扶持，旨在提升国家教育服务效能、完善教育管理体系，致力于提供更优质、更公平的教育资源（曾东升、刘义国、尚维来，2018）。从产教融合的实践和治理角度来看，深化产教融合的关键在于突破阻碍其深度整合的体制瓶颈。由于产教融合涉及众多主体和复杂的交互关系，实施过程中面临诸多挑战，因此优化其组织形态和治理结构的政策导向，应当聚焦于强化协作机制、优化资源配置和推动政策落地执行。

(一)提升社会对产教融合的重视度

重视度是政策理路、政策关注面及实际引导力的重要体现。已有研究表明,产教融合存在"上热下不热,官热民不热,校热企不热"问题,主要症结在于校企合力不足,因此应鼓励企业参与职业教育,中央可出台政策,赋予有资格的企业教育机构的地位,创新"双主体"的教育模式等。产教融合组织形态及其治理结构的优化直接关系到政府、行业、企业和高校等多方利益,然而产教融合效力的发挥及人才的培养需要一定的周期,这就要求政府部门加强主导和推动力度,充分考虑政策工具的内在逻辑、先决条件和环境因素,遵循以政策创新促进开放—以体制改革激发活力—以机制创新提高效率—为建设教育强国构建科学发展的制度环境的思路,通过具体的组织机制不断提升社会特别是行业、企业对产教融合的重视度。一是要充分激发企业内部动力。在产教融合实施过程中,政府要起到一定的导向作用,最大限度地调动企业的积极性,使企业能够从中获得实实在在的收益。二是要建立起企业的主体地位。应通过对优秀企业进行表彰,对企业家精神进行宣传,加强企业和行业参与职业教育和高等教育、促进社会发展的责任感和荣誉感。三是要增强高校的社会服务观念。鼓励高校从"象牙塔"中走出来,与企业进行全方位的协作,积极开展应用技术研究,为企业解决具体问题,在生产一线验证科研成果。四是要加强各方面的专业培训。为政府部门、企业管理者和学校管理者提供专门的培训,使其掌握产教融合的基本理念、作用、目标、方法等,并结合各自的职能特征,实现产教融合治理最优化。在组织机制层面,可以通过召开多个主体参与的研讨会、政府主导的交流活动,以及对产教融合积极参与者进行表彰等方式来落实。

(二)搭建产教融合组织体系和平台

完善的组织体系和平台是产教融合组织形态及其治理结构优化的重要保障。产教融合组织机制视阈中的组织体系与平台,是引导、推动产教融合的机构系统、制度规范和运行载体,涵盖政府部门、行业组织、社会中介机构,相关的法律、政策,以及各种以产教融合为导向的论坛、评奖表彰活动、基地建设等制度安排。政府部门承担必要的牵头作用,应以经济产业未来发展为基础,以专业化人才培养和供给为目的,积极构建产教融合组织体系和政策平台，引导和规范企业与学校开展全方位的合作，推进产教融合持续运行。

具体来说，一是要强化以产业园区为载体的产教融合组织体系建设。产业园区是产教融合的重要载体，也是产教融合组织形态及其治理结构优化政策实施的重要基地。在一个产业园区中，因行业、企业的类型、层次、数量、实力不同，以及参与其中的院校各异，产教融合组织形态及其治理结构也会不同，但均与该园区的产教融合组织体系及平台有关。在政策层面，鼓励支持地方政府部门、政府科研机构、行业协会、头部企业等独立或联合作为牵头机构，形成在政府引导下的多层级、多主体的产教融合网络状组织架构。二是要组建多元主体、多种形式的产教融合平台。建立产教融合信息服务平台，定期举办产教融合成果展，是产教融合组织形态及其治理结构优化的重要基础。应将产业园区、政府科研机构、金融机构等其他重要社会力量引入平台，实现产业界、教育界及社会各界在育人与技术创新方面的资源共享，特别是充分考虑到各参与主体的利益诉求，建立合理的利益分配机制，避免因利益分配不均而产生冲突，实现各参与主体利益的最大化，达成共赢（肖化移、胡希，2022）。同时，将产教融合战略联盟、产教融合重点创新中心、产教融合育人基地等引入平台，作为主要模块，大力推广（王飞，2021），重视边缘参与主体，充分发挥其在参与过程中的作用，加强各参与主体之间的协同性。

（三）组建产教融合工作领导小组

产教融合工作领导小组扮演着关键角色，它作为组织架构和平台构建的核心驱动，主要职能在于审议和决策产教融合过程中的重要事务，平衡协调所有相关方的利益诉求，确保产教融合策略的顺利推进并保持长期的实践效力。这一体系包括地方政府的主导，权威部门和机构的积极参与，以及众多主体的紧密合作。在实践中，地方政府需要灵活应对产业结构变迁、满足市场需求，不断优化和升级产教融合的管理体系，以提升教育与产业发展的决策科学性和前瞻性，确保其精准服务地方经济的特定需求。同时，工作领导小组强调的是政策的深度协同，这超越了单一政策领域和部门责任框架，要求横向和纵向的政策联动。在教育与产业的跨界融合中，重点在于强化主体间的协同合作，鼓励各主体动态协作,以结果为导向。具体来说,可以设立多元化的决策机构,如理事会和董事会,重视内部治理结构与外部制度环境的契合,以此促进各主体的无缝对接和政策的高效执行。这样的策略旨在推动教育与产业的深度融合,形成强大的发展合力。

三、细化和落实产教融合支持政策

产教融合支持政策是解决产教融合创新力不足和红利不明显等问题的关键,也是政策层面实现产教融合组织形态及其治理结构优化的重要基础。进入"十二五"时期,特别是在 2013 年之后,国家层面针对产教融合提出了许多新的理念、机制、路径和具体措施,为整个职业教育与行业、企业之间的产教融合提供了方向指引,并提出了战略要求。同时,教育部、人社部、工信部等部门也出台了一系列新的政策措施。然而,因不同区域、不同主体参与的产教融合的组织形态及其治理结构不同,现行的产教融合政策措施在推进产教融合实践过程中还存在不够细化、配套制度安排缺失等缺陷,难以真正落地落实。为此,本研究提出以下几点政策建议。

(一)细化各项具体的支持政策

应进一步完善宏观政策及制度保障机制。在建立一整套关于保障和促进政府、企业、职业院校实现产教融合的制度的基础上,细化税收减免、投资支持、用地支持等政策制度,制定出具有可操作性的政策实施细则,是切实保护产教融合各方利益,提升多元主体参与产教融合的积极性和主动性,扫除产教融合实践障碍的关键。

1. 财政税收扶持政策具体化

税收优惠政策是国家利用税收调节经济的具体手段,是扶持某些特殊地区、产业、企业和产品发展的制度安排。在产教融合组织形态及其治理结构的优化中,财政税收扶持政策的具体化主要包括落实社会力量举办教育的有关财税政策,积极支持企业以购买服务、委托管理、合作共建等方式参与职业院校办学或者举办职业院校;对企业参与现代学徒制、"双师型"教师培养基地、产教融合实训基地等平台建设予以政策、资金支持;对于政府补助类项目,纳入国家级、省级产教融合项目支持的，各级财政应根据项目性质给予支持，国家、省、市总补助比例不超过项目总投资的一定比例；对产教融合型企业兴办职业教育符合条件的投资，按规定投资额的一定比例抵免当年应缴纳教育费附加和地方教育附加，企业当年应缴教育费附加和地方教育附加不足抵免的，未抵免部分可在以后年度继续抵免。当然，随着经济社会的发展，具体的财政税收扶持政策的优惠力度将加大，并根据产教融合发展要求进行区分。

2. 加强金融投资政策支持

对通过股权融资、银行信贷、发行专项债券等方式建设产教融合实训基地等平台载体的符合条件的企业，加大产业投资基金对其的支持力度。此外，鼓励金融机构按照风险可控、商业可持续原则，支持产教融合项目。

3. 加强产教融合项目用地支持

企业投资或与政府合作建设高等学校的建设用地，按科教用地管理。符合划拨用地目录的非营利性教育设施用地，可按划拨方式供地，经认定的非营利性产教融合项目用地可参照执行。鼓励企业以出让、租赁方式取得土地。鼓励政府利用自有物业、企业利用现有厂房，在不改变土地性质情况下，将其用于举办产业学院等产教融合项目，简化审批流程。

4. 强化产业扶持政策支持

对产教融合型企业申报的产业创新平台、特色产业集群产业链协同创新等项目，以及科技金融专项资金、工业发展专项资金等给予优先支持。实行职业技能培训包制度，对企业、行业组织、职业院校、职业培训机构等新开发的且评审合格的职业技能培训包，给予资助。对试点工业企业购置实训设备且实施符合条件的技术改造项目，予以技改资金支持。支持产教融合型企业建立首席技师制度。加强对产教融合型企业人才的政策支持，为其子女提供义务教育入学服务。

5. 强化体制机制政策支持

强化体制机制政策支持的举措主要包括：鼓励试点镇（街道）建设混合所有制产业学院、实训基地等；鼓励产教融合型企业以混合所有制办学的方式建设"厂中校""校中厂",依托办学机构、办学项目建立企业技术研发中心、孵化平台、中试及工程化基地、职工培训中心,围绕生产服务一线需求开展校企协同创新;创新科研经费管理方式,探索开展"包干制"等新型经费管理模式,构建系统完备、科学规范、运行有效的科研经费管理政策体系;支持学校和科研院所探索职务科技成果所有权和长期使用权改革试点工作,充分赋予单位管理科技成果的自主权。

总的来说,在产教融合的探索道路上,多元因素相互交织,难免会出现意想不到的问题,这需要我们对相关政策有清晰的理解并根据政策做出详细规定。政策制定者应当明确每个参与者的角色和具体支持内容,以确保合作顺畅。政府在这一过程中扮演着关键角色,可以通过财政投入和制定详细法规,如产教融合实施指南、融合资金导向规划等,为产教融合提供强有力的支持。企业作为另一大支柱,其贡献也不容忽视。它们可以提供实质性的经济援助,设立专项基金以支持教育改革,同时通过定期邀请业界精英到学校进行实践教学及接纳学生进行实地实习的方式,将理论知识与实际操作紧密相连。而学校在产教融合中扮演的角色主要是教育与实践的桥梁。教师不仅要保证教学质量,还要积极引导学生参与产教融合项目,促使理论学习与实践经验相结合,培养出具备实战能力的人才。这种全方位的合作模式是推动产教融合成功的关键。

(二)支持地方产教融合政策创新

应遵循顶层策略设计与基层创新并举,强调全局规划与基层活力平衡这一原则。该原则旨在激发地方政府和学校的主动性与创新精神,及时提炼成功的实践经验并将其转化为制度规范。这顺应了"放管服"时代学校自主办学的潮流,也映射出政府在社会治理上倾向于从基层汲取智慧的趋势。以宁波市为例,该市作为国家职业教育与产业协同创新的先驱,率先发布《宁波市职业教育校企合作促进条例》并打造校企合作平台,利用信息技术推动产教深度合作,形成了多元参与的职业教育指导新机制。其关键在于设立专项基金,明确规定资金使用路径和评估机制,宁波市的做法成为地方校企合作政策的范本(曾东升、刘义国、尚维来,2018)。其产教融合政策已深入到政府引领、校企互动、社会参与和市场驱动的立体阶段,相关政策显著推动了校地联合办学及混合所有制办学模式的发展。

在金融支持方面，应鼓励金融机构针对产教融合项目开发多元化融资产品，特别是针对现代学徒制等定制保险方案。在推动校企合作进程中，提倡各部门共建信息服务平台，开展产教融合型企业试点工作，鼓励金融机构提供贷款资助，推广合作模式。政策设计聚焦于增强主体自主性、强化利益相关者责任、激励经费投入竞争，以及充分考量企业职业教育需求，展现出政府主导下的协商、互动治理模式，推动多元主体协同效应的深化。

四、细化和落实产教融合监督管理政策

完善的监督管理体系是促进产教融合组织形态及其治理结构优化的又一个关键。在产教融合组织形态及其治理结构的优化过程中，通常会面临各种问题，这些问题既具有多样性，又具有复杂性。因此，国家和地方政府部门应该在对产教融合进行有效的宏观调控、统一协调及解决产教融合过程中存在的各种问题的同时，加强有效监督。

（一）评估和监督政策的具体化

政府部门要充分发挥自身的职能，设立一个权威的评估机构，对在产教融合过程中企业与高校之间的风险分担、利益分享进行合理的统筹，并健全政府监管机制。只有全面发挥政府部门的监督管理职能，才能确保学校与各行各业的企业在产教融合中切实承担起自己的责任，才能保障各方利益，使他们在产教融合中获得相应权益。在产教融合过程中，学校与企业需要就实习生在实践中的劳动争议、安全保障、违反规章制度等方面存在的风险进行分担。若不能处理好上述问题，就会导致企业在产教融合中的热情越来越低。

（二）沟通协调政策的具体化

产教融合的治理主体的角色定位本质上反映了政府教育管理模式的独特性，同时，它也是众多利益相关者寻求各自利益最大化的动态博弈产物。执行监督与责任追究制度在此过程中扮演着重要角色。由于产教融合涉及跨领域实体，以及其与产业界存在固有的联系，因此迫切需要制定精细的沟通协调政策框架，以推动多元主体的协同治理，从而形成一个有效的政府、积极的学校和负责任的企业共同参与的良好治理模式。

例如，在《高等职业教育创新发展行动计划（2015—2018年）》的推行中，各地教育行政机构定期部署年度数据填报和绩效评估任务，通过信息化手段确保政策落实，并追踪绩效报告。在中央层面，教育部职成司在2016年发布了关于该计划执行情况和相关工作的通报，鲜明展示了中央对重大政策执行效果的高度关注和严谨监管。相较于单一部门的管理，多部门联合发布的文件，如《职业学校校企合作促进办法》等，在执行时往往会遇到更大的挑战。

在产教融合组织形态及其治理结构的优化过程中，政府部门要发挥好"桥梁"作用，加强企业和学校的交流沟通，从而保证产教融合的顺利实施。教育主管部门要对高校的人才培养质量做出科学评估，例如，其课程是否与学生的实际工作相联系，其人才培养质量能否满足企业的实际需要。与此同时，教育主管部门还要对企业在产教融合过程中履行的职责进行监管，例如，在产教融合过程中，企业的经费投入比重是否达到标准，有没有定期派出企业骨干到学校开展实践指导，能否利用产教融合平台吸引在校生实习等。

五、畅通并拓宽产教融合融资渠道

政府部门应加大对产教融合发展的资金投入力度，并完善产教融合经费投入体制机制，畅通和拓宽产教融合运行经费的融资渠道。

（一）明确加大宏观资金支持力度

产教融合组织形态及其治理结构优化是一项持久且资本密集的任务，需要广泛而深入的财政资金投入。地方政府应积极扮演关键角色，加大对产教融合项目的战略性资助，着重提升其在地方经济发展中的权重。只有当职业教育能得到政府实质性的经济保障时，产教融合才能稳健推进并实现增长。例如，政府能够通过资金援助推动职业院校构建多元化的实践平台，发挥各院校的独特优势和特色，鼓励它们建立与专业特色紧密相连的校外实践基地。同时，政府还需确保为学校间的资源协同提供必要的资金支持，以促进知识和设施的共享。

（二）明确加大专项资金支持力度

一方面，地方政府要为本地区的产教融合提供一定的政策和资金支持，并引导职业院校利用所获得的资源提高其产教融合的能力和改善办学条件，从而推动产教融合顺利开展。另一方面，地方政府也可以从产业发展专项经费中拨出一定比例，用于产教融合应用型人才的培养。同时，地方政府要鼓励企业对在产教融合过程中表现突出且实际工作表现突出的毕业生给予优先录用，通过政策支持使其能够为区域经济发展贡献力量。对于产教融合所需的资金支持，可以通过财政转移支付、专项资助、税费减免及银行贷款贴息等方式来实现。

（三）拓宽多元化的资金注入途径

产教融合作为一项长远的战略性项目，应充分挖掘市场机制的潜力，丰富资金来源。首先，倡导企业将教育投入视为业务运营的一部分，规定在年度收益中划出一部分专门用于推动产教融合，这部分资金可以着重投入实训设施升级、学术权威引入及合作平台构建等领域；其次，学校需要制定明确的财务策略，从自身的财务资源中预留专项基金，用于诸如实训基地升级、教学设备革新及平台构建等关键环节；最后，应积极探索与金融机构的合作，如通过申请教育专项贷款，借助政府信用担保、企业与学校联合担保等方式，确保在风险可控的前提下，为产教融合提供更为丰富的资金来源。

参 考 文 献

安德森，等，2021．布鲁姆教育目标分类学[M]．修订版．蒋小平，张琴美，罗晶晶，译．北京：外语教学与研究出版社．

蔡瑞林，徐伟，2018．培养产权：校企共同体产业学院建设的关键[J]．现代教育管理（2）：89-93．

蔡翔华，2020．英、美、德等国家职业教育产教融合的制度经验及启示[J]．上海第二工业大学学报，37（1）：71-75．

曹靖，2020．产教融合型企业的孕育、生成和成长：基于企业生产要素变革的视角[J]．职教论坛（11）：24-30．

曹晔，2003．国外职业教育产教结合的比较研究[J]．河北职业技术师范学院学报（社会科学版）（1）：15-18．

曹晔，2013．新中国初期半工半读教育的形成及其实现形式[J]．职业技术教育，34（16）：72-77．

曹晔，2020．论职业教育产教融合的基本理论[J]．职教论坛，36（6）：38-43．

岑霭芬，2020．产教融合系统内涵体系及管理策略研究[D]．广州：广东技术师范大学．

曾东升，刘义国，尚维来，2018．职业教育产教融合、校企合作治理政策分析与思考[J]．中国职业技术教育（31）：28-31．

曾广林，1993．产教结合 自我发展 自我壮大：记江西婺源鄣公山共大[J]．江西教育（Z1）：19．

曾天山，2023．以大职业教育观推动职普融通、产教融合、科教融汇[J]．职教论坛，39（1）：5-8．

陈波，2021．产教融合的国际经验及其对江苏的启示[J]．职教通讯（10）：115-120．

陈锋，2018．产教融合：深化与演化的路径[J]．中国高等教育（Z2）：13-16．

陈年友，周常青，吴祝平，2014．产教融合的内涵与实现途径[J]．中国高校科技（8）：40-42．

陈启荣，2014．高校经济治理结构及其优化研究[J]．现代大学教育（4）：76-80．

陈小中，2022．高职现代产业学院的内涵逻辑、运行掣肘与发展路径[J]．教育与职业（12）：28-35．

陈学飞，2011．教育政策研究基础[M]．北京：人民教育出版社．

陈振斌，2023．城市产教融合影响因素与评价体系研究[D]．徐州：中国矿业大学．

陈振明，2004．政策科学：公共政策分析导论[M]．2版．北京：中国人民大学出版社．

陈志杰，2018．企业主导的行业型职教集团推进产教融合的策略分析[J]．职业技术教育，39（18）：34-38．

楚金华,2016. 云组织:职教集团的一种新型治理模式[J]. 现代教育管理(8):104-110.
崔发周,2016. 职教集团的基本功能和内涵发展指标[J]. 职教论坛(25):21-25.
崔发周,2018. 我国职教集团发展的逻辑起点与治理结构优化[J]. 职业技术教育,39(28):48-52.
戴世明,方一鸣,2021. "共建"走向"共生":职教集团治理机制探讨[J]. 教育与职业(10):34-37.
丁煌,朱宝林,2016. 基于"命运共同体"理念的北极治理机制创新[J]. 探索与争鸣(3):94-99.
丁永久,2022. 育训共同体:德国职业教育与继续教育联盟探究[J]. 教育学术月刊(3):19-27.
董操,王树勋,1989. 论"双元制"职业教育制度[J]. 教育与职业(12):12-14.
董贵胜,2003. 校企联合办学 "订单式"培养社会急需人才[J]. 潍坊教育学院学报(3):45-46.
董树功,艾頔,2020. 产教融合型企业:价值定位、运行机理与培育路径[J]. 中国职业技术教育(1):56-61.
董兆伟,侯维芝,梁艳青,2006. 高职教育集团化发展探索[J]. 职业技术教育,27(4):38-40.
杜玉帆,刘志文,2019. 新时代职教集团发展的战略转型与模式创新[J]. 教育与职业(11):5-12.
段小莉,2014. 校企合作开发课程中存在的问题及对策[J]. 中国高校科技(9):80-81.
多淑杰,2017. 德国现代学徒制演变及形成的制度基础[J]. 职业教育研究(2):71-74.
樊晨晨,1995. 我国大学参与和创办科技工业园[J]. 中国高新技术企业评价(4):17-19.
樊大跃,2016. 再谈英国三明治教育模式的特点及启示[J]. 深圳职业技术学院学报,15(5):69-73.
范灵,2016. 高等职业教育校企合作内涵与机制[J]. 现代教育管理(2):111-114.
傅伟,2010. 高职教育校企合作的内涵与特征[J]. 中国成人教育(11):90-91.
改革开放以来的教育发展历史性成就和基本经验研究课题组,2008. 改革开放30年中国教育重大历史事件[M]. 北京:教育科学出版社.
高慧,赵蒙成,2018. 高职教育产教融合质量评价中"人"的维度[J]. 苏州大学学报(教育科学版),6(3):13-20.
高亚凡,2018. 高职院校产教融合探究:以新加坡南洋理工教学工厂为例[J]. 价值工程,37(13):218-220.
格林斯坦,2021. 评价21世纪能力:掌握学习和真实性学习评价指南[M]. 伍绍杨,等译. 上海:上海教育出版社.
耿正霖,吴佳妮,程兴华,等,2024. 基于权重的AHP判断矩阵一致性调整方法[J]. 国防科技大学学报,46(1):179-186.

龚雪,2015.糖尿病专科护士首次认证评价指标体系的构建[D].广州:暨南大学.

古光甫,2020.中国职业教育产教融合政策的历史脉络、问题与展望[J].高等职业教育探索,19(4):13-20.

顾绘,2017.产教深度融合:学理依凭、机制内涵与实施寻径[J].中国职业技术教育(33):8-11.

顾志祥,姜乐军,2020.产教融合型企业建设的困境与突破[J].中国职业技术教育(1):62-66.

郭雪松,李胜祺,2020.混合所有制高职产业学院人才培养共同体建设[J].教育与职业(1):20-27.

韩连权,臧志军,尤婷婷,2021.产教融合型城市试点:要素、困境与改革路径:以江苏省C市为例[J].职业技术教育,42(12):26-30.

豪利特,拉米什,2006.公共政策研究:政策循环与政策子系统[M].庞诗,等译.北京:生活·读书·新知三联书店.

郝天聪,石伟平,2019.从松散联结到实体嵌入:职业教育产教融合的困境及其突破[J].教育研究,40(7):102-110.

何姝颖,2024.利益相关者理论视角下呼和浩特市高职院校旅游管理专业产教融合人才培养问题及对策研究[D].大连:辽宁师范大学.

和震,2014.建立现代职业教育治理体系 推动产教融合制度创新[J].中国职业技术教育(21):138-142.

贺书霞,2013.职业教育供给多元合作模式构建:供给有效性提升研究[J].职业技术教育,34(19):9-13.

贺书霞,2018.产教融合与多元参与:职教共同体融合关系构建[J].中国职业技术教育(27):51-57.

贺书霞,冀涛,2021.基于共享发展理念的职业教育产教融合共同体建构[J].职业技术教育,42(4):35-41.

贺书霞,冀涛,2022.职业教育产教融合多中心治理机制研究[J].教育与职业(20):38-42.

洪明,2001.英国产业大学与学习化社会[J].开放教育研究(1):43-45.

胡德鑫,纪璇,2021.世界一流大学产教融合的组织建构研究:以加州大学伯克利分校为例[J].中国人民大学教育学刊(4):63-78.

胡璐,2021.国外产教融合对我国高校的启示[J].大学(42):24-26.

黄德桥,杜文静,2019.基于产教融合的高职院校校内生产性实训基地建设研究[J].中国职业技术教育(2):88-92.

黄海珍,2021.产教融合背景下职教集团机制改革研究与探索:以广西茶业职教集团为例[J].南宁职业技术学院学报,29(5):66-69.

黄倩，2017."产教融合"人才培养模式探析[J]. 中国高校科技（9）：66-68.

黄文伟，郭建英，王博，2019. 混合所有制产业学院的生成逻辑与制度建设[J]. 职业技术教育，40（13）：35-39.

霍丽娟，2020. 区域发展背景下产教融合度的评价及优化策略研究[J]. 中国职业技术教育（21）：76-83.

姬超，2018. 城乡结构演变视阈下的乡村治理体系优化研究[J]. 农业经济问题（8）：82-90.

贾旻，2016. 行业协会参与现代职业教育治理的合理性探析[J]. 中国高教研究（2）：106-110.

贾旻，2017. 行业协会参与现代职业教育治理研究[D]. 天津：天津大学.

贾旻，王迎春，2020."政校行企社"职教命运共同体的涵义、机理与构建策略[J]. 职教论坛（4）：6-12.

姜大源，2018. 职教发展应建立"教育性企业"制度[N]. 中国青年报，01-08（10）.

姜泽许，2021. 职业教育产教融合高参与治理体系：政策演进、基本概念及推进策略[J]. 职教论坛，37（11）：140-145.

蒋成香，2022. 专业认证视域下高师院校课程目标达成度评价体系的构建与实践[J]. 上海教育评估研究，11（1）：30-35.

蒋庆斌，许文稼，陈小艳，2019. 院校主导型职教集团建设的探索与实践[J]. 中国职业技术教育（16）：89-92.

蒋新革，2020. 产教融合视域下产业学院治理体系建设研究[J]. 职业技术教育，41（24）：30-34.

教育部教育年鉴编纂委员会，1948. 第二次中国教育年鉴[M]. 北京：商务印书馆.

解江，吴诗辉，2020. 基于基本回路修正的 AHP 一致性调整方法研究[J]. 运筹与管理，29（4）：147-157.

金含芬，1981. 美国的合作教育[J]. 外国教育动态（6）：19-22.

鞠平，姜弘道，阮怀宁，等，2004. 面向市场 "订单式" 培养复合型人才[J]. 中国高等教育（11）：25-26.

柯雅婷，2014. 澳大利亚 TAFE 的特点及对我国高职教育的启示[J]. 职教论坛（30）：93-96.

李宝银，陈荔，陈美荣，2017. 转型发展中应用型本科院校产业学院建设探究[J]. 教育评论（12）：3-6.

李宝银，汤凤莲，郑细鸣，2015. 产业学院的功能设计与运行模式[J]. 教育评论（11）：3-6.

李国杰，2019. 产教融合型企业评价实践研究[J]. 中国职业技术教育（24）：15-20.

李进，2014. 论现代职业教育体系的治理现代化[J]. 中国高教研究（11）：19-24.

李景源，孙伟平，2007. 价值观和价值导向论要[J]. 湖南科技大学学报（社会科学版)(4):46-51.

李俊,李东书,2019. 职业教育产教融合的国际比较分析:以中国、德国和英国为例[J]. 高等工程教育研究(4):159-164.

李可欣,2022. 基于利益共享的产业学院治理结构优化路径研究[J]. 职业教育研究(1):57-61.

李立国,2017. 大学发展逻辑、组织形态与治理模式的变迁[J]. 高等教育研究,38(6):24-31.

李平,1999. 中国大学科技园发展模式的比较[J]. 科学学研究(4):90-95.

李响初,2021. 国外职业教育产教融合人才培养模式比较研究[J]. 继续教育研究(6):82-85.

李玉倩,2023. 新质生产力视角下行业产教融合共同体建设逻辑与路径[J]. 南京社会科学(12):122-129.

李兆敏,李朝伟,2018. 治理视野下职教集团发展的困境与突破[J]. 现代教育管理(7):95-99.

李震,傅慧芳,2020. 新时代国家治理现代化研究综述与前瞻[J]. 东南学术(1):17-27.

李政,徐国庆,2020. 我国职业教育治理结构转型:内涵、困境与突破[J]. 西南大学学报(社会科学版),46(4):78-85.

梁海锋,2022. 广东省大学科技园发展情况及对策建议[J]. 广东科技,31(8):13-15.

廖宗明,1994. 试论日本高校的"产学合作"[J]. 清华大学教育研究(1):117-122.

林金辉,2018. 中外合作办学的政策目标及其实现条件[J]. 教育研究,39(10):70-75.

林仕彬,林文锋,2021. 产业学院的组织形态及其治理模式研究[J]. 高教论坛(3):71-73.

林欣,钟夏平,2021. 我国职业教育产教融合政策的演变逻辑、问题与调适[J]. 高等职业教育探索,20(3):40-45.

刘波,欧阳恩剑,2021. 职业教育产教融合的本质、特征与价值取向:基于耦合理论的视角[J]. 职教论坛,37(8):60-67.

刘传熙,2022. 从双元到三元,从中职到高职:德国职业教育的困境与突破[J]. 柳州职业技术学院学报,22(5):79-84.

刘春玲,杨鹏,2014. 高职教育校企合作问题及内涵发展路径[J]. 黑龙江高教研究(1):112-114.

刘春艳,聂劲松,2017. 职业教育产教融合中的企业权益及其影响机理[J]. 职教论坛(13):36-40.

刘翠云,2018. 基于优化理论的时间序列预测研究[D]. 秦皇岛:燕山大学.

刘冬冬,张新平,2017. 教育治理现代化:科学内涵、价值维度、实践路径[J]. 现代教育管理(7):1-6.

刘娟,张炼,2012. 英国三明治教育发展历程及其政策举措分析[J]. 现代教育科学

（1）：35-39.

刘康平，李飞，胡芳仁，2024."复杂社会系统"理论下的研究生教育产教融合政策改革研究[J]. 中国高校科技（1）：111-114.

刘丽彬，王卓，2012. 职业教育：从集团化走向战略联盟：基于我国职业教育集团化发展现状的研究[J]，教育研究（8）：77-80.

刘晓，段伟长，2019. 产教融合型企业：内涵逻辑与遴选思考[J]. 中国职业技术教育（24）：9-14.

刘晓宁，2019. 职教集团参与主体的利益博弈与共轭协调[J]. 职教论坛（2）：14-21.

刘鑫淼，关晶，2016. 英国学徒培训中介模式述评[J]. 职教论坛（34）：83-86.

卢兵，王晓东，李彩虹，2011. 依托职教集团，构建职业教育人才培养立交桥[J]. 江苏高教（6）：140-142.

陆娅楠，2019. 我国将培育产教融合型企业 企校大合唱 创新动力强[J]. 决策探索（上）（5）：40-41.

逯长春，2019. 德国职业教育产教融合的治理体系、特色及启示[J]. 当代职业教育（4）：28-35.

罗汝珍，2014. 市场经济背景下高等职业教育产教融合机制研究[J]. 教育与职业（21）：8-11.

吕路平，童国通，2020."双高计划"背景下高职院校产教融合质量评价体系研究[J]. 职业技术教育，41（30）：31-36.

马成荣，2005. 关于职教集团基本问题的思考[J]. 教育发展研究（19）：83-86.

马树超，2017. 产教融合：从示范到优质院校建设的主线[J]. 职教论坛（1）：32-35.

马树超，郭文富，2018. 高职教育深化产教融合的经验、问题与对策[J]. 中国高教研究（4）：58-61.

毛礼锐，沈灌群，1987. 中国教育通史：第3卷[M]. 济南：山东教育出版社.

毛礼锐，沈灌群，1988. 中国教育通史：第4卷[M]. 济南：山东教育出版社.

缪学梅，2021. 区块链视域下职业教育产教融合联盟及其治理机制研究[J]. 成人教育，41（12）：73-79.

缪学梅，2022. 区块链赋能的产教融合联盟治理体系及治理能力现代化研究[J]. 湖北职业技术学院学报，25（1）：17-22.

缪学梅，施敏，王红香，2021. 职业教育产教融合治理研究：基于利益相关者协同角度[J]. 厦门城市职业学院学报，23（4）：49-54.

倪吉祥，1993. 关于我国混合所有制形式的现状、问题和建议[J]. 改革（3）：40-45.

聂劲松，2008. 职业教育集团化办学的基本属性研究[J]. 当代教育论坛（宏观教育研究）（4）：94-96.

聂劲松，胡筠，万伟平，2021. 多元化与集成化：产教融合组织形态的实践演进[J]. 职教论坛，37（2）：33-39.

聂劲松，万伟平，聂挺，等，2018．校企合作：从利益共同体到治理新格局[J]．职教论坛（12）：6-11．

聂挺，2023．产业学院治理体系结构：演变轨迹、运行困境及优化路径[J]．职教论坛，39（1）：103-111．

聂挺，聂劲松，2022．产业学院内部治理体系结构优化的逻辑与策略[J]．教育学术月刊（6）：25-33．

欧阳波仪，易启明，2014．校企协同创新的三种模式研究[J]．中国高校科技（7）：76-77．

欧阳河，戴春桃，2019．产教融合的内涵、动因与推进策略[J]．教育与职业（7）：51-56．

欧阳河，戴春桃，2019．产教融合型企业的内涵、分类与特征初探[J]．中国职业技术教育（24）：5-8．

潘海生，曹星星，2017．同源殊途：爱尔兰、英国现代学徒制治理理念与治理体系比较研究[J]．外国教育研究（44）：115-128．

潘海生，裴旭东，2019．职业教育产教融合服务组织：动力、内涵与功能优化[J]．职业技术教育，40（27）：22-26．

潘海生，王世斌，龙德毅，2013．中国高职教育校企合作现状及影响因素分析[J]．高等工程教育研究（3）：143-148．

潘建华，2019．建设职业教育产教融合型企业的逻辑基础与基本策略[J]．现代教育管理（11）：101-105．

潘玲珍，2015．基于产教融合的高职教师专业发展研究[J]．高等工程教育研究（2）：159-163．

潘懋元，2003．中国高等教育百年[M]．广州：广东高等教育出版社．

彭妙，刘要悟，2010．美国高校战略联盟运作方式[J]．煤炭高等教育，28（2）：56-58．

普理特查德，李皖生，1994．德国双元制教育的现状及其分析[J]．外国教育研究（3）：39-43．

齐市第六职业高中，1994．产教结合 以职养职[J]．黑龙江教育（Z1）：6-7．

祁占勇，王羽菲，2018．改革开放40年来我国职业教育产教融合政策的变迁与展望[J]．中国高教研究（5）：40-45．

乔寿宁，1993．美国的合作教育与我国的高教改革[J]．比较教育研究（1）：7-11．

秦凤梅，莫堃，2022．基于CIPP模型的职业教育产教融合质量评价研究[J]．西南大学学报（社会科学版），48（3）：194-203．

曲洁，2015．义务教育改革与发展：政策工具选择与优化[M]．上海：上海人民出版社．

渠敬东，周飞舟，应星，2009．从总体支配到技术治理：基于中国30年改革经验的社会学分析[J]．中国社会科学（6）：104-127．

任聪敏，2021．职业教育产教融合的发展演进、形成原因与未来展望[J]．教育与职业（4）：25-31.

阮芷茹，2022. 我国"产教融合型企业"研究：回顾、反思与展望[J]. 职教通讯（4）：60-66.

邵庆祥，2009. 具有中国特色的产业学院办学模式理论及实践研究[J]. 职业技术教育，30（4）：44-47.

沈恩泽，1985. 日本的"产学合作"现况与展望[J]. 科学学与科学技术管理（3）：37-40.

沈绮云，欧阳河，欧阳育良，2021. 产教融合目标达成度评价指标体系构建：基于德尔菲法和层次分析法的研究 [J]. 高教探索（12）：104-109.

沈绮云，欧阳河，欧阳育良，2023. 产教融合目标达成度：实证调查及多维分析[J]. 机械职业教育，（12）：1-8.

施也频，陈斌，2007. 产教融合 特色办学[J]. 中国职业技术教育（35）：18-19.

石伟平，2018. 职业教育[M]. 北京：科学出版社.

石伟平，郝天聪，2019. 产教深度融合 校企双元育人：《国家职业教育改革实施方案》解读[J]. 中国职业技术教育（7）：93-97.

石伟平，王启龙，2018. 促进校企规范合作 全面推进产教融合：《职业学校校企合作促进办法》解读[J]. 中国职业技术教育（10）：15-18.

首珩，2012. 职教集团背景下校企合作存在的问题及对策[J]. 职业技术教育，33（17）：47-49.

首珩，张翠英，刘硕，2019. 产教融合联盟的内涵与特征探析[J]. 科技经济导刊，（28）：106-107.

苏东海，杨彦如，2014. 产教融合 提升高职院校内涵建设[J]. 中国高校科技（3）：54-55.

孙翠香，2017. 职业教育治理：内涵构建及推进路径[J]. 职教论坛（22）：24-31.

孙国强，2003. 关系、互动与协同：网络组织的治理逻辑[J]. 中国工业经济（11）：14-20.

孙健，王明伦，2010. 试论职教集团的治理[J]. 职业技术教育，31（10）：42-44.

孙亚男，陈民伟，2022. 高校产教融合效果评价指标体系构建及实证研究[J]. 山东高等教育，10（3）：17-23.

孙云志，2022. 多元共治视域下我国高职院校产教融合发展研究[D]. 南京：南京师范大学.

孙长远，庞学光，2017. 职业教育"协商治理"说辨正[J]. 教育发展研究，37（3）：29-33.

唐成成. 2020. 基于目标设置理论的全日制硕士专业学位研究生专业实践成效的影响因素研究[D]. 广州：华南理工大学.

唐先明，杨学民，1996. 浅议发展中的我国大学科技工业园[J]. 中国高教研究（6）：

26-27.

滕颖，王利华，2020．产教融合型企业建设的现实要义、动因与关键点[J]．教育与职业（1）：13-19．

天津静海县化学工业集团公司，1993．产教结合 科教兴企[J]．天津教育（4）：11-12．

万卫，张帆，2019．产教融合政策的目标及其实现条件[J]．职业技术教育，40（15）：34-38．

王保林，2019．在产教融合中保障企业的课程参与[J]．中国高等教育（Z2）：61-63．

王丹中，赵佩华，2014．产教融合视阈下高职院校协同育人机制探索[J]．中国高等教育（21）：47-49．

王飞，2021．发展职业教育 筑好技能人才"蓄水池"[J]．群众（14）：43-44．

王贵红，张健，2019．协同-共生视角下职教集团发展的路径重塑[J]．职业技术教育，40（30）：44-47．

王辉，2015．基于目标导向的"产教融合"内涵探析[J]．安顺学院学报，17（3）：66-68．

王姣姣，柯政彦，2021．产教融合视域下高职产业学院建设的现状、经验与展望：基于江西省17个产业学院的分析[J]．职教论坛，37（6）：129-134．

王玲玲，2015．现代职业教育产教融合模式构建及实施途径[J]．湖北社会科学（8）：160-164．

王明伦，2011．行业资源联盟型高等职业教育集团化发展形态研究：基于江苏14个职教集团发展分析[J]．职业技术教育，32（31）：35-39．

王诗宗，2010．治理理论及其中国适用性：基于公共行政学的视角[D]．杭州：浙江大学．

王寿斌，刘慧平，2015．混合所有制：高职改革"市场化"探索[J]．教育与职业（4）：22-28．

王晓洋，2022．产教融合型企业与职业院校协同育人实践路径探索[J]．中国职业技术教育（30）：82-86．

王星，2015．技能形成的社会建构：德国学徒制现代化转型的社会学分析[J]．社会，35（1）：184-205．

王艳萍，2018．职教集团内部治理结构的发展路径研究[J]．湖北工业职业技术学院学报，31（3）：15-19．

王羽菲，祁占勇，2020．国外职业教育产教融合政策的基本特点与启示[J]．教育与职业（23）：21-28．

王贞惠，王树生，2019．产教融合视域下企业学院的历史溯源、时代特征及现实路径[J]．教育与职业（24）：94-99．

吴建洪，2014．基于产教合作的高职"教学产业园"建设探究[J]．职业教育研究（6）：33-35．

吴建新，欧阳河，黄韬，等，2014．专家视野中的职业教育校企合作长效机制设计：运用德尔菲专家咨询法进行的调查分析[J]．现代大学教育（5）：74-84．

吴金铃，2019．基于产教融合的高职产业学院建设探析[J]．教育与职业（18）：31-35．

吴显嵘，2018．基于产教融合的高职产业学院建设机理及路径研究[J]．中国职业技术教育（29）：5-11．

吴雪枫，2021．国外产教融合政策执行模式对我国产教融合政策执行的启示[J]．机械职业教育（10）：44-48．

吴一鸣，2018．职业教育产教融合的现实问题与应对策略：一个市域案例[J]．职业技术教育，39（31）：44-50．

伍尔福克，2015．教育心理学：原书第12版[M]．伍新春，等译．北京：机械工业出版社．

肖凤翔，贾旻，2016．协商治理：现代职业教育治理体系现代化的路径探析[J]．中国职业技术教育（3）：5-10．

肖凤翔，贾旻，2016．行业协会参与现代职业教育治理的机理、困境和思路[J]．西南大学学报（社会科学版），42（4）：84-91．

肖化移，胡希，2022．职业教育产教融合政策：特点、不足与优化建议[J]．中国职业技术教育（10）：61-66．

肖化移，闫磊，2009．国外职业教育集团化典型模式及其对我国的启示和借鉴[J]．中国现代教育装备（6）：169-171．

谢根生，成梅，2005．职业教育集团化办学的产生和发展趋势[J]．职业技术教育，26（25）：29-33．

谢露静，2012．职教集团模式下校企合作的长效机制研究[J]．教育与职业（20）：11-13．

邢晖，李玉珠，2015．民办高校产教融合现状调查与分析[J]．教育与职业（36）：24-27．

休斯，2023．公共管理导论：第5版[M]．张成福，等译．北京：中国人民大学出版社．

徐国凯，张恩光，2021．产业学院要素建设的策略与措施[J]．大连民族大学学报，23（4）：367-370．

徐秋儿，2007．产业学院：高职院校实施工学结合的有效探索[J]．中国高教研究（10）：72-73．

许涛，2011．第三部门视野中的职业教育集团治理策略[J]．职教论坛（25）：13-17．

薛勇，2020．产教深度融合：高校人才培养模式的制度生成[J]．中国高等教育（10）：58-60．

杨彬，2008．美国社区学院发展战略联盟的经验透视[J]．中国职业技术教育（29）：51-53．

杨光斌，2017．关于国家治理能力的一般理论：探索世界政治（比较政治）研究的新范式[J]．教学与研究（1）：5-22．

杨玲玲，赵振娟，林平，等，2012．基于 Delphi 专家咨询法护士长绩效评价指标体系的构建[J]．中华现代护理杂志（9）：997-1000．

杨善江，2014．产教融合：产业深度转型下现代职业教育发展的必由之路[J]．教育与职业（33）：8-10．

杨秀君．2004．目标设置理论研究综述[J]．心理科学（1）：153-155．

杨阳，王穗东，郁秋亚，2020．政产学研用融合创新与高校创新能力提升的路径突破：基于苏州纳米科技协同创新中心的案例研究[J]．中国高校科技（Z1）：96-99．

杨应慧，杨怡涵，2018．产教融合背景下高职院校产业学院发展研究[J]．职教论坛（12）：114-118．

姚宇华，黄彬，孙丽昕，2022．产业学院：内涵、困境与建设路径[J]．扬州大学学报（高教研究版），26（2）：36-44．

叶腾飞，张兵，2021．基于层次分析法构建新时代幸福医院内涵建设指标体系的研究[J]．职业卫生与应急救援，39（4）：398-401．

易招娣，衡孝庆，2023．场域理论视域下产教融合的权力结构及运行策略[J]．浙江社会科学（5）：74-81．

尹绪忠，2020．高职院校开展产教融合的几个问题[J]．职业技术教育，41（9）：31-33．

余晖，2002．行业协会发展恰逢其时[J]．浙江经济（11）：42-43．

余秀琴，2008．职业教育集团化办学的内涵和发展历程[J]．中国职业技术教育（17）：15-16．

俞可平，2010．政治学教程[M]．北京：高等教育出版社．

袁丽英，2013．对我国职业教育课程标准编制几个基本问题的思考[J]．职业技术教育（34）：31-36．

臧志军，2019．历史视野中的产教融合[J]．职教通讯（5）：3．

詹华山，2020．新时期职业教育产教融合共同体的构建[J]．教育与职业（5）：5-12．

张成福，党秀云，2001．公共管理学[M]．北京：中国人民大学出版社．

张传燧，2010．中国教育史[M]．北京：高等教育出版社．

张会丽，2019．产教融合型企业培育路径研究[J]．职教论坛（9）：152-155．

张菊，2014．产科母婴同室病房责任护士岗位胜任力评价模型的研究[D]．上海：中国人民解放军海军军医大学．

张俊珍，田东平，崔瑞锋，2008．企业参与校企合作教育动因的实证研究[J]．高等工程教育研究（6）：23-27．

张立华，井大军，2015．职教集团在促进教育链和产业链有机融合中的新路径[J]．现代教育管理（11）：108-111．

张玲，彭振宇，2014．确立产教融合思想 促进高职教育升级发展[J]．中国高校科技（8）：36-39．

张勋，1997．发达国家企业职工教育的校企合作[J]．中国培训（9）：48-49．

张艳芳, 2019. 混合所有制产业学院的历史缘起、现实困境与未来展望[J]. 职业技术教育, 40（13）：40-44.

张艳芳, 雷世平, 2018. 论混合所有制产业学院的内涵、地位及属性[J]. 中国职业技术教育（34）：50-55.

张禹, 2018. 新时代产教融合的意义、障碍和解决途径[J]. 中国经贸导刊（理论版）（8）：65-66.

张煜炯, 陈汉强, 王华锋, 等, 2024. 基于利益相关者理论的职业本科教育产教融合绩效评价研究[J]. 江苏科技信息, 41（2）：100-106.

张璋, 周新旺, 曾播思, 2023. 基于共生理论的地方高校产教融合成熟度评价[J]. 高等工程教育研究（4）：122-128.

赵东明, 赵景晖, 2016. 高职校企混合所有制二级产业学院建设研究[J]. 教育探索（6）：42-46.

周春光, 周蒋浒, 王俊杰, 等, 2021. 高职教育产教融合绩效评价研究：基于灰色聚类评估模型的分析[J]. 教育发展研究, 41（19）：70-76.

周凤华, 2019. 建立产教融合型企业认证制度 推动职业院校和行业企业形成命运共同体[J]. 中国职业技术教育（7）：86-92.

周红利, 吴升刚, 2021. 高职院校产业学院的演化综述[J]. 中国职业技术教育（18）：65-69.

周惠英, 周士才, 1995. 中国教育同生产劳动相结合大事记：1930—1993[M]. 北京：教育科学出版社.

周晶, 2018. 中国职业教育发展的根本方向：40年来职业教育产教融合发展的历程、规律与创新[J]. 职业技术教育, 39（18）：6-16.

周文康, 2021. 基于层次分析法和模糊推理系统的无线传感器网络路由算法研究[D]. 合肥：中国科学技术大学.

周益斌, 肖纲领, 2023. 职业教育产教融合共生体的发展困境及推进策略研究：基于共生理论的视角[J]. 苏州大学学报（教育科学版）, 11（2）：80-87.

周英文, 徐国庆, 2017. 新世纪以来我国职业教育集团化办学政策的演变[J]. 当代职业教育（6）：10-14.

周芷莹, 冉云芳, 石伟平, 2023. 多源流理论视角下职业教育产教融合政策的演变与审思[J]. 职教论坛, 39（7）：111-119.

朱敏成, 2001. 论现代学徒模式[J]. 中国职业技术教育（11）：45-46.

朱为鸿, 彭云飞, 2018. 新工科背景下地方本科院校产业学院建设研究[J]. 高校教育管理, 12（2）：30-37.

朱文富, 董香君, 2021. 建设产教融合型企业的逻辑框架[J]. 河北大学学报, 46（6）：72-80.

朱小军, 2020. 应用型高校产教融合人才培养模式研究：基于美国社区学院办学经验、典型模式的启示[J]. 职教论坛, 36（10）: 123-129.

朱有明, 2015. 院校主导型职教集团校企合作机制研究[J]. 中国高校科技（4）: 73-75.

庄西真, 2016. 职业教育治理主体及其权力关系分析[J]. 教育理论与实践, 36（28）: 7-11.

邹珺, 2014. 高职院校校企合作模式内涵及评价指标体系构建[J]. 现代教育管理（6）: 104-107.

BRODKEY A C, 2005. The role of the pharmaceutical industry in teaching psychopharmacology: a growing problem[J]. Academic psychiatry, 29: 222-229.

BRUEGGE B, 2005. Teaching an industry-oriented software engineering course[J]. Lecture notes in artificial intelligence, 640(1):65-87.

D'ESTE P, PATEL P, 2007. University-industry linkages in the uk: what are the factors underlying the variety of interactions with industry? [J].Research policy, 36(9): 1295-1313.

GRAY M A, BROQUARD D, 2000. Partnership developments between higher education and industry[J]. Lifelong learning in Europe, 5(3): 132.

ISKANDER M, 2007. Innovations in e-learning, instruction technology, assessment and engineering education[M]. Berlin: Springer Netherlands.

KLINGSTRÖM A, 1987. Cooperation Between Higher Education and Industry: Proceedings from the Seminar in Uppsala, April 24-25, 1986[M]. Uppsala: Uppsala University.

KNUDSEN H, 2015. Higher Education in a Sustainable Society[J]. Springer International Publishing, 10: 89-91.

LESTER S, RELIGA J, 2017. "Competence" and occupational standards: observations from six European countries[J]. Education + training, 59(2): 201-214.

LINDELÖF P, LÖFSTEN H, 2004. Proximity as A Resource Base for Competitive Advantage: University-Industry Links for Technology Transfer[J]. The journal of technology transfer, 29(3): 311-326.

MULDER R H, MESSMANN G, KÖNIG C, 2015. Vocational education and training: researching the relationship between school and work[J]. European journal of education, 50(4): 497-512.

MUSCIO A, QUAGLIONE D, SCARPINATO M, 2012.The effects of universities' proximity to industrial districts on university-industry collaboration[J].China economic review, 23(3): 639-650.

Organisation for Economic Co-operation and Development, 2014. G20-OECD-EC conference on quality apprenticeship: country information on apprenticeships: country responses[R]. Paris: OECD.

SANTORO M D, CHAKRABARTI A K, 2002. Firm size and technology centrality in industry-university interactions[J]. Research policy, 31:1163-1180.

ŞENDOĞDU A A, DIKEN A, 2013. A research on the problems encountered in the collaboration between university and industry[J].Procedia-social and behavioral sciences, 99：966-975.

SEPPO M, RÕIGAS K, VARBLANE U, 2014. Governmental support measures for university-industry cooperation-comparative view in Europe[J]. Journal of the knowledge economy, 5(2): 388-408.

TELLER R, VALIDOVA A F, 2015.Innovation management in the light of university-industry collaboration in post-socialist countries[J].Procedia economics and finance, 24：691-700.

THUNE T, 2011. Success factors in higher education-industry collaboration: a case study of collaboration in the engineering field[J]. Tertiary education and management, 17(1): 31-50.

TSENG F C, HUANG M H, CHEN D Z, 2020. Factors of university-industry collaboration affecting university innovation performance[J]. The journal of technology transfer, 45(2)：560-577.

TSUKAMOTO K, 2009. The Interconnection between Australia's International Education Industry and Its Skilled Migration Programs[C]// Education across borders. Berlin: Springer:49-60.

WHITTLE J, HUTCHINSON J, 2012. Mismatches between Industry Practice and Teaching of Model-Driven Software Development[J]. Models in software engineering, 7167:40-47.